U0165962

日本文化史概論

張修慎 編著

五南圖書出版公司 印行

目　錄

第一章

古代日本國家的形成

一、日本的風土與日本人的誕生

在人類歷史發展的過程中，蘊含著不同的自然風土，因而也孕育出不同的人文和思想，進而延生出，屬於這個風土的政治與經濟狀況。世人欲知日本的文化，當然就是先考察日本的歷史；甚至從地理條件形成的風土，去驗證日本的文化、宗教與思想生成的過程。日本為一島國，地處於東亞大陸的東北面，與朝鮮半島、滿洲及西伯利亞，相隔著日本海；因為特殊的地理位置，使其文化一直與東亞大陸文化保持著自身的獨特性。從文字（漢字）開始、律令制、到思想宗教（儒教、佛教）為止，各種文化的基礎，都與大陸文化有深遠的關係。換言之，日本自古就是一方面不斷攝取外來文化，吸收發展之後，內化成為自己的文化。

日本國土包含北海道、本州、四國與九洲的四大列島，地形狹長屬於南北走向，南、北兩端包含差異性高的亞熱帶和寒溫度氣候，風土的差異度甚高。列島的四季分明，氣候宜人非常有規律，而且雨量充足，全國有三分之一的土地，覆蓋著濃密的森林，綠色的森林經過雨的濕潤，綠色的山林經常籠罩在一片靄霧之中，一眼望去是一片朦朧的景色。志賀重昂在《日本風景論》的緒論中，指出了日本的風土具備瀟灑、美、與雄大的特質。志賀談到三種特質的美景，譬如：春天聽到小杜鵑鳥在新綠淀川的啼聲、以及奈良的鹿鳴等瀟灑的氛圍，秋天呈現楓葉華麗多彩的風華。談到美的特質，志賀也列舉了京都嵐山夜櫻的朦朧景色、夾著千曲川廣大的荽花田；雄大的風景則有那須曠野的高松鼎立、從立山山頂往下看到綿延不絕的絕景。從這些文字的記錄，明顯可以看到日本列島地形的多樣，以及四季輪替所展現景色的差異性。

　　自古，日本有許多神話和歷史傳說。八世紀，日本第一部由皇室編纂的國史《古事記》，記載著神代之初，天地始分，生成高天原地諸神；日本民族在神話的起源中，認定日本是天孫民族。天地造物不僅生成了日本列島，還誕生了這個民族，和其他山川草木諸神；其中最重要的就是，支配這些島嶼和天地萬物的天照大神。《古事記》採用漢文與萬葉假名混雜書寫，內容許多記載都符合日本的歷史傳說，也談到大和民族以太陽神為始祖的說法，而且說明天皇就是先祖神的後代。

　　但是，尚未有限記載的先古時代，神話或歷史傳說，畢竟都只是一種說法。每一個民族及國土的生成，還是有一定的定律。日本文化人類學者石田英一郎（1903-68），在論述日本民族的起源時，清楚地指出，民族就是在一定的地域中，依照共同的生活方式，衍生出一定的語言和信仰，以同一生活的傳統，書寫出共同的歷史，因而擁有共同的歸屬感，發展出人類的共同體。因此，進一步探究，有關日本文明的特殊性時，不但可以列舉出包含日本的風土、地理條件和自然環境與日本人的相關性；還可以說明日本列島，從繩文時代開始，就受惠於世界少有的自然條件。唯獨，日本的原始社會，因為是文獻尚未開始的時代，到底有多少內容，以目前的科學方法，仍然無法完全釐清。

　　但是，若從繩文土器判斷，估算其時代大約占了一萬年左右之久，是無庸置疑的。本來，日本將使用繩文圖樣土器的年代稱為繩文時代，但是，1949 年（昭和 24），在群馬縣岩宿發掘到和繩文土器不相關的石器，很清楚顯現出兩萬四千年之前的時期，比繩文時期更早的石器。雖然日本歷史上，自古以來也有和中國史相同的疑問，那就是生活在舊石器時代的人稱為「原人」。因為繩文人具備新石器時代的特色，也有繩文時期就是新石器時代的說法；即便

是如此，處於沒有文獻的時代，對於生產的結構、農耕與畜牧的作法，依然無法得知全貌。

1931年（昭和6），日本考古學家在兵庫縣的明石發現的「明石人」，與「原人」的結構相當，但是學界認定日本祖先為繩文人的意見還是較多。總之，岩宿遺跡的發現，確認了原人的存在。之後，全國各地又陸續發掘出，先土器時期所使用的器具，甚至也發現人骨的一部分，只是發掘時間的先後，單憑部分的發現，仍然無法整理出，先土石器時期的完整樣貌。

早期，石器時期沒有農耕作業，人們在山林裡獵取鹿、豬等野獸，或是在海邊捕取魚、貝類等，也在山林之間，拾取可食植物的果實以充飢。要取用獵捕動物的皮毛時，一開始只是使用簡單的石刃工具，從半磨石器發展到磨制石器，進一步成為錐形石器，單純只是生活需要所採用的求生方式而已。此時，出土的石器以狩獵用品居多，可以推想獸肉可能是當時的主食，而且已經顯示豎穴居的痕跡。

多方顯現，此一時期日本人的祖先，已經從原來的原始階段，漸漸發展到需要取穴居住，之後更進化到開始使用細石刃。因為是小型的獵取模式，也不需要有集團式的組織，屬於非常原始的社會。集團小自然無法形成，以財富為基礎的政治力；因此也尚未存在所謂的階級對立，仍然停留在原始社會的基本雛形。換言之，尚未有階級的原始社會，完全無法用現今的角度去衡量，只是用很原始的生產力，發展出的原始生活。

二、從繩文時代到彌生時代的社會狀態

　　多數學者認為日本的原始文化，分為三個重要時期：繩文文化（約公元前七八千年前至公元前四世紀）、彌生時代（約公元前四世紀至公元四世紀）、古墳文化（約公元四世紀至七世紀）的三個時代。

　　吾人觀察繩文土器，依照樣式也大致可以分為：草創期、早期、前期、中期後期的六個細別。每個階段幾乎都可以用器物的樣式，判斷出時代別；因此可以明確推論，繩文土器是經過長遠的歲月，才逐漸演變出不同的樣式。譬如用纏繞的線，刻印在土器上出現的模樣，屬於非常單純的樣式，這是普遍繩文石器的基礎圖式；逐步進化到了中期，加入的雕刻圖樣，開始呈現出立體且複雜的外觀。甚至，也有經過研磨整合形狀，這就是磨製石器的特徵。

　　出土的土器上，可以看出廣泛地使用繩紋土器，深缽、淺缽、皿、土瓶形或是香爐形等，不管是器形或是文樣，已經是千變萬化；到了後期又穿插入複雜的多彩多樣，簡直讓人嘆為觀止。繩文土器呈現出豐富的意匠技術，甚至從硬玉上明顯的鑽洞，已經可以看出石工技術的發達。豐富的工藝品呈現工藝技術的進步，與具備多樣的變化，足以反映出上古時代先祖生活的樣態，知道先古各時期文化的特色。

　　古代人以樹木的果實，或是補取天然的魚貝做為主要食糧，去除的貝殼推積成為貝塚，全國大約有三千處可以看到此遺跡。從這些貝塚的埋葬物中，還可以看到許多土器的破片，以及補獲漁類時所使用過的道具。而且，繩文人開始使用火，以松果及魚類、貝、動物等料理；料理會加入酵母，也有類似麵包之類的食物。到了彌生則開始吃米，變成普遍使用火，食物的種類變多。

甚至，繩文時期出土中，也出現女性胸部豐滿的土偶，以及象徵男性性器的石棒出現，明顯可以看出，當時繩文人祈禱子孫繁榮的意旨。自古以來，石棒就被當作神體來祭祀，生殖器和農業生產力有連帶的關係，古來被當作信仰的對象；此遺風綿綿流傳兩千年至今，即便現今在日本各地的神社內，仍然可以看到祭祀男性的性器，足以說明是繼承自古以來的文化模式。雖然尚未完全了解，當時的社會結構分布；但是依照人形的土偶，大部分是女性來判斷，亦可以推測當時女性社會地位的崇高。

不只如此，從遺跡出土的器具，也可以看到繩文人有祭祀的習慣，顯見他們遇到災禍會祈求神；甚至也相信每一個動植物都有靈性，從此已經可以看到日本原始宗教的雛形。另外，由特定地域產出的材料有所不同，也可以一窺當時交易的範圍已經擴大。長野縣的黑曜石遍及石川縣的能登，新潟縣姬川流域的翡翠，也遠傳至北海道的南部，從這些物品流通的方向，多少可以看出先民文化的足跡，已經呈現出相當長遠的距離。

繩文末期，稻作從大陸傳入，進入彌生時代後廣遍全國，很快地發展成定居的農耕生活樣態。雖然彌生時期，人們仍然和繩文人一樣，居住在豎穴住屋，但是墓穴和之前樣式已經呈現差異，而且距離已經拉遠。除了九州出現甕棺墓之外，近畿到關東地方也有方形溝墓，東北還有土坑墓等；顯現彌生時代的墓狀有很大差異，依照地方全國各地形狀也有不同樣式。而且，從墓穴中死者是屈膝的樣子，手腳折彎的模樣，可以推測古代人害怕死者靈魂歸來。甚至，集團的指導者，依照成人的禮儀，會進行拔掉前齒，並且一部分會削除。

1884 年（明治 17）在東京本鄉彌生町，發現了與繩文時期不同的器具，主要用於儲藏食物用的寬口器皿。因此，以器具出土

的町名稱爲彌生式土器，亦稱爲彌生時代。不同的彌生土器，不只是來自繩文土器的變化而已，亦呈現出比繩文土器更複雜多樣的樣式，而且突破繩文土器單純稀少的模式，可以看出沒有任何共通性。從新出土的土器中，我們可以推測彌生文化的主體，是從海外移居的民族，征服了繩文人的象徵。彌生文化的出現，成爲壓倒性的多數，呈現的文化，也成爲日本的主流文化。

公元前四世紀至公元四世紀左右，大陸傳來鐵器和農耕技術，代表繩文時期狩獵、漁獵文化的結束。因爲稻作的需要，必須進行農具的改良，木製農具之外，也大量使用了石製的菜刀和石斧等器具。代表金屬器的最初文化就是彌生土器，就是從大陸傳進；有關鐵和青銅的使用和鑄造方法，大概鐵器使用於武具，青銅器則是用在祭祀，象徵著權力支配的運用。但是，要注意的是，進入彌生時代，也尚未從繩文時期的狩獵、採集的模式脫離，因此造成生產力的停滯。另有一種說法就是，日本是身列歐亞大陸的海洋國家，和外面文化的交流比較慢，自然也侷限了，海洋可能帶來的發展。

至今彌生時代特有的遺物，分布於北九州爲心的地方，發掘出銅茅、銅戈和銅劍等武器，樂器的銅鐸則分布於近畿附近。另外，從古物出土的分佈，可以推測在北九州和近畿等地，存在強大的勢力，形成了其獨自的文化。甚至，從島根縣荒神谷也有三百五十八支銅劍和十六片銅茅，以及六個銅鐸出土；荒神谷附近的加茂岩倉也有三十九個銅鐸出土，諸多古物的出土，可以說明出雲之地是除了九州和近畿之外的不同勢力。

三、神的性格與神社儀禮

　　古代世界，大概可以區分成神話時代和宗教時代。神話時代的特徵，就是巨大岩石所建立的文明，以太陽信仰爲中心而生活的稱爲「太陽巨石文明」。日本的先祖也認爲人是微小的，相信自然的力量，左右著人們的日常生活及思維；他們認真思考，希望衍生出，不與自然對立的法則。因此，古代人認爲太陽、山川、河流等自然中，同時寄宿著各種神的思考，許多祭祀神、敬畏神的儀式也歷代相傳。

　　進入彌生時代後，隨著水稻生活的發展，鐵製工具的普及，農業生產力增高之後，人們對神的觀念也發生了變化。當時的祭祀以農事爲中心，在春季的播種與秋天的收穫季節都舉行祭祀，許多氏神祭也都是在春、秋兩季舉行。村民共同實施齋戒，一起慶祝豐收，甚至其他具有祈求安寧等目的，後來發展成「祈年祭」和秋季感謝神靈賜與豐收的「新嘗祭」等年中行事。

　　自古以來，富士山和奈良的三輪山被當作神體，受到眾人信仰，綜合古代歷史的《古事記》，記載著三輪山祭鎮著神祇。《古事記》建立了一個強大的歷史敘事，結合官方接受的敘事，其中當然包含了一些歷代相傳的故事。書中建構了日本人的宇宙觀，認爲天之御中主神就是宇宙的根本，生成宇宙的是高御產巢日神與神產巢日神；日本諸島及島上的山川草木眾神，皆由男神伊耶那岐神與女神伊耶那美神生產，並且生下支配日本列島與島上萬物的太陽女神天照大神。因此可見，日本人自古以太陽民族自居，相信萬物皆有靈，並視日本爲神國。

　　大自然中，具大的岩石、瀑布和陰陽石等，也被當作有繁榮子孫的意義祭拜。甚至，他們相信颱風或是疫病的發生，也是因爲

神的旨意，爲了可以去除這些災難，所以定時舉辦拜神儀式，祈求生活的平安。至今爲止，日本各地農村、都市也都還留存諸多的習慣，以及實施各種民俗行事。如此的「神信仰」至今仍然廣泛的流傳。日語中有「言靈信仰」的字句，就是相信語言之中，也賦予靈魂的思考。延展至今，現代人的日常生活中，也有許多忌諱，譬如：考試時忌諱口言「落下」，結婚典禮上也忌諱談到「切除」等字眼；顯見日本人相信語言中，賦予神的性格的話，可以讓語言變的優美，讓生活更加順暢，這就是神給予的力量。

甚至，日本學者推測，從繩文時代開始，日本就有祖靈的信仰，已經存在祭拜祖先的習慣；尚未有個人墳墓之前，古代人已經相信山川大地是祖靈鎮宿之所，想像一年中，祖靈會回來二次。而且，子孫祭拜完之後，祖靈會再回到山川的大自然中。換言之，繩文時代的人們，祭拜祖靈以及重視其他眼睛看不見的天地諸神；生活在四季輪替中，因爲祭拜而回到故鄉，親族共同慶祝，形成今日日本年中行事的慣例。

本來，古代人會在正月祭拜「歲神」的神壇，在「歲神」離開之後會將神壇拆除，祭祀的設施完全是臨時性的裝置。等到農耕生活固定之後，人們開始在一定的場所設置祭祀專用的設備，這就慢慢演變成爲之後的「神社」，社就是從即席的建築物發展而成。《萬葉集》中，將社和杜兩字混同，也可以看出是被視爲神聖祭祀用的暫時性建築物。古代日本人甚至認爲，「歲神」具備一年的神聖力量，過年有給壓歲錢的習慣。發展至今，日本習慣元旦過年時，發給家人或年輕一代壓歲錢，也是相信「歲神」所賦予的神聖力量。

古代人，將所有的罪惡和災害視爲宗教性的汙穢，主張應該以水來清洗，洗去汙穢。爲了去除令人不潔與生病的霉氣，就由神

職人員進行用水洗濯，恢復潔淨的儀式或秉火祈福，此儀式稱「祓除」。禊就是驅除不祥的祭祀，在春、秋兩季於水邊舉行，與祓合稱祓禊、禊祓。其他，在《魏志》〈倭人傳〉中記載「燒骨以占卜，以此視吉凶」；要以鹿的肩胛骨為主，以火燒之後的破裂方向占卜吉凶。甚至，古代為了裁判，在神前舉行儀式，將手放入熱湯，讓神來判斷真偽的呪術。

四、小國分立的「倭國」和邪馬台國的社會

彌生時代開始，古代人從原始的生活形態，轉變為農耕的定居式生活，生產方式發生重大變化，逐漸形成村落的模式，隨著土地的廣大利用，也逐漸形成「族」的形態；但是因為當時尚未有文字的記錄，無法完全掌握實際樣態。中國歷史書《漢書》的〈地理志〉中，記載著古代「倭」是百餘國分立，而且定期派遣至朝鮮半島的樂浪郡的說法。古中國稱日本為「倭」，此種說法延至《隋書》為止。

另外，《後漢書》及《東夷傳》書中，記載著倭奴國之王，派遣使者前往後漢的首都洛陽，接受後漢光武帝的綬印，甚至其他小倭國也獻上奴隸。由此可以看出，當時日本仍然是小國林立的狀況；任何一個倭國只要壯大些，就彼此爭權攻伐爭鬥不斷，連連爭鬥不斷的狀況下，很難產生長久的首領，大約一世紀左右為止還是如此。東漢光武帝所賜予「漢委奴國王」的金印，後來於 1784 年（天明 4），在（筑前）現今的福岡縣志賀島出土；當時福岡藩命令當時的儒學者龜井南冥（1743-1814），專注於《後漢書》中的記載；當下仍然有幾位江戶儒學者，對於此說頗有異議，直到明治時代才完全定論。

　　《魏志》〈倭人傳〉中記載，邪馬台國的女王卑彌呼「施以鬼道而蠱惑眾人」，此般說法足以證明，呪術能力正是成為當時政治統統制者的主要條件。說明古代小國群立的時代，與其說是政治性的君主，不如說是以巫祝為統治本質的良好例證，這也是與後期君主制最大的差異處，屬於初期支配者的特色。《魏志》〈倭人傳〉也記載著二世紀左右，古代日本的樣貌，當時分立的小倭國，持續發生不斷的紛爭和動亂，終於在邪馬台國的卑彌呼女王的手中，平定戰亂統一天下。也在 239 年，卑彌呼女王派始者前往魏國，從皇帝手中得到「親魏倭王」的稱號。

　　卑彌呼統治的邪馬台國，成立了市集的交易制度，同時也設有初期的租稅制度。當時人的身體和顏面都抹墨塗黑，而且開始有階級制度，「種禾稻……　」、「人性嗜酒」，他們與百越一樣，穿貫頭衣、紋身、光腳。採用一夫多妻制，大人四五婦，下戶二三婦，全國有大人、下戶、生口、奴婢等四種階級。他們出海時找一個人像辦喪事，一樣齋戒祈禱稱為「持衰」。如行程順利贈送奴隸財物，不順則殺之。人若在路上相遇，「下戶」必須讓「大人」先行，而且必須屈膝以示尊重，諸多行為已經顯現出，已經有階級上下的區分。種種資料顯示，女王卑彌呼是具有巫術才能的巫女，國家問政經常也只是利用呪術，聽取神明的旨意。

　　但是，到底邪馬台國的位置在哪裡？中國史書中，《魏志》是現存古代日本最早的記錄。全文共一千九百九十八字，描寫了日本在大和王權建立以前，彌生時代的狀況。文中記述了各小國的位置、各國的生活樣式以及官名等資訊。由於其對各小國位置的記述，可以有多種解釋方式，這是現今對於邪馬台國所在位置的爭議起源。此爭議從江戶時代開始，至今始終爭論不斷。

　　至今，日本古代史研究者，仍然存在兩派的學說，就是「近畿說」和「北九州說」的兩派說法。甚至也有稱卑彌呼女王，是居住於九州的部族，是熊襲女囚長的說法也是爭議不斷。根據《日本書紀》的記載，邪馬台國的實際政治，是其男弟所輔佐，被認為是採用一種政教分離的體制。《魏志》〈倭人傳〉中，也記載著魏王曾經贈送卑彌呼銅鏡百枚。之後，近畿地區附近發現多數的三角緣獸鏡，成了「近畿說」有力的證據。如果採用「近畿說」（大和說）的說法的話，那麼日本古代國家的形成，大約是在三世紀左右。

　　「大和說」的代表論點，首見於日本最早的史書《日本書紀》，內容將卑彌呼女王稱為神功皇后，視為當今皇室系譜的始祖神。但是，堅持「北九州說」論點的研究者，認為日本國家的結構，是在移入近畿之後才完成；其主要論點認為，皇室祖先先向古代中國朝貢，利用與古中國的連繫擴大勢力而立國。邪馬台國移至近畿之後，與近畿地方的豪族成立連合政權，合併成為大和朝廷，此番說法在明治時期之後喧囂塵上，兩派至今仍然爭論不斷，尚未有定論。

第二章

日本古代王權的成立及其文化

一、古墳的結構與社會狀態

　　石器時代為了攝取附近的食料資源，很多人群聚集同一處所，初始影響的範圍是有限的。但是，水田耕作開始之後，需要開墾和灌溉的模式，思考開墾的節奏和灌溉的方法，都比之前更需要大規模的共同勞力，生活的聚集模式也變得更加密集。水田耕作開始，社會的結構開始起了很大的變化，隨著定居生活的演變，考慮剩餘物資可能需要儲存，也隨著勞動力的大小，帶來區域富強的區別，奴隸和階級之間的對比關係也逐漸擴大。

　　很自然地，物資條件成為階級關係的基礎，在如此背景之下，政治性的支配關係應運而生，各地聚落成為小集團，再逐漸形成政治集團。根據《漢書》所描述，紀元前一世紀左右的日本列島，就是：樂浪海中有倭人，分予百餘國。之後我們從九州的吉野ヶ里遺跡所看到的，就是周圍被壕溝所環繞的環濠部落；仔細觀察其遺跡，已經可以看出墓制的變化，從其結構也可以明顯看出首長權力的變化。

　　古墳時代初期，古墳包含方形的方墳以及圓形的圓墳，兩者結合之後，也大量出現前方後圓墳。古墳時代前期，開始在近畿附近，建築大量前方後圓墳，到了古墳時代中期，其形狀大小變得更加雄偉巨大，進入晚期之後已經不見大型的前方後圓墳，而變成以圓墳為主的樣式遍布全國。古墳以近畿為中心廣遍全國，可以看出就是聯合近畿的小國，成為大和朝廷的模式，而大和朝廷的首長成為王之中的「大王」，推測其勢力足以支配全國。

　　綜合許多遺跡的樣貌，古墳大概可以分為三期，其特徵大致可歸納如下：

1. 前期大概是三世紀後半到四世紀左右。出現單純的方墳和圓墳，以及之後混合的前方後圓墳；副葬品有銅鏡和勾玉，主要陪葬品以呪術的用品爲中心。

2. 中期的時間大概是五世紀左右。前方後圓墳的格局已經變大許多，副葬品出現刀劍等武器，武器則是用於軍事的用品居多。

3. 後期則是在六世紀後期到七世紀之間。前方後圓墳的規模明顯縮小，主要以方墳和圓墳爲主，副葬品則包括帶柄環狀的太刀（刃長超過 60 公分以上），和土器爲主。

　　大致上，彌生時代前期，完全是延續繩文時代的甕棺式模式；到了中期，又在九州地區發現，甕棺式的上面放置著支助用的石塊，成爲支石墓的樣式。甚至，從彌生時代中後期到古墳時期，也陸續出現箱式石棺和方形溝墓等樣式。進入古墳時期，已經很明顯知道用土堆積，成爲更明顯的墳丘墓的樣態；依照遺跡可以推測和地方權利的結構，已經發生緊密的利益關係，具備首長制的權力關係。

　　不只外觀的結構，古墳內所藏的埴輪和副葬品物品，也可以確實地反映出當時的社會和文化狀態。埴輪就是用土塑造成的陪葬品，本來是禁止和死者一同埋葬，單由埴輪當作替代品來埋葬。而且，一開始只是圓筒埴輪狀，後來演變成武士形的人物像，也包括家屋、動物及船隻，筒狀埴輪也演變成各式形象的埴輪。至於前期的陪葬品的銅鏡和勾玉，演變到後期則成爲武器般的太刀和短甲，都可以看出社會狀態，已經明顯進入階級性的權利時代。

　　有關青銅器陪葬品的出土，銅鐸屬於一種樂器，銅劍和銅鉾則是武器；巨大型青銅器的發現，推測是爲了村落共同體的呪術儀禮，所製造出的器具，顯然代表權威的「王」已經誕生。雖然此「王」的格局，尚未能夠與中國歷史中的「王」相比，充其量只不過是村落共同體的模式罷了。但是，村落中因爲進行呪術卜卦等儀

式，更可以看出，此「王」已經進化成爲世襲制。形象植輪中，最早出現的是雞和家屋，也顯現出例行的生活結構。日本神話中，雞是呼喚太陽，主宰晝、夜輪替，宣告生命開始的靈鳥；家屋則是在祭祀中，呼喚祖靈和精靈住宿的場所。

甚至，從穿著騎馬民族盔甲裝飾的武士植輪，與配戴馬具的馬植輪，可以推測此時的文化，與大陸或朝鮮有著深厚關係。只是，日本民族起源的說法，至今還是眾說紛紜。其中，日本史學者江上波夫（1906-2002）曾提出騎馬民族征服王朝說，就是有關日本騎馬民族國家的假說。其論點就是，假設「日本出現統一國家與創建大和朝廷，是因爲東北亞的扶餘系統的騎馬民族辰王朝，在四世紀末到五世紀前半完成的。」

日本學界贊成一派，更指出古書《魏志》〈倭人伝〉中，沒有記載邪馬台國有牛、馬，甚至直到古墳時代前期的考古發掘，也沒有發現牛、馬，到了古墳時代後期，日本人才開始飼養大量馬匹。以此推論，馬應該是由大陸的民族帶來的。其他，北畠親房的《神皇正統記》書中，也記載「過去日本與三韓出身同族」的說法。反對派則舉出，在中、日、韓的史籍上，都沒有記載有「民族從大陸渡過對馬海峽征服日本列島」這樣的大事件。甚至，中國史籍也都一貫稱日本爲「倭」，更加說明了其政權的連續性。

回觀《古事記》、《日本書紀》的古書中，完全沒有記載騎馬英雄活躍的場面；也可以推測日本皇室傳統祭儀與傳承，並沒有出現馬，也沒有用動物獻祭。甚至，從器具使用和生活習慣上判斷，騎馬民族共通的畜肉、畜奶等飲食文化，也沒有在日本出現。結紮、配種等畜養馬、羊的技術，也是直到近代日本才出現。而且，騎馬民族作戰時，較多使用短弓，反觀日本是直到戰國時代，日本都只配備長弓；騎馬民族會使用彎曲的刀，但是日本古墳出土的刀

也沒有彎曲。

二、君主制國家的形成

　　從四世紀到六世紀左右，以畿內為中心，大量建築了代表前方後圓墳的高塚古墳。從墓建築的規模可以看出，除了需要徵集大量的勞動力之外，內部副葬品的鏡、劍和勾玉等精緻工藝品的存在，更加顯現出，埋葬在古墳內主人生前的強大權力。如果與其他一般民眾的埋葬地，單純的連墓碑都沒有的樣式相比的話，更是可以看出階級分化進行的程度，以及強化專制權力的徵兆。根據學者的說法，依照古墳在畿內以東、西向為中心建築的傾向來觀察，是在畿內所誕生的一小國，之後擴大成為全國性的「大王」，其支配力就是畿內以東的東國，延展到九州為止的地方。

　　如前文所敘述一般，《漢書》的〈地理志〉中，記載著古代「倭」是百餘國分立，此說法足以顯示出，已經有「國」的存在。初期君主制就是大王承認各地的小國，統合成為大國；或是行使間接的支配權，也就是聯合諸小國後，形成古代日本的君主。以古代專制國家而言，顯現出日本民族，已經形成了一個政治統一的型態。而且，隨著大王的政治性和經濟力，逐漸強化其統治權力，最後形成中央集權的古代國家體制；而推動形成中央集權的原動力，就是支配者非常積極的引進大陸的文化。

　　大約四世紀左右，尚未完全確認大和政權是否真正成立之際，日本就進入朝鮮半島，領有當時的弁辰之地，壓制了當時韓民族架構的政治模式，在任那之地設置官家，以統治當地的百姓，甚至之後的新羅、百濟也臣服於下。古代日本能夠有能力對外軍事侵略，完全是因為輸入了許多大陸的文化所造成的國力。大致而言，支配

者擁有高能度文化的優越性，足以對外征服時，很自然會對被支配者造成影響，使其走向更高質性的文化。

而且，文化輸入所造成的影響，絕對可以從古墳的陪葬品得到確認。其中包括：六朝的銅鏡，甚至是模仿大陸文化的仿製鏡、金冠、金銀耳飾、帶金具、鐶頭大刀等；不只可以看出當時文化以及工藝的進步，同時也印證了，大陸文化輸入的普遍性。從這些物質文化的遺品，也確實可以證實，不管是在物質生活或是精神生活，大陸文化已經透過朝鮮半島普遍地傳入日本。之後陸續還有漢字的使用，陰陽學和天文學等大陸傳入的知識，甚至還有後來傳入的佛教，儒學的經典與佛教的佛像等，也都是經由百濟傳入日本。

高度先進的文化，像洪水般地傳進日本，依靠這些大陸輸入的文化，帶給日本的貴族社會，留下許多深刻的影響。當時日本的支配主，也是靠這些外來文化，成就了自己的權威，而且用另一種方式擴展至民間。學者也指出為了將大王權威合理化，大和國內誕生了「神代說」的說法。首先可看到「部」的小型組織，人民的支配體制，毫無疑問就是學習百濟的「部」的組織而來，政治性的組織也是從大陸文化攝取而傳入。顯然大王權力形成之後，先對朝鮮半島進行軍事侵略，以半島為通路，企圖引進大陸文化的動機是很明顯的。

因此，大王成為統一的君主之後，本來諸小國的「王」，以豪族的身分服從大王，持續支配人民，形成一種上對下的支配結構。也是農民之中的有力者，同時擁有奴或婢，形成了豪族─農民─奴婢的階級，由上而下的權力關係，明顯構成了當時的社會階級。整體上，奴婢的結構還不是多數，基本上還是農民，才具備生產力；維繫組織的最大因素，還是需要生產的能力，所以豪族和農民之間的從屬關係，才是當時社會的基本結構。

從百濟傳入的制度，編成小組織的「部」，也藉著大陸傳入的知識和技能，構成師部或鞍部等，從事特殊工業生產的職能；而且不僅僅是專業的技術者，平常還是以農民的身分從事耕作。甚至，豪族依照血統形成氏，身分高的則形成姓，支配族的身分是世襲制；即便擁有氏、姓者支配社會，與後期的律令國家仍然還有一段距離，初期還僅僅只是氏姓社會而已。

三、以民族宗教爲主的祭典

古代人視火爲神聖的同時，對自然抱著畏懼之心。大概在原始社會，主權者就是透過呪術支配社會。關於呪術的內容，因爲當時還是尚未有文獻記錄的時代，所以具體的樣貌，仍然無法具體掌握。彌生時代以後，才開始可以透過文獻進一步了解呪術；不只如此，當時以農耕儀禮成立的呪術宗教，隨著時間多少有些變動；在生命流動的長河中，至今爲止世人爲了保存原始的樣貌，只能藉著現行留傳的宗教行事，努力還原文獻尚未記述的時期，先人生活的樣態。

上古時代最原始信仰就是呪術，上古的日本人，相信語言具備靈性和呪性，生活中常常通過呪術，實現人們最原始的願望。繩文時代即開始使用呪術，透過呪術與大自然相互輝映，尋求精神上的基本滿足。在合理的思惟尚未發達的時代，原始呪術支配力的強大是可以預見的。農耕社會轉化的過程中，雖然人智有顯著的進步，但是因爲天候和氣象等變化，人力無法控制的狀況下，對於不得不依存自然條件，實施的農業行爲而言，自然對呪術就產生十足的依賴心。平常生活中，藉著呪術來祈禱耕作的順暢，豐收的農耕儀禮，更是成爲村落共同體的必要行事；基於巫祝對農耕行爲的作

用，因而很自然成爲統制村落共同體的重要角色。

　　日本最早記載呪術的史書是《古事記》，記載當時的呪術，分爲黑呪術和白呪術，內容屬於一種神話的傳說。呪術使用的語言，與日常生活所使用的語言大大不同，比較屬於是神授的語言，具備感應的功能。其他，欲知曉古代民族宗教的樣貌，可以追究至《魏志》〈倭人傳〉的記錄。書中記述日本人的習俗，有以下的描述：倭人家中有亡者，十數日守喪之時，喪家不得食肉，喪主哭泣但聚集家屬歌舞飲酒，守喪結束之後，家屬進行水浴。而且喪家渡海到中國時，時常是一人行動，不梳頭衣著污穢；而且不吃肉不接近女色，此時稱爲「持衰」。

　　古代人相信清水可以洗去罪惡和災害等污穢，執意用清水洗淨身體的方法可以遠離災難，而這種去除污穢淨身的儀式，演變至今就是日本神社中實施的「大祓」。如同前文所說，《魏志》〈倭人傳〉中也記載，古代人也燒骨占吉凶，燒鹿的肩骨，以其龜裂的紋路方向來占吉凶，這是所謂的「太占」。以上諸多的資料，記載在《魏志》中，呈現了大約三世紀左右，日本人祖先的宗教生活，可以視爲是日本最古老的宗教生活記錄。到了八世紀初期，日本又完成了《古事記》、《日本書紀》和《風土記》等史書記載，已經是史書完成的年代。可以推測因爲祭祀需要呪力的語言，因而產生了祝詞、壽詞和歌謠，這是經過幾個階段的演化得以完成；確實的時間雖然無法得知，但是估算是在《魏志》〈倭人傳〉之後，才留傳是無庸置疑的。

　　其他：天若日子、天稚彥（アメノワカヒコ）是日本神話中登場的神，《古事記》中記載，當人死亡時，必須在喪屋停留八天八夜；即便在守喪時期，喪家也載歌載舞，這些說法和《魏志》〈倭人傳〉中的記錄也是不謀而合。甚至イザナギ的神，從古中國回返

之時，也在川邊進行水洗的儀式；神話所敘述的內容，仍然和《魏志》〈倭人傳〉中的記載，有諸多相同之處。其中，天照大神隱居在天石屋的時候，取鹿肩的骨頭占卜，這種說法和《魏志》中，燒骨占卜的說法也是相同的。不管是喪中的水洗或是占卜，巫女神等記載，許多習慣也流傳至後世，依照這些可以看到日本原始宗教的原貌。

奠基於日本自古以來的民間信仰與自然崇拜，屬於泛靈多神式信仰，這種原生於日本大和民族的民族宗教，漢語圈稱神道教。也就是呪術的形式，與祭祀的形成幾乎是一致的，祭祀的發展從原始的呪術中獨立出來，成為日本土著信仰，這也是原始神道的雛形。在《日本書紀》〈用明天皇紀〉中，記載「何捨本國之神，而敬蕃國之神乎？」的句子，而「本國之神」這個說法，或許可以推測指的是神道。綜觀神道前後的發展，可以知道進入中世之後，日本的民族宗教才被冠上神道之名，被賦予和佛教及儒教對立的一種思想體系。

必須注意的是，古來的民族宗教，唯一的內容重要的只有呪術而已；而呪術所呈現在社會最重要的形式，就是「祭祀」行為。而且，民族宗教本來最重要的就是，村落共同體的集團儀禮；古代還是自然力量操縱人類社會的時代，以呪術祈禱農業順利的作用還是比較大。日本的年中行事中，春耕開始之時需要祭祀，祈禱收穫的豐收也有祈年祭；到了秋天收穫的時期，又對收穫的感謝，祈禱來年有收穫的祭典稱為「新嘗祭」。以目前為止的農耕儀禮來看，一年有春、秋兩季的祭典，具備民族宗教的機能是很清楚的。

如同《魏志》〈倭人傳〉所記述的，呪術與祭祀行為的形成是相輔相成的。祭祀行事的發展，促使原始宗教從呪術的模式中解放，成為日本土著原始神道信仰，經過時間的累積，逐步發展成為

日本的民族宗教。形成原始宗教儀禮，最重要的就是應付村落共同體的需要，可以想像，彌生時代以後的民族宗教，完全是由農耕儀禮爲本質所產生，所有的呪術行爲，終究就是爲了保障農耕順利爲目的而已。

　　隨著時代的演變，祭典的形態多少也有所變動，祭典的形式常常經過後代的畫龍點睛，變得複雜華麗。後世的祭典，原則上是神社的祭典，在神社般固定的建築設施舉辦。但是原始的祭典，一開始神社尙未是常設建築的時代，只是遇到農耕行事暫時設置神壇，祭祀結束之後即刻拆除。祭場十分簡陋，繫上草繩作爲神域；反覆地使用相同地點，當作祭祀使用後，終於被認定爲神聖之地而設立神社。換言之，原始的日本祭祀場地，根本只是暫時設立社殿；以今天日本最早的神社建築伊勢神宮爲例，原來也只是伊勢地方，慶祝農、漁業豐收的祭祀場所而已。其他，出雲大社或是住吉神社等，也是最早舉行祭祀的地方而已。

　　後世的祭典，原則上是以神社的祭典爲主，也就是以神社爲固定的建築施設爲前提而舉辦；以民族宗教的神而言，存有後世大眾，加諸於神格化的成分。今天我們看三輪山神社，或是出羽的湯殿山神社；溫泉噴出的岩洞就是神社的本體的結構；同樣的例子，即便今天在日本各地仍然可以看見。將這些狀況與《萬葉集》中，定義神社的說法比較，完全可以塑造出日本神社的原始形態。

四、日本原始的造形藝術

　　造型是一種美的表現，任何造型藝術，都蘊含著該民族的美意識。日本受到地理風土的自然恩惠和培育，對四季變化非常敏感，不但孕育出日本人纖細與敏銳的性格；也培育出日本人的美意識，

對應四季所植育自然的圖樣和色彩，有其獨特的愛好與美感。

　　古代日本人生活在大自然中，生來崇尚自然的天性，所形成的民俗信仰中，也將古樹、山林等自然物視爲神聖象徵，因此許多神社也建設在山林之中，樹木與山林就是日本人自然觀的基礎。雖然土偶的材料，也都是固定且單色；此種簡素的氛圍，應該是佛教美術尚未進入日本之前，所呈現一種單純獨特的美感。

　　譬如：《古事記》中所記載的神話故事中，一開始所顯示的色彩也只有白、黑、青與赤的單色。因爲四季的循環，日本古代美學意識的核心，就是風、花、雪、月，以及四季的花草等自然物，其根本仍然是源自於日本人的自然觀；古代日本人尊崇自然色彩，崇尚簡素的色彩。古代人以白色代表純潔、清明，是一種美的理想，同時也代表生命的力量；這種習慣沿用至今，白色還是常用於神祇人員、神殿中的裝飾，以及日本傳統神道婚禮中的禮服等，屬於潔淨神聖及高尚的象徵。

　　談起日本最初的造形藝術，不禁會想起高塚古墳的圖紋。古墳內的陪葬品即便已經腐朽，也仍然可以看出衣服本來的具體樣式，完全可以顯現出亡者生前的身分；甚至墳內所存的繪畫、雕刻與顏色，也實際反映了當時的美學意識。古墳外形是由樹木環繞，墳丘的表面斜坡，由河原石和礫石覆蓋。而且，古墳外部陳列著埴輪，內有很多與被葬者生前，有很深關係的人物像，或是家屋及動物的造型的土偶；雖然只是單純的形狀，但是從這些土偶的樣態，仍然可以看出日本原始純樸的雕刻技術。

　　除此之外，如同前文所敘述的，可以從古墳內部陪葬品，看出葬者生前的樣態。其中，副葬品中有許多工藝品，仿製鏡的背面有農耕打獵的浮雕，古墳玄室石壁線刻的人物像，甚至銅鐸表面的線圖等，足以看出原始繪畫的線條。到了後期橫穴古墳，甚至以呪

術保護被葬者，可以一窺彩色圓形和蕨形、楯等紋樣的繪畫，其他還有船隻或是鳥禽之類，推想是以神話或傳說爲主題，依照其內容繪畫出的紋樣。其他，陪葬品的女性埴輪，也有穿著類似裙子的裝扮，呈現出當時女性的服飾裝扮，以及武人的頭帽及盔甲，可以藉此推測支配者的性格。

古墳內也出現船隻的圖騰，顯現日本位於海洋的地理環境，列島很早就開始對外交流。鐵器和青銅器具的輸入，連帶可以說明，日本人對於先進海外文化的攝取，一直是很熱心。雖說，歷史上交通器具的普及，與海外其他民族進行大範圍的接觸，應該是二十世紀後半的事情。但是，早在彌生時代，日本人就開始連結國內的基本產業，開始嘗試從外引進農業生產的基本技術，進一步發展成更高一層的文化。簡而言之，日本傳統古層的文化，外來或是國內創造，透過海洋和大陸的交流，已經讓文化有進一步發展；尤其在漢字、佛教文化傳入之後，更是發展出一個嶄新、更高層次的文化。

隨著時代的演變，比起之前的內容，後期古墳更加複雜且多樣化，因此被稱爲裝飾古墳。裝飾古墳內的彩色繪畫，是佛教文化的一部分，移植自大陸繪畫的畫風，可以認定是日本原始的繪畫。大約在四世紀到七世紀之間，大量建造裝飾古墳；全國大約有七百座，其中單單熊本地區就有兩百座。熊本的阿蘇山所產的黃土，也常被用於裝飾古墳的建造上。以發現位置來看，裝飾古墳以北九州居多，除了地域所產的土質，可以顯示的古墳特殊顏色之外；也因爲地理上，比較接近古代韓國，被認定從高句麗傳來的說法居多，此樣貌在東國（近畿以東）發現的例子比較少。

其他，有關建築的樣式，現存的還有家屋文鏡的背文，和家屋形埴輪，令人遺憾的，是今天完全沒有遺留當時的建築物。大體上，目前可以看到高床式建築物樣式，比較可以忠實呈現出舊式建

築的，只有出雲大社與伊勢神宮；兩社宮的造型也可以呈現精神的
內在，從兩大神社外形具備的純樸韻味，亦可以看出日本古代的造
形藝術。沒有色彩和複雜的裝飾，僅僅只有直線單色的簡素造型，
與之後寺院伽藍的設計大異其趣。顯見色彩在美學的領域，有不同
的詮釋與意義，古代日本人因為崇拜自然，顯現在生活中，即使是
自然乾淨的色彩，也呈現出大和民族單素色的美學。

　　《古事記》和《日本書紀》中，留下很多古代神話。從日本
尊崇自然的歷史來看，日本人相信人與自然必須相互依存，也將人
看作是自然的一部分，因此日常生活中，使用了很多的自然色。同
時，日本人也將山川草木看成神的化身，視為自然崇拜的對象，以
此而萌生的自然觀，成為日本文化的根基。

第三章

律令社會的文化與佛教的傳入

一、大陸文化的傳入

　　彌生文化開始以來，大陸文化就不斷傳入日本，進入氏姓社會之後，更是製作了很多的農業生產用具、武具及其他奢侈的工藝品等，大大提高了物質文化的程度。透過朝鮮半島的渡來人子孫，日本人也開始使用文字；日本古文化發展的重要契機，就是漢文字和漢籍的傳入。鑑於漢字與漢籍的傳入，讓日本人因為學習漢字、漢文之後，豐富了精神層面，對文化的累積起了很大的推動力；也透過大陸學問僧的講演漢籍，形成朗讀佛法的風潮，上流階層開始活用文字，自然成為廣泛吸收儒學與佛教的機緣。

　　古墳時代的四至五世紀左右，大和朝廷開始擴展勢力範圍，百濟的博士・王仁來朝，開始傳授中國儒教的古典名著《論語》，以及聚集四語的漢詩二百五十句的《千字文》。學者的來朝，意味著將大陸文化中，深具高度精神領域的部分，移植到日本的可能性。透過文字可以知曉外在的精神思想，對於一個本來沒有獨自文字的國家而言，文字的傳入和普及，絕對是一件劃時代的大事。

　　日本現存最早的文字，在和歌山縣的隅田八幡神社，發現了記錄年示 443 年或是 503 年左右的青銅鏡，除了鏡上刻有「癸未年」的文字之外，尚有人物畫像。另外，在埼玉縣的稻荷山古墳發現鐵劍上，也刻有一百一十五個文字的銘文，從文中的「獲加多支鹵」的意思來推敲，時間大概是 471 年雄略天皇的「辛亥年」。另外，從熊本縣的江田船山古墳出土的鐵刀上，也刻有「治天下獲□□□鹵大王」等字眼，此發現被認為，與稻荷山鐵劍上的「獲加多支鹵」可能相同。

　　藉由記載文字古物的出土，可以知道，幾乎同一時間，文字的普及已經隨著大和朝廷的政治權利，開始傳播至東國（關東地

方）與九州地區。但是，文字的使用，一般還僅限於任職於中央政府記錄的史官，以及有關係的渡來人而已。很明顯地，文字尚未普及民間，一般人或是支配階級，亦尚未達到通曉大陸學問或文化的階段。進入六世紀左右，到了氏姓社會的末期，從百濟傳來的五經博士，開始送入很多講解中國古典的學者，甚至也進獻許多佛像；諸多現象反映著，高度精神思想的大陸文化，正在計畫性地傳入日本。

　　進入氏姓社會末期的六世紀左右，從百濟傳入五經博士，並且帶入佛像等，可見當時大陸文化中最高度的文化，已經移入日本。六世紀開始的文化傳遞，進入七世紀之後，更是廣泛地輸入日本的大陸思想，已經用很容易理解的方式，在日本國內組織成一種學問的體系。譬如官位十二階中，大德、小德、大仁、小仁、大禮、小禮、大信、小信、大義、小義、大智、小智等，其他以不同顏色縫製的官帽，配當的顏色蘊含五行的思想。甚至聖德太子制定的憲法十七條中，也大量地引用，儒家、法家或道家的中國古典成句；可以推測，當時制定憲法的作者，深具中國古典的造詣。

　　文字之外，也有許多技術從大陸傳入日本。大概四世紀左右，朝鮮半島情勢不安定，有很多人逃亡到日本，因此也帶入很多技術，當時日本的朝廷和豪族也積極引入很多知識。現今的京都附近的開拓者秦氏，其祖先弓月君也在應神天皇時，將養蠶和機織等技術，積極地傳入日本。其他的渡來人，更是將農業和鍛冶、製陶和建築等技術傳入。當時的朝廷，將渡來人直屬的技術集團編列為品部，以機器為編織的稱為機織部，或是文書或記錄者等稱為史部，而高級的編織者則稱為錦織部，甚至也有製作陶器的部門，稱為陶部。如此有系統的引進大陸文化，以這些技術者為中心，逐步拓展了日本的傳統產業。

　　到了六至七世紀，除了物質文化的發達之外，學問也大量的引進日本。513年，百濟儒者段楊爾，將詩、書、禮、易、春秋等，古中國的傳統經典，五經的古典儒教帶入日本。554年易博士、曆博士及醫博士，更將易學、曆學和醫學帶入日本。甚至朝鮮高句麗來日的畫家曇徵（579-631），也將紙、畫具和墨傳入，大量文化技術的傳入，將日本的文化推上更上一層的境界。

　　此時的渡來人，其共通祖先的本籍，在平安時代《新撰姓氏錄》書中，統計共有一千兩百個姓氏中，大約占了三成。可以推想，渡來人大概先居住於近畿地區，之後才逐漸移往全國各地。日本國內有如朝鮮的新羅或高麗等地名，相傳至今如神奈川的高麗山，或是埼玉縣的高麗等地名；甚至朝鮮的渡來人祭拜的神社，至今也遍布於全國各地。從這些徵候，可以明顯知道，大陸文化東傳後產生的影響。

　　大約到了飛鳥與奈良的時代，日本更加積極有系統，引進從大陸傳入的各式各樣的文化；這是一個積極接收大陸文化，配合當地的民情，開始逐漸修正摸索出自己獨自文化的時期，尤其是文字和佛教的傳入，帶給日本深遠的影響。本來尚未有文字的日本，接觸了大陸傳來的漢字之後，為了開始發展出獨自表記的文字，日本花費了相當長的時間。文字傳入之後，在律令等法規的制定，與《古事記》、《萬葉集》、《懷風藻》等傳統文學的發展上，也有莫大的關係。

　　隨著與大陸密集的交流，開始設定日本國號，使用天皇的稱號，建立獨自的元號，逐漸整備出獨立國家的門面。奈良以前以大和為中心，所孕育的文化，主要也是取自大陸的文化所發展出來的，後來建立奈良的平城京。至今的奈良還留下當年許多文化遺產，對於理解當時的歷史文化，是一個適合走訪之地。

二、律令機構的設置

　　日本古代君主制，以朝鮮半島的軍事侵略開始，將本來分立的各小國，歸屬於大和政權，完成了統一的狀態。之後，隨著時代的進展，大王的權力逐次強大，全國各地分設屯倉；在大王周圍的豪族，也分置於大王之下成為政府官僚。到了六世紀，直轄領的一部稱為田部的居民，開始實施耕作的專門工作，也開始嘗試設立戶籍統管，大概是開始採用班田制。

　　另外，在東亞的歷史上，朝鮮半島歷經了新羅的強勢之後，開始逐漸衰退，終於在 562 年的任那官家時走向滅亡。也在六世紀時，隋朝興起統一了南北朝的分裂，建立了強大的王朝；到了七世紀唐起而代之，開始逐次的擴大版圖，建設了世界性的大帝國。大和政權看到中國統一勢力的完成，反觀半島的情勢，更是強烈感受到整備國內體制的必要；開始維繫之前中央權力的餘力，努力策劃逐漸走向中央集權的體制。

　　舊說談到，大約七世紀初期，與蘇我馬子共同攝理國政的厩戶王（聖德太子），開始設計官僚制度，作成憲法十七條，這是日本最早的成文法。大概，聖德太子仿照隋朝制度，展開改革，即「推古朝改革」，正尊卑、定名分，與隋朝通交，篤信佛教之外；在確立以天皇為中心的皇權思想，和建立中央集權體制等方面，留下許多業績。

　　603 年（推古 11），聖德太子制定冠位十二階，依冠位區別官位高低，由中央朝廷授予，以整頓朝廷貴族官僚的身分制度，加強朝廷綱紀。隔年，又推行十七條憲法，作為朝廷官僚貴族的道德戒條；條文內容及涵蓋範圍，包含了中國諸子百家以及漢傳佛教思想。但是，聖德太子所頒布的官位十二階，內容設定昇敘榮爵傾向

官僚制，接下來就是實現律令機構。而制定憲法十七條，就是將君主推向國內的最高權威，強調諸豪族有忠誠服從的義務。

但是，聖德太子的傳記，到底有多少真實？又存在多少神話的色彩？至今還是贊否兩論，尚未有完全的定論。甚至，聖德太子的許多功積，是否就是太子個人的作為，也同樣有些質疑。津田左右吉（1843-1961）對於聖德太子制定憲法十七條的說法，還是存有疑問；認為當時制定憲法的當時，已存有「國司國造」是有疑慮的。津田認為，雖然憲法的基本理念，記載著「中央集權制度‧官僚政治制度」，其實還是大化革新之後的事情，將其推至於推古朝的氏姓制度時代的產物，是有違常理的。如果此說法是正確，那麼日本成文法律令的開始，應該歸於《日本書紀》所記載，671 年（天智 10）施行「法度」的說法。《弘仁格式》的序文中，明言其法度制定於 668 年（天智 7），其中還有「令二十二卷」或「近江朝廷之令」等記錄，這是現今最有力的說法。

至於，相關的「天皇」尊號，則是採自中國道教的經典，開始使用「日本」的國名，也被認為大概是同一時期，或是不久之後的事情。大和政權確立之後，已經確認國家將積極攝取大陸文化，此作法也是遵循中央集權統制下，國家的方向。當時因為古代中國統一王朝的出現，直接刺激了大和政權，往大陸取經的意願更加強烈。607 年（推古 15）小野妹子首先派出遣隨使，隔年甚至派出更多的留學生和學問僧，計畫性的攝取古代中國的文化。與以往對中國王朝或朝鮮諸國進貢的物品，或是技術者貢獻的藝品，單純被動接受的態度迥然不同。

660 年（齊明 6），日本在朝鮮唯一的據點百濟滅亡之際，日本就開始直接派往唐朝，攝取大陸文化。直至唐滅亡為止的九世紀為止，日本持續派遣使者至唐取經，對新羅的交通也始終沒有中

斷。在如此情勢中，645年（大化元）大兄皇子（天智天皇）和中臣鎌足等人，實施了「大化革新」，繼承中國組織的律令機關正式成立。同時，也陸續制定公地公民的土地戶籍，稅制等制度。經過672年（天武元）的壬申之亂，天武天皇即位，天皇的權利比起以往更加強大，日本也相繼編纂了「淨御原律令」、「大寶律令」、「養老律令」等，可以說律令國家的組織更加完備。幾乎，從天智朝到天武朝歷史推演的過程，日本的律令制才真正的編纂完成。

律令體制得以完成，完全靠中央集權的力量，將存在於各個氏性社會的豪族，從本來世襲性特權的支配方式，藉以國家官僚的方式再重編一次。雖說是重編，也幾乎是原封不動地，保存了氏性制的階級構造，並非根本性的改革；只是將支配權力集中於中央，加大其支配人民的力量。雖然當時有頒布班田收授法，給予人民一定額的田地，但是還有其他租、庸、調、雜徭、兵役等龐大的租稅，除此之外還被收奪農作物，以及負擔其他身體的勞動役。一般人民有「公民」「良民」身分的區別。甚至，良民的下面還有賤民，賤民之中，也有私奴婢的區別，視同家畜一般，完全可以販賣當成財務交換。

現實中，日本律令的完成，也並非預想的創新，主要在法未成熟的當時，社會只能盡量配合日本的國情，仿唐令設計內容；而且也並非全部，只是停留在某一階段而已。特別是在律（類似今日的刑法）的實施更是有其困難度。學者亦指出，即便是之後的「大寶律令」或是「養老律令」等，律法實施之後，調查刑事案件的實例，也看不出任何新意，完全是依照原來的慣刑法而已。

大約七至八世紀，隨著國家整備的完成，和律令制發生很大作用的，就是史書的編纂。本來王朝歷史的記載，一直都是下一任王朝的工作，日本因為沒有歷經王朝的交替；因此史書的編纂，變

成朝廷要證明自己正統性的唯一證據。日本史書的記載從天智朝開始，到天武朝時期達到頂峰，最後完成了《古事記》和《日本書紀》。以正史來說，以《日本書紀》為始，之後還有《續日本紀》到《日本三代實錄》，合計編纂了六書，統稱六國史。

　　但是，就在律令制完成之後，日本發生了飢荒和疫病，導致「大寶律令」難以執行，元明天皇積極謀取打開新局面的同時，提議遷都平城京，就在 710 年（和銅 3）終於實現了遷都的計畫。當時仿照唐都長安的規格，大興土木建設新都，建築新都的同時，在聖武天皇時，也建立國分寺和東大寺等大工程。日本真正從氏族社會逐步過渡到封建社會，完成了國家統一，也加強了以皇室為中心的古代國家體制，確實實現了中央集權的律令制度，此時歷史進入了奈良時代（710-94）。

三、佛教的傳入與新舊思想的衝突

　　佛教在飛鳥・奈良時代傳入日本，對於日本人的日常生活造成很大的影響，舉凡建築、雕刻、繪畫、工藝、庭園、曆學及醫術等，幾乎是和佛教一同傳入日本；甚至連能劇古典藝能，到茶湯或是花道，無一不是受到佛教的影響。但是佛教又是如何傳入日本？對日本思想造成什麼樣的影響？這是接下來的問題。

　　相傳 538 年，佛教路經朝鮮半島傳入日本，這種說法是比較有說服力的。初期，佛教從百濟傳入日本時，日本人理解成「異國之神」。《日本書紀》中，記載著「欽明天皇時，對於是否祭拜百濟聖明王所奉獻的佛像，群臣為此開會討論。大臣的蘇我稻目認為佛就是要祭拜，其他大臣的物部委輿和中臣鎌足則認為，因為是外國的神，若祭拜的話，會引起國內諸神的不滿，因而主張排佛」。從

兩派對立的爭論，可以看出蘇我氏是一位開明派；相對於此，務部和中臣氏因爲出身於祭祀司的傳統氏族。天皇將佛像賜予蘇我氏，稻目在奈良建寺安放佛像。之後日本國內疫病流行，務部氏以此做爲藉口，放火燒了佛寺，將佛像流放至難波的堀江，因爲此緣故，之後蘇我氏和務部氏對於佛教的爭議不斷。

幾乎是六至七世紀，在朝鮮半島的強烈影響之下，日本佛教傳入日本之後。一開始，日本希望直接從中國唐代，直接攝取的意願很強，這是完成 702 年（大寶 2）的出使遣唐使；也是從 663 年（天智 2）的白江山之疫以來，相隔三十二年重啓遣唐使的交流。遣唐使的旨趣，不只是外交面的重要職務，在文化史的層面更是深具意義。之後，唐朝的先進文化，以及高度思想，如同洪水般地湧入日本。

七世紀後半以後，日本開始建立寺院和佛像、舉辦法會、推展寫經事業等，採取了許多振興佛法的政策。幾乎，佛教傳入的五十年間，還只是以朝廷爲中心，流傳於貴族之間的信仰而已。今日我們雖然可以看到佛教的普及，以及清楚的教義；但是一開始，日本人還只是將佛教當成一種呪術。觀看七、八世紀的記錄，不管對天災地變或是生病痊癒的祈禱，神社信仰和佛教信仰是併行的存在。也就是把現世的禍福託付給呪術，期望以此來解決當下的心理需求；所以呈現出，一方面對神社祈願，一方面又在佛寺，說出自己心中願望。總之，當時的佛教，還只是一種民族宗教，之所以會被日本社會接受，其本質還是以一種呪術儀禮的性質爲主要考量。

就在蘇我氏和務部氏抗爭時，相傳之後輔佐推古天皇攝政的，就是當時十四歲的聖德太子。太子在位期間極力推崇佛法，建造佛法守護神的四大天王像，發誓建造大阪的四大天王寺，使建築、雕塑藝術得到進步。之後，太子也在奈良建立法隆寺，是日本現存最

古老的木造建築。因爲太子的極力推崇佛法，各氏族也相爭建造寺院，譬如：蘇我氏建造飛鳥寺；從大陸渡來的秦河勝（生年不詳）也在京都建立廣隆寺，佛教在各氏族建立自己的氏寺中，大肆地推廣開來。

聖德太子建立佛寺，希望借助宗教，來推廣政治的意圖是很清楚的。爲了推廣佛教，聖德太子亦著述《法華經義疏》《維摩經義疏》《勝鬘經義疏》等古典佛經，注釋《三經義疏》，採用曆法，編纂《國記》《天皇記》等史書，功績頗多。相傳推古天皇爲其姑母，攝政期間，制定了官位十二階，以古代儒教的德目來教化人民。依靠佛教保護政策來宣傳佛教，推古天皇時期，寺院增至四十六所、僧人八百一十六名、僧尼有五百九十九名，被尊爲日本佛教始祖。雖然學界對聖德太子的事蹟，尚有許多疑問，即便如此，僅僅只是天壽國繡帳的銘文，所記錄的訓示看來，聖德太子無疑是一位偉大的思想家，傳授的佛教思想，就是當時日本人的精神指標。

645 年（大化元）時，日本實施了「大化革新」，這是日本社會政治的改革。其主要內容是廢除當時豪族專政的制度，內容效仿了中國唐朝體制，成立中央集權國家，對日後日本歷史發展影響深遠。在「大化革新」前後時期，朝廷公布佛教爲公信仰，舒明天皇建造了皇居和百濟大寺；到了天武天皇之時，改以大官大寺爲主體，擴大建造了藥師寺，命令諸國在公事的場合，必須誦讀金光明經，大肆地宣揚佛教。

雖然，對於神祇的祭祀，推定在大和政權成立之初，推動王權的祭祀，還是以原始的型態爲基本；到了天武、持統時期，日本參照唐國家的神祇令，完備了國家的神祇祭祀，已經架構成一種體系化。尤其，《大寶律令》的內容中，規定了其中內容；雖然說是模仿唐令，但是律令之中的神祇令，不同於中國的祭天的「郊祭」

儀式，和祭祀皇帝祖先的「宗廟」等是屬於兩種模式。而且，神祇令中祭拜天神的「祀」，以及祭地祉的「祭」，大體上是沒有差別的。

朝廷的興佛政策，在聖武天皇的時候達到鼎盛，也在 741 年（天平 13），聖武天皇命令建造金光明最勝王護國寺（國分寺），也在平城京營造五丈三尺的盧舍那大佛；於 728 年（神龜 5），將此大佛擴大興建東大寺，因為建在首都平城京以東而得名，另外還有西大寺相對應。之後，聖武天皇又在全國各地，興建了六十八餘座國分寺（金光明四天王護國之寺），東大寺則是階位最高的總寺院。而且以天皇之尊在祭拜佛像時，自稱為「三寶之奴」，可見聖武天皇對佛教的狂熱。

朝廷如此積極地推動佛教信仰，靠咒術保障律令國家安寧的期待下，正足以說明，金光明經被尊重的理由。可以說，這個時代佛教的興隆，完全是付託佛教具有「鎮護國家」的功能，所延生出來的結果。而且，託付佛教可以保佑個人順利健康，以及付隨其他祈願，有異於本來宗教展現對人生真正體悟的使命。長時間，教團曲膝於國家權力之下的態度，僅僅只有「鎮護國家」的使命，就是初期日本佛教的特色。譬如：676 年（天武 5）為了避免旱象，讓當地的神靈為居民祈禱，也讓佛教徒為地方居民宣講經文。顯然這就是依照佛教的信仰，求取安寧的鎮護國家思想的表現。而且，講述護國作用的經典「仁王般若經」，也在各地的寺院，舉行祈願國家安康的仁王會。

政治性的「鎮護國家」的功能，和佛教本來的教義，個人修道成佛的目的是無緣的存在，除了政治的迎合之外別無其他。因此，「鎮護」的作用，具體而言就是，對支配奴隸制性的律令支配機構，賦予咒術「護持」的功用而已。如此假藉「護持」的功效，

與否定一切的身分階級，肯定人間都能立地成佛的本來的教義，完全是背道而馳的。表面上，佛教是宗教的救贖，但是律令社會的僧侶，無法自由傳教，僧侶擁有律令機構中，類似官僚的身分；而且佛教採用的僧侶規綱中，規定任何人出家，若沒有得到政府的認可，無法以自己的意識做任何決定。換言之，政府免除僧侶的課役和租稅負擔，相對的行動也是受到法律嚴格的控管。

《大寶律令》和《養老律令》中，內容有僧尼令的一章，和神祇令是併排書寫的，如前文所敘述，神祇令中記載著，祭拜神明時的一些規則法條；而僧尼令全篇卻只有如何約束僧尼行動的禁令，是一個有趣的對比。與現今非常不同，值得特別注意的是，律令社會中不允許僧侶，在官方認定的寺院以外的地方傳教，律令國家體系下，佛教單純只限定由律令機關當作「鎮護」的功能而已。顯見，當下日本佛教的內容，具備如此社會性的作用，而且受到基本條件所保護，當然無法孕育出劃時代的思想。

隨著與大陸交通來往的興盛，唐代許多經典，透過遣唐使，原封不動的被大量載往日本；經、典、論、律等書物，也被大量的書寫或是誦讀，國家有力的推動之下，反覆被朝廷當成咒術般，在公式的佛法功德會，當成講說宣導的材料。雖然，當時被稱為南都六宗的三論、法相、成實、俱舍、律和華嚴的六個學派開始，涅槃宗其他的教學，在東大寺等大寺院的內部進行研究；此番行為與傳達宗教信仰的理念毫不相干，只是單純的文字知識的傳達而已。換言之，佛教初傳入日本，還是依照國家的「鎮護」需要；初期日本的佛教，還只是一寺內雜居的八宗兼學的狀態。佛教進化到八世紀之後，才真正內化到，出現稱為「宗」的結構，有如日後天台宗和真言宗般偉大的宗派，可說才真正醞釀出屬於自己的佛教思想。

四、傳統藝術的展開

　　一直以來，古代支配階層的貴族，非常嚮往大陸文化，其中最顯著的兩個層面：一是佛教藝術，另外就是漢字所帶來的文化。律令體制下積極保護的佛教，除了有其特殊的性格之外，要解讀真正宗教思想的本質，基本上還是困難的。相對於此，因爲擁有巨大的律令權力，中央有足夠權力可以號召民力，從建築開始，繪畫和工藝品，產生了許多輝煌的佛教美術文化財，這可以說是律令期，佛教在日本文化史上所展現的意義。

　　因爲，當時的佛教還是一種呪術，屬於民族宗教性質的呪術，根源於村落共同體的儀禮，一開始還不需要很多的設施；但是國家爲了興隆佛教，建造大陸風壯麗的伽藍建築，以及製造精巧的佛像和佛具等工藝，就必須投入許多的財力和人力建築佛寺。此般對佛教信仰所展現的作爲，不只是對外觀的經營，還進行了大規模的海外移植，同時也在國內培養人才，呈現出國家對佛教信仰的熱誠。

　　一開始，屋頂的瓦片、丹紅的柱子和許多複雜重疊的大陸式建築，金銅和乾漆精巧的佛像雕刻，帶有彩色的佛畫，以及其他各式各樣美麗的工藝品；甚至舉行法會時，在寺院境內展演的佛教音樂和假面劇等，將這些藝術品完整地呈現在寺院。如此以佛教藝術爲本的寺院，當時首屈一指的就是在飛鳥時代，蘇我氏所建的飛鳥寺（法興寺）。飛鳥寺的建築，是當時從百濟引進的寺工和瓦工等匠師所建；建築的伽藍，以及渡來人工匠所建造的金銅釋迦像，所供奉的本尊「飛鳥大佛」，即爲釋迦如來，大概完成於七世紀左右，這是日本最早的寺院。

　　日本早期傳入的伽藍配置，大約是中國南北朝時期的形式，以塔爲中心的南大門、中門、塔、金堂和講堂，大概是南北一直線並

排式，以四大天文寺爲代表；至於飛鳥寺則改爲東西金堂之間，佩置塔和中金堂的一塔三金堂式，與朝鮮半島的高句麗的清岩里廢寺的格局相同。到了法隆寺則改爲西邊是塔，東爲金堂的配置，此番格局可以看出，是受到唐朝和新羅的影響。

　　持續白鳳時代，進入八世紀的天平時代，形成以鎭護國家思想爲主的律令國家，隨著國家權力擴大的同時，也在各地開始陸續建立佛寺。奈良時代開始，以設置本尊的金堂爲伽藍的中心，塔在中門前方的配置，所代表的就是東大寺；甚至到了大安寺則是以金堂爲中心，塔移往南大門的方向。大體上，寺院純粹崇拜釋迦，是修佛的道場，本尊的佛像則是祈求現世利益之所。到了平安時代，真言和天台的山岳佛教傳入日本之後，南都六宗逐漸失去影響力，寺院的伽藍配置，完全配合山岳的格局來設置，已經慢慢失去其規則性。

　　根據《日本書紀》的記載，伽藍形式的改變，是在 670 年（天智 9）法隆寺經過火燒之後，導致配置改變的說法。觀看飛鳥時代的代表建築法隆寺的結構，寺內現存的金堂・五重塔・中門・迴廊的一端是神殿式柱子，卍標誌的勾欄以及雲形斗栱等樣式，幾乎都是白鳳時期未見的建築樣式，可以判定是飛鳥的建築。只是，其創建的年代，一直以來都是眾說紛紜。金堂的正面設置著，爲了追福聖德太子的金銅釋迦三尊像，所顯現的古樸嚴肅的表情，及其裝扮的文樣，完全可以找到受到北魏影響的痕跡。當時，北魏的造像，深受漢文化的感染，一反過去雄偉豪放的風格；改以溫文儒雅，秀麗窈窕的氣質著稱。同樣裝飾的中宮寺，或是廣隆寺中的彌勒菩薩，所顯現思索柔和的坐姿表情，比起飛鳥時代的嚴肅特徵，就呈現出時代的過渡期，佛像表情的差異。

法隆寺木造五重塔

至於，法隆寺中放置的玉蟲廚子佛畫，也是當時代表性的佛畫。廚子，是日本對小型佛龕的稱呼，也就是供奉佛像，佛經之器具。玉蟲廚子在日本可謂家喻戶曉，不但是飛鳥時代僅存的佛龕，也是法隆寺鎮寺之寶。玉蟲廚子得名於廚身玉蟲鞘翅的裝飾品，玉蟲在日本被稱爲大和玉蟲，意爲靈魂之蟲，也是好運的象徵。作品中以蔓草圖樣化的忍冬唐草的雕刻，是貼著二千五百匹玉蟲羽化的工藝品；因爲年代久遠，飛鳥時代的佛繪作品寥若晨星，玉蟲廚子繪是保存至今的極爲珍貴的作品。同樣存於法隆寺內的天壽國曼荼羅刺繡圖，是釋迦的本生故事；以世尊釋迦牟尼佛尚未成佛，仍爲菩薩時的前世故事，作爲主題的畫。相傳此刺繡圖是聖德太子的妃子，在太子往生後，幻想太子往天壽國，命令宮女繡出的繡帳圖樣。

　　日本文化史上，從大化革新至 710 年（和銅 3），日本完成遷都平城京，史稱白鳳文化時代。雖然日本的年號，並無白鳳的稱呼，在美術史上，連續飛鳥時代的就是白鳳時代，大約是天武和持統天皇的時代開始，到八世紀初頭左右所形成的樣式統稱爲白鳳時代。白鳳時代所建立日本文化的主題，建立佛寺與佛像的熱情，仍然不減飛鳥時期。累積飛鳥時期的經驗，造像技術轉爲圓熟，不只木雕，還有銅鑄，其他也開始利用泥塑和乾漆造。此時的佛像開始

呈現多樣化，傳統立像及坐姿之外，受到中國隋唐時代風格的影響，創造出半珈思維像。大致可以看出，不只受到中國唐文化、朝鮮半島、印度，也廣受西亞、中亞文化的影響。

　　此時，廣為流傳的就是藥師寺的佛像，在平城京的故地，今天還留有藥師寺的三重塔與佛像；今天的藥師寺，本來是在飛鳥創建的藥師寺，平城遷都之後才移至今日的場所。綜合飛鳥時代的樣式，以及天平時代的特徵，可以明顯看出，已經脫離中國南北朝進入初唐的結構，各層建築長短交接的立體式，已然顯示出率動的美感。寺內所安置本尊「藥師三尊像」的金堂，「藥師三尊像」中央主尊為藥師如來坐像，右邊是手持日輪的日光菩薩立像，左邊是手持月輪的月光菩薩立像。本來這些佛像表面是鍍金的，由於歷經歲月與空氣的接觸，或是天災等因素，成為現在看到的漆黑佛像。「藥師三尊像」飽滿圓潤的造型、袈裟衣紋線條等刻畫手法，展現了初唐文化的風格，是日本公認高傑作的古佛像之一。日光菩薩及月光菩薩扭腰矗立的身姿曲線優美，亦堪稱為佛教美術的極品。

　　延續白鳳文化，到八世紀繁榮的天平文化；此時建立奈良平城京，也是以律令國家下的佛教鎮護思想，最為興盛的開花時期。天平時代的建築，代表的就是法隆寺夢殿和東大寺法華堂，以及當時渡航來日，傳達唐律令的鑑真和尚所住的唐招提寺金堂，帶著希臘神殿風的堂柱。東大寺的法華

奈良唐招提寺

堂所存，執金剛神像的雕刻，其他日光的月光菩薩像、東大寺戒壇院的四大天王像、新藥師寺的十二神降像、興福寺的八部眾像及十大弟子像等，都繼承了盛唐的樣式，呈現出非常寫實的樣貌。

當時，聖武天皇和光明皇后日常所用的大量用品，現存於東大寺的正倉院；物品內容的品項和特色，廣泛地涵蓋了世界各地的美術品。內容包括文品、樂器、佛具、武具、文書、服飾品等，應有盡有的物品。雖然只有部分是日本所製作，大部分是唐代的用品居多；可知日本一直以唐文化為學習對象，而唐代不只擁有廣大的版圖，在中國歷代王朝中，也是最喜愛異國文化的朝代。從所藏文化物品的內容，可以看出當時的交流，涵蓋了中亞土耳其、伊朗等，直到埃及、敘利亞，分佈了東、西兩洋廣大的區域，到達極東的日本，可以說是世界性文化傳播的印證。

奈良時期工藝之精美，完全可以從正倉院的各式各樣的品項中看出端倪。其中，有白色琉璃碗的玻璃製品、綠琉璃十二曲長杯玻璃等，相傳是從波斯等地傳入。而且，黃金琉璃鈿被十二鏡、鳥獸葡萄被方鏡等，流露出很精細的技巧，平螺鈿角八角鏡也是貼上土耳其的藍石。四玄樂器之外，五玄的螺鈿紫檀琵琶等，則是傳至於大陸的樣式；木畫紫檀的碁盤，可以推測當時圍棋的遊戲，已經由唐傳入日本。

其他，留存於正倉院中，收納了與佛教同時傳入，日本的音樂劇伎樂的假面；根據日本最早音樂書籍的《教訓抄》記錄，伎樂和樂器伴奏合演無對白的假面劇，也包含具備滑稽的手勢和卑猥的性演劇在內，這是在天平最鼎盛時期，迎接東大寺大佛的開眼供養會時上演的內容。從早期所發掘古代的埴輪中，也顯示出有彈琴的人物像，此像足以說明，飛鳥以前，日本的音樂只有笛和琴的伴奏，伴以歌和舞的形式，屬於慰藉神、祖先靈魂的祭祀音樂。

　　天平時代，伎樂、百濟樂、新羅樂、大唐樂等外來樂，和日本傳統的歌舞，共同在宗教的法會上演奏。綜合各地音樂的種類，細看這些世界性的背景，呈現出七、八世紀日本文化豐富的特色。伎樂本來是從印度和西亞傳入中國，當時從中國南方的吳之地開始流傳，又稱吳樂。相傳，伎樂是在 612 年（推古 20）時，由百濟的味摩之（生年不詳）傳入日本，因為受到聖德太子的青睞，很快地被引入使用於宮廷音樂中。目前，正倉院所留伎樂的假面，有一百七十一面之多，都是奈良時代的精品。

　　不只生活用品的層面，律令政府的官僚，也在大學裡放置儒教的典籍，供貴族子弟學習；雖說官僚是依照儒學的考試錄取任用，但是大部分的官位還是世襲，儒教思想的接觸和活用，仍然僅限於少數階層而已。中央重視大陸文化的學習，隨著渡來人和僧侶，積極將工藝技術和佛教經典帶進日本；所有大陸文化的學習和模仿，初期還是僅限於貴族的上層階級，其他特別值得一提的，就是漢字傳入，已經開始書寫日本史書。

　　根據文獻記錄，隨著遣唐使的文化交流，前往長安留學的知識分子增多，滯留期間與當地文人交流唱和。諸位文人回國之後，帶入許多經籍；宮廷經常舉辦詩會，君臣唱和之下，增進了日本漢詩文學的造詣。奈良時代開始，貴族的日常生活中，已經開始吟做漢詩，被當成是最高的教養受到重視。751 年（勝寶 3）所編成的《懷風藻》，是日本現存最古老的漢詩集，其編者不詳，收納了六十四位詩人編成的一百首漢詩；《懷風藻》的問世，也是首部具有明確文學意識的文學作品，呈現出貴族階級的漢文學造詣，是累積日本古代漢詩的成果。

　　關於漢詩集《懷風藻》的特色，從詩的內容來說，本身的思想性，頗受古中國儒、道思想的影響，受到佛教影響的部分相對

較少。儒家談到讚頌經德，知識分子研讀之後，應用於漢詩的表現上；同時也受老莊思想的薰陶，談到無爲的生命觀與自然觀。詩體而言，《懷風藻》完全以中國六朝《文選》作爲範本，《懷風藻》中，五言詩壓倒性的占多數，更以五言八句爲多，幾乎占了全集的三分之二。

從《懷風藻》的漢詩基本定向，反映了兩國文人所接觸的六朝文學的樣態；其中模仿唐代文學，還只是基本而已。與日本傳統的和歌不同，明顯可以看出當時的貴族，努力學習大陸文化的樣態。本來中國文字以中國語表現的表意文字，傳進日本之後，用性質不同的漢字，以不同的日本語表現出來。漢字的使用，改成以該當的日本語的音義表現出來，爲了正確地呈現日本語言，捨棄原來漢字持有的意義，使用單純的音標文字完成日本文字。

與漢詩一起發展出來的就是和歌。就在漢詩集《懷風藻》問世的二十年後，到了奈良末期，日本誕生了第一部和歌總集，那就是《萬葉集》；這也是大和朝廷，在完備了國家基盤之後，透過大陸輸入的文化，呈現日本人美意識的總和。古代，日本的和歌的句數、音數都是不定型的；之後，和歌才發展成五七調的和歌，各種演變都是經過長時間之後才定型。不同於漢詩，使用日本文字歌頌的和歌，很快在庶民之間留傳。

總括，《萬葉集》和歌的形成，大概有兩種要素：首先是創造萬葉假名。而萬葉假名又分兩類：一字一音的假名，則是借用漢字音讀，受到漢詩的影響。而且，所謂的假名，開始也是由漢字轉換成日本獨特的文字，從《萬葉集》開始使用，假名也被稱爲萬葉假名。和歌是男女對唱的情歌，藉著傾訴心中感情，感動激發對方的心情，是由動詞延生的語言；本來也是口語相傳的模式，漢字傳入之後，才配合漢字的音記載下來。可以說，文字的轉換，完全可以

視為日本文化與外來文化交流的一個典範。

　　學者指出，從《萬葉集》的題詞與左注可以推測，萬葉成書之前，早已有私撰集或是私家集的存在，大都是無名氏所作；見於《萬葉集》中的二千三百首，占其中總歌數的半數以上。很多都是口語相傳，傳自《古歌集》《柿本朝臣人磨集》《類聚歌林》，相傳是歌人大伴家持（718-85）所編輯。屬於古代民謠風格，男性直率地表達出，喜悅、愛情苦惱等情緒，呈現的是民眾生活的思想情感。其中，有東國人生活所詠唱的東歌，以及描寫防人心術的防人歌等類別，作者也是從天皇到庶民之間的各階層，地域則是從陸奧（青森・岩手）到筑紫（九州）為止，涵蓋範圍之廣，可以明確知道當時和歌的普遍性。

第四章

貴族社會的文化

一、貴族社會的特色

794 年（延曆 13），平安奠都之後直至九世紀爲止，屬於平安時代的初期；當時還是律令社會，在政治或文化上，開始逐漸改變。幾乎到 894 年（寬平 6），即便終止遣唐使的派遣爲止，形式上還是延續著，努力學習大陸文化的模式，政治上也仍持續著律令的社會。可以說，平安初期的日本文化，仍然繼續接受唐文化的滋潤，可以說是漢風文化的鼎盛時期。

唐代後期開始，因爲黃巢之亂（875-84），唐的國力慢慢衰退，逐漸走向滅亡。終止遣唐使之後，從大陸傳來的文化，與日本的風土密切融合，歷經內化、轉變的過程，逐漸發展成爲日本獨自的文化。平安時期貴族生活中的佛教，也開始轉變，眾多難以說明的現象，即使到今天仍然還持續傳承。平安奠都之後，前往唐朝留學，學習最新佛法的最澄（傳教大師）與空海（弘法大師）兩位僧侶，在中國努力學習佛法之後，回國之時，從長安帶回了大量的佛書，開啓了新的轉變。前者在比叡山創建了天台宗的延曆寺，後者則設立真言宗，其開山寺院就是京都的教王護國寺（東寺）；之後空海又在高野山設立金剛峯寺，被尊爲平安佛教的開祖。

設立的真言宗和天台宗兩派，除了佛教本來的「鎮護」功能之外，有別於前代的諸寺院，開始以信仰爲中心組成教團，不管在精神或是經濟層面，都努力地朝獨立的方向邁進。天台與真言的兩宗派，雖然尚未成爲以人民宗教爲主的階段，但是已經開始替貴族尋求身心保護；所設立的壇家制度，也是平安佛教爲了替貴族們，尋求現世救贖之道。佛教之外，密教也在此時傳入日本，平安佛教就在密教傳入之後，開始以密教爲中心而發展，注重加持祈禱的方式。密教的傳入，不但發展出新興的佛教美術，更在之後發展成神

佛習合，成爲日本獨自的信仰。

　　貴族社會中還有一個現象，就是重視陰陽道。陰陽道的母體，屬於中務省的被官，有擔當占・造曆・天文觀測和時報等四個部門的陰陽寮。日本陰陽道的形成期，與御靈信仰發展的時間重疊，而且以占卜判定災厄，將道教的技法加諸於祭祀上而發展，也因爲與神祇官的職掌多少有所關聯，因而顯現出其存在價值。但是，以擔負貴族社會的作用來看，還是不如密教等佛教禮儀被重視。即便，貴族生活中，不是每件信仰都委託陰陽道判斷；但是在年中行事，實施宗教儀禮的比例還是很多，顯見祭祀上是受重視的。

　　攝關時期的平安貴族，以氏神社祭祀的奉幣信仰爲基礎，但是在院政期之後，變成祭祀以外的神社參拜，逐漸形成現在的神社信仰。佛教信仰中，與前往觀音靈場參拜，代表性的靈場信仰有其共通點；主要是考量子女的誕生或是官位晉升等，祈禱子孫繁榮，擔負積極性現世利益信仰的作用。同樣是現世信仰也有祈禱消災・延命等，每天祈禱日日平安的消極性現世利益信仰，還有擔任其他佛事。譬如：讀經・建造石塔・印佛等多種方法；其中特別發揮威力的還是《大般若經》、《法華經》、《仁王經》等護國經典。

　　代表唐文化的漢詩文，到平安時期達到鼎盛，尤其停止遣唐使的交流之後，日本開始逐漸發展出，日本獨特的和風文學，首先誕生的就是和歌、物語等文學的新樣貌；一樣都是貴族的專屬物，因此從這些作品的內容，多少是可以一窺貴族社會的內貌。此時，貴族的生活樣式，也開始配合日本的氣候，產生家居建築產生寢殿造的獨自樣式；配合四季推移所產生的生活樣態，深具纖細美感的美學。

　　但是，真正進入貴族社會之後，貴族身爲官僚的自覺消失，實際的政務也委託下級官僚運作，貴族與百姓之間實質的連結也消

失；從人民的角度，與貴族看待社會的眼光，明顯的產生距離。即便，生產依託給在地地主，或是專職官員來進行莊園管理，實際狀況完全是由限定人員所掌握；收益的取捨分配，也只限於徵收部分而已，成爲只是單純名義的最高權力者，與農村之間的實質連結完全斷絕。

隨著權門體制（武家、公家、寺社）勢力的進行，以及私有莊園制的發達，因爲負擔過重，導致辛苦的農民開始逃至莊園；律令制就是在人民消極的抵抗中，無可避免的逐漸解體，最終成爲有名無實的虛有狀態。另一方面，在中央政府內部的官僚政治逐漸無力化，以藤原氏爲首的貴族，壟斷了攝政・關白之位，凌駕於君主的世襲制；其權力更是凌駕其他貴族，呈現了藤原氏獨裁的貴族政治時代。伴隨著高官高祿，從全國的莊園所得的收益，成爲支持貴族階級的政治基盤。專權加上經濟的穩固，導致貴族文化的色彩更加濃厚。

歷史上，延喜・天曆的年代，是攝關政治最興盛的時期。本來支撐律令國家的官僚制度，以及財政制度產生大變化時，攝關從原來舊有的太政官政治脫離。無視儒教的倫理，攝關的繼承不再以嫡子繼承爲主，依賴天皇和外戚關係的現象逐漸明顯，藤原氏成爲天皇外戚，政治力轉移到攝政・關白。因爲後宮在宮廷內的地位上升，而且後宮聚集的女官和宮女等，具有優秀文化背景的人才輩出。比起封建社會，此時女性的社會地位，相對比較高；但是和古代女性的勞動力相比，不具備社會機能，也是不爭的事實。除了是男性性愛的對象之外，幾乎也沒有甚麼立場，不僅僅是相對於男性的弱勢；一般來說，貴族層在整體上，已經不是一個強大的社會實體，這也是不容忽視的事實。

894 年（寬平 6），菅原道真（845-903）向朝廷建議廢止遣唐使，日本因此終結了，將近二百年遣唐使的文化活動。平安京是一個盆地，國家已經終止遣唐使活動之際，貴族在國內，與下層也沒有很多接觸的狀況下，屬於一個封閉的狀態；不管是國際上的交流，或是個人的活動範圍，貴族的視線都非常狹隘。純粹只是生活在一個閉鎖的世界，在單純且悠閒的環境中交際活動，享受獨特的嗜好，每天過著歌舞昇平的日子而已。

上下沒有接觸之下，貴族自然也無法直接掌握農村的生產，僅僅是一個虛浮表面的地主身分而已。由於農業生產力不斷提升，可以看到地方豪強逐漸壯大，以及隨著武士的崛起而出現的封建社會關係。終於，939 年（天慶 2）日本發生了天慶之亂，地方騷亂引起治安的敗壞，已經呈現出貴族支配體制衰微的前兆。這般社會眾多改變的現象，客觀上已經導致了，古代社會從內部崩潰的要因；但是貴族們不但無法洞悉現況，也未能提早直觀地感受到這種發展。

二、物語文藝的發達

代表唐文化的漢詩文，一開始傳入日本時，是屬於男性的專有物，僅僅流行於平安時期的貴族社會。九世紀初，嵯峨天皇以新都的平安京為舞台，徹底推展唐化運動，以「文章經國思想」的理念，獎勵貴族在儀式上寫作漢詩。之後，陸續編集了，《凌雲新集》、《文華秀麗集》、《經國集》等三本敕撰詩集，公式場所幾乎已經不再歌詠和歌。如果將以上三本敕撰三集，視為唐風詩文的話，多少是可以看出漢詩文在日本被接受的程度；持續一段時間，「唐才」的所謂漢學修養，仍然被視為晉升律令官人的必要條件。

因爲漢詩的流行，以此相關的就是書道。漢詩一旦興盛之後，詠唱的漢詩需要記錄，也導致書道藝術的普及。平安時代初期開始，書道的藝術文化開始萌芽，後世稱三筆（書道能手）的三人，就是空海（774－835）、嵯峨天皇（786－842）、橘逸勢（782－842）三人。其中，空海送給最澄有名的書狀就是「風信帖」，嵯峨天皇送給最澄的弟子定光的「光定戒牒」，以及逸勢在伊都內親王奉獻莊園給興福寺時，書寫的「願文」等書文，至今都還是學習書道者的模擬範本。

直到遣唐使終止之後，日本開始發展出假名文字，利用假名的書寫，發展出和歌、物語等日本獨特的文學。「物語」一詞，與其類型比較吻合的，可以列舉的就是現在的小說。但是，和西洋的小說又有些差異，古代的物語，比較是民間傳承或是口頭說話所改變而來；平安時期的物語作家，基本上需要一些漢文字和佛教教養，這是日本的物語文學與西方小說最大的差異。

大約九世紀，物語文學開始盛行，到十世紀中葉達到鼎盛，後來引申爲故事、傳記、傳奇等文型。大致上，物語脫胎於神話故事，和民間傳說的文學體裁，形式上是受到了中國六朝，以及隋唐傳奇文學的影響。可以說，因爲國字的發明，才導致物語文學進一步的發達，這在日本文學史上，也是別具意義的。此時的文學，隨著貴族社會的成熟，完成了許多洗鍊的文學作品，呈現出日本人獨特的美感。

如前文敘述的，七世紀以來，日本捨棄漢字，開始使用日本語的音標表記的音標文字，長期使用萬葉假名之中，簡化了複雜的漢字字畫，創造出新的字形。人們爲了便宜學習，經過了一段漫長的時間，所發展出簡略漢字的方法，就是省略字畫；簡單地說，萬葉假名就是直接用漢字作爲音標，但是用法與後來的假名相同。換言

之，日本從本來不具備固有文字的時代，長期接受漢化之後，為了因應自己的需求，因而利用漢字創造出機能性的文字。可以說，漢字之外創造平假名及片假名，獨特日本文字的發明，具備了文化史的意義。

因為假名文字的發展，不僅對和歌造成影響，也讓物語文學達到鼎盛；也是在這種背景下，發展出貴族文藝的燦爛世界。從《萬葉集》開始，幾無前例的開始編集歌集，大約是在醍醐天皇主政時，朝廷開始著手編輯。本來是為了方便使用，僅限於私用的略體文字；905 年（延喜 5），紀貫之（868-945）編撰的《古今和歌集》，就是一個例子，此時假名文學，正式登上日本文學的舞台。一開始，上流貴族之間，詠唱和歌者還僅限於下級歌人；經過將近一世紀的演變，世人對於和歌的評價逐漸升高，從《後撰和歌集》開始，已經有許多王公貴族詠唱。

《古今和歌集》所選的戀歌頗多，華麗浪漫，和諧而優美，普遍帶有貴族風格；其所選和歌與闡明和歌宗旨的序言，後來成為幾百年和歌創作的典範。官撰的勒撰和歌集，到了平安末期還陸續編纂《後撰和歌集》《拾遺和歌集》《今葉和歌集》《詞花和歌集》和《千載和歌集》等書；聯合鎌倉時期的《新古今和歌集》成為八代集。基於文化的根源來自於漢風文化，因此當時文人的思考中，對於漢文、漢詩以外，僅僅尊崇和歌為純文學。因此，作品被收入勒撰集中，也是歌人無限的光榮。

古老的時代，《萬葉集》的內容，還不怎麼重視階級，僅僅只是傳達民眾強而有力的感情而已；社會經過一番轉變之後，才慢慢演變成都是貴族階級的作品。而且，到了《古今集》的時代，文體本身開始轉變，成為多種類型；使用的文字與和歌的模式比較，開始傾向遊戲式的賣弄，與現實地表達庶民感情是有些距離，因此內

容也不會勾起大眾太多感動。可以說，到貴族社會時，最高水準的並不是和歌，此時被視為一種藝術品，是為第二藝術的物語文學。

《竹取物語》被稱為是日本最早創作的物語文學。此種說法，最早見於《源氏物語》，書中記錄著《竹取物語》為「物語之祖」的說法。《竹取物語》的內容，描寫一位生於竹中的少女，經過成長和少女懷春，斷絕了幾次的求婚，最後月宮派出使者，將其接回月宮的不可思議的傳奇故事。故事內容描述了，平安時代嚮往神奇的現實情境，如此信奉迷信的思想，對月亮充滿了憧憬迷戀的情緒，真實地傳達了，貴族社會對奇異世界充滿好奇的心情。書中描寫人間是汙穢之所，為了使少女清潔無邪投給藥物等的內容，作者對社會帶著批判的意味。

比起《竹取物語》的內容，到了《落窪物語》的階段，已經一掃庶民的風格，貴族生活內部寫實的情境，完全占據整個故事。但是，根據主題內容判斷，那是一個虐待繼子的故事，因為是民間故事經常書寫的內容。依此可以說明，其類型與民間傳承的情境是有些類似，毫無疑問的，物語的起源就是民間口頭傳承。另一方面，《宇津保物語》和《源氏物語》中，跳躍著燦爛的和歌，這在展開的說話類型上，占據了不少的比例；諸多現象清楚告訴我們，物語的根源，就是由和歌的序言，以及民間的口承說話交錯之後，所產生的文學形式。

其中，《源氏物語》被視為日本文學的最高傑作，而且也是世界第一部長篇小說，作者是平安時代的女流作家紫式部（973-1014）。小說的主角光源氏，可能是以光源道長，或是醍醐天皇的第十皇子源高明為模型所描寫的。整卷是主人公的世代，或是接下來的世代，完全是描寫男女愛欲情歡的場面。作者纖細地描繪了赤裸裸的男女情愛，主人公徘徊於諸多女性之間，錯綜複雜的男女關

係，交織出貴族社會的愛欲情愁。日本文學上，《源氏物語》的價值，並非只是長篇的著作而已，故事中勾畫出複雜的人物，主人翁及周邊登場人物內面心理的糾葛，不但展現出作者紫式部的高度描寫力，同時真實地描繪出貴族社會的樣態，讓後世可以藉此了解平安貴族的生活樣貌。

　　甚至，平安中期到鎌倉時代初期，也誕生了幾部日記文學。日記本來指的是，政府機關製作紀錄公家之事；後來發展成貴族在玩樂之間，傳達有關儀式或是遊宴的事蹟，貴族之間常用日記的形式記錄下來。當時，貴族女性之間，利用假名開始書寫的現象逐漸流傳開來。當時，紀貫之開創了用假名紀錄旅行的見聞，其作品《土佐日記》也開闢日本王朝女流文學之先河，同時也是《古今和歌集》主要編撰者之一。

　　用假名創作的旅行書寫《土佐日記》，這是日本文學史上，可考的第一部日記文學作品，內容有很多紀行散文的要素，又用平假名書寫。紀貫之特別以女性文字書寫，採用假名書寫旅行的哀感，對於都城望鄉的惆悵，思念在土佐去逝女兒等；書中忠實地記載了作者的感情，與其用漢文書寫，用假名其實是比較深具美感的。此書的出現，推動了之後女流文學的發展，相傳之後的《蜻蛉日記》、《和泉式部日記》、《紫式部日記》、《更級日記》等作品，很可能是受到其影響而產生的。

　　《蜻蛉日記》也是平安時代的女流日記，相傳作者是藤原道綱之母。記錄著954年（天曆8）至974年（天延2）之間的宮廷趣事；推定在975年（天延3）前後成立，由上中下三卷構成，被視為女流日記的先驅。作者身為下級貴族的女兒，嫁入上層貴族的藤原家，但是丈夫身邊仍擁有嫡妻；婚姻生活中遇到漁色旺盛的丈夫，夜晚不再來訪時，心中顯現出微妙地糾葛浮動的情緒，非常忠實地

呈現出平安女性貴族的宿命。

　　《源氏物語》雖然不如《蜻蛉日記》的悲慘，現實生活中，丈夫死後的紫式部進入宮中為女官，當時朝廷是攝關政治的狀況下，紫式部位居皇女身邊的觀察，將宮中女性的自我意識和苦惱，寫實地呈現在《源氏物語》書中。《源氏物語》一書，並非只是平面現實的描寫而已，其中光源氏一代，甚至幾代的男女關係，投影似地描寫貴族生活地現況，與所接觸的歌字、音樂、繪畫等，生活中多種技能，不但呈現出貴族生活的華麗閒緻，也凸顯出紫式部卓越的描寫才能。生活中有如光源氏般，集才情和榮華於一身，在當時貴族中，也是一位佼佼者。即便如此，小說最後光源氏在面對親人的死亡，對於生命結束時，展現出的無奈唏噓之情；紫式部忠實地描繪出，人在面對無法超越的宿命時，所萌生的無力感及落寞之情。

　　後來紫式部離開宮廷，和女兒彰子隱退琵琶湖附近，離開宮庭生活的繁華之後，回鄉後面對的庶民生活，紫氏部展現出一種積極面對人生的態度。《源氏物語》在十一世紀初期完成，也是貴族社會的全盛期，那也是藤原道長的政治生涯最頂端的時刻；紫式部描寫光源氏生命中的環華，與作者個人從宮廷生活中抽離，回到「凡間」的庶民對照，巧妙地隱繪出，是貴族時代結束的前兆。這樣的環境中，所書寫的物語文學，多少內含作者對社會的批判和自覺。之後，以藤原氏為中心的貴族勢力逐漸衰微；攝官政治下，所產生的女流文學，《源氏物語》將物語文藝的地位推上頂峰。

　　對照《源氏物語》小說的性格，可以一起比較的就是清少納言（966-1025）的《枕草子》。清少納言和紫式部，幾乎同時侍奉一條天皇的后妃。攝關政治的時代，天皇的外戚為了將女兒嫁入宮中可以得寵，相互替女兒聘請女官；紫式部和清少納言兩人，就是在當時分別就任的女官。隨筆集的《枕草子》，不同於《源氏物

語》的文體，記錄著清少納言在宮中，面對貴族社會的所見所聞；
真實寫下心中隨想的文學篇章。

其中，章段、日記、回想等三種分類，作者敏銳的真實感受，
也鮮明地描繪出當時貴族的生活樣態。攝關政治下，貴族社會的女
官們，藉著自身的經驗，所書寫出的物語文學，內容確實描繪了身
邊貴族社會的真相，所呈現的藝術價值不可言喻。因此，物語文學
留給後世的是，除了對於平安時代貴族社會的具體認識之外；也在
日本文化史上，留下一些對日本傳統古典的描繪，對於後代文藝產
生很深刻的影響。

三、國風藝術的發達

日本的繪畫，在大陸文化尚未傳入日本之前，僅限於彌生時代
所留下的銅鐸和古墳的壁畫等，單純只是樸實簡單的線條而已。紙
與水墨般的利用，是真正美術的開始，而且是隨著佛教美術而傳入
日本。

本來，佛畫也是經由印度傳入，一開始傳入的佛畫中，所呈現
佛・菩薩的線條，尚未具備日本的色彩。聖武天皇使用的屏風，
所繪畫的山水等作品，深具漢風文化的影響，可以說當時日本的畫
家，只是單純模仿中國風的畫法而已。到了十世紀左右，主題的攝
取或是風俗寫實的畫風，畫家的視線，慢慢移轉到國內，開創了日
本畫的獨自畫風。

大和繪雖然一開始還是以唐繪作為基本，但是繪畫的內容特
色，已經開始轉為日本風格；畫家的視線和筆風，也開始注意到自
己周邊的事務。1053年（天喜元），宇治的平等院的阿彌陀堂（鳳
凰堂）的扇繪，阿彌陀佛迎接念佛的行者，從空而降的舞姿，被稱

為來迎圖佛畫的背景，被許多研究者認為，是非常忠實地描繪了宇治當地山水的建築。譬如：鳳凰堂本尊是佛師定朝作的阿彌陀佛像等，是一個嶄新的造型。造型美術是如此，其他雕刻藝術，也在十世紀陸續開創了新的格局。

一般所提的日本畫，具體可以看出改變的就是大和繪。大和繪的作品非常生活化，就是今天日本屋內使用的紙門（障子），被當作屏風繪而使用，與貴族的起居也是息息相關的。平安時代的宮殿式建築，基本上是仿唐風所建；貴族的起居所用的格式，被稱為寢殿造的模式。大面積的塌塌米室內，使用屏風區隔起居的用途；當時的貴族生活非常奢華貴氣，已經常常召喚一流的畫師，在家中留下許多大和繪。

今天我們觀看的大和繪，屬於一種藝術的鑑賞，與日後的日本畫相比，比較不屬於獨立的繪畫；和文藝作品結合的風格看來還是比較特殊，從中可以得知當時的色彩及畫風。在屏風畫可以用上色紙，配合畫題展現和歌的抒情性，呈現繪畫和文藝結合的美感。當時還是生活用品的屏風和障子的造型，從這些生活配置，完全可以推測當時支配階級的財力及生活樣態。日本是一個四季非常分明的國家，進入眼簾的畫風，完全是配合四季的花草，以及自然景物中，有關風花雪月的描繪等，從此也可以清楚看出，融合在日本人生活中的年中行事。

現存大和繪的作品，幾乎都被稱為繪卷物。因為古代的書物大都是卷物，以繪畫為主體的卷物，也因為是橫長的形式，所以故事和情境都是連續的，有如現今的電影連續的效果，這是日本獨創的繪畫藝術。而且，大和繪與之後的日本畫作比較的話，可以看出有明顯的差異。與其追求繪畫獨立的造型美，大和繪連結故事的成分比較高，綜合藝術的性格也比較強烈。生活中，使用於屏風或障子

繪上，有時使用特別的色彩紙，配合故事的背景，加入同樣主題的和歌等；繪畫加入和歌的抒情性和文藝情節，形成物語繪畫性的文藝繪畫。

　　現存平安時期的大和繪，只剩下繪卷物一種類型。繪卷物用特殊的模式呈現，文字所描述的物語故事，將詞和繪畫交互排列，用物卷的方式呈現的就是繪卷物。繪卷，最早產生於宮廷，隨著物語文學的發達，將物語的場面，描繪在卷物或是冊子，扇子的畫面等，就是呈現物語小說內容的畫像。日本現存最古老的物語繪，是平安時期的「源氏物語繪卷」，故事情節描繪了，《源氏物語》書中的情節；配合纖細的草書和優美的和歌，呈現出貴族靡爛繁華的生活。

　　「源氏物語繪卷」中，人物臉部的線條，貴族的衣著服飾，甚至描繪出庭園草地流水的纖細筆觸。繪畫方式採用「作繪」的技巧，先在草稿勾繪的線條上，塗上濃密的色彩，最後再以細筆勾繪出輪廓。表現夜景的方法，也是以銀泥，點畫出有夜雲和月亮的晚上，在夜空中銀白互相輝映，呈現出朦朧美麗的氛圍。當時的物語和繪卷是互相對應，而且深具連續性；內容包含了繪畫、文藝、書道等，加上色紙的工藝品，無疑就是一種綜合藝術的呈現。此時，繪卷的畫風完全跳脫中國畫，已經完成日本獨自的風格。

　　其他，《信貴山緣起繪卷》和《伴大納言繪卷》的兩部繪卷，也是值得讚賞的作品。《信貴山緣起繪卷》分為三卷，完成於十二世紀，大概是平安時代後期。在日本繪畫史上，《信貴山緣起繪卷》與《源氏物語繪卷》並稱為繪卷雙璧，具有極高的藝術價值。《信貴山緣起繪卷》、《伴大納言繪詞》、《源氏物語繪卷》與《鳥獸人物戲畫》則合稱為日本的四大繪卷。《信貴山緣起繪卷》的畫作，主要講述的是法師明蓮修行的故事，與《伴大納言繪詞》

相比較而言，參雜佛教的因素，因此畫風較爲樸素，非常貼近自然。大致上，《源氏物語繪卷》就是日本第一部文學連環畫，此繪卷主要以宮廷貴族的典雅、嫻淑的愛情生活爲主題，色調和繪畫人物纖細柔美，帶有一種女性美的特色，因而被稱爲女繪。《信貴山緣起繪卷》則以室外活動爲主，描繪宗教傳奇，因具有神奇的風采，故稱男繪。這兩種繪卷，可說是日本繪卷藝術的先導。

尤其，《伴大納言繪卷》呈現官方和百姓群動的畫面，描繪了人們在歷經應天門的火災時，呈現驚嚇的表情。此繪卷顯現出與之前的差異，主要在於出現於繪卷空間的人物，已經不只限於貴族，也呈現出庶民非常生動的生活樣貌，顯見畫師的視線，已經不完全在貴族身上，也遍及庶民。而且，繪卷表現出「異時同圖法」的畫法；也就是將不同時段、空間發生的事情，同時畫在繪卷上，這也是當時的創世之舉。

進入平安末期之後，出現描繪神話和傳說的繪卷，其中《鳥獸細畫》是京都高山寺代代相傳的繪卷，共有甲乙丙丁四卷，也是日本文化財保護法指定的國寶。其內容反映出當時的社會，而且跳脫人類爲主角的設計，利用動物、人物等造形，以諷刺畫的形式描畫，是日本戲畫（諷刺畫）的集大成之作。其中的甲卷，更是兔子、青蛙、猴子等，以擬人化的方式描畫。因爲其中部分的手法，與現代的漫畫手法有相似之處，因此《鳥獸戲畫》也常被視爲是日本最古老的漫畫。

平安末期，隨著名主武士在地勢力的強大，莊園制慢慢萎縮。後來繼位的後三條天皇，爲了擺脫藤原氏的控制，結合了各方反對的勢力。自己退位給白河天皇成爲上皇，以太上天皇之姿，控制朝政並頒布了二次的「莊園管理令」，使得藤原氏的收入大受影響，攝關政治因此衰竭。此時，發生了源平合戰，是日本平安時代末

期，從 1180 年（治承 4）至 1185 年（元曆 2）的六年間，發生的
大規模內亂；此戰事也被看作是銜接日本古代與日本中世時期的歷
史事件。國家六年內戰呈現在繪卷上的，就是以《惡鬼草紙》《地
獄草紙》《病草紙》之名，傳達的就是《六道繪卷》和《粉河寺緣
起繪卷》等作品。內容生動地描繪了，社會力經戰亂，惡鬼‧地
獄等人間疾苦的樣態。此時，繪卷已經完全脫離了，貴族社會繁
華的靡風；進入鎌倉時代之後，出現更貼近現實社會厭相內容的
繪卷。

　　除了繪畫之外，展現藝術之美的，還有平安時期宮廷伴奏舞
蹈的音樂，那是宮廷行事或公儀式不可或缺的雅樂。日本雅樂是從
中國、朝鮮半島、南亞的印度、越南等地的儀式音樂演變而來，這
些音樂約在奈良時代左右傳入日本。傳入之後經過模仿及融合，產
生了日本雅樂；不伴隨舞蹈的樂器合奏稱為管弦，伴隨舞蹈的則是
舞樂。《日本書紀》記載，在平安朝之前，仲哀天皇在彈琴之中駕
崩，和琴一起跳舞的是皇后。顯見，古代以來，雅樂可能就在宮廷
宴會上開始演奏。

　　雅樂在中國屬於儀式音樂，但是日本的雅樂，是自古中國傳入
的唐樂曲目，被認為是自唐朝的宴會音樂的燕樂演變而來。早在聖
德太子時期，已有為了祭祀活動的雅樂師存在，據傳就是聖德太子
所創建的大阪四天王寺的天王寺樂所。根據 752 年（勝寶 4），東
大寺的大佛開眼的法會的相關記錄指出，當時就有為了管理樂伶而
設置的雅樂寮。甚至，也有屬於奈良的東大寺、藥師寺與興福寺的
南都樂所的樂師，有別於京都的宮內樂師，屬於地方性演奏團體的
樂師，在雅樂演變成國風音樂的過程中，扮演了極為重要的角色。

　　古來，祭祀神時所用的神樂歌等，所用的歌舞中，已經包含
和琴或笏拍子等非常樸實的樂器，在神社常被當作神事演奏樂器使

用，至今在古來神社，仍然祭祀時會使用。五至十世紀時，這種渡
來的音樂傳入平安朝，在貴族手中分成雅樂、朗詠和催馬樂的三種
類型。相傳在允恭天皇時，新羅王開始派遣演奏者來朝，因爲是外
國傳入的音樂，因此被稱爲雅樂。而且，平安時代之前，各種音樂
在各種時間傳入日本，從原型的演奏方式，慢慢演變成國風的獨特
方式。雖然樂曲分類中留存了唐樂、高麗樂和林邑樂（越南），但
日本雅樂也包含了，大陸音樂傳入前日本古代音樂的成分。而且，
樂器中的三管（笙、笛、篳篥）、二絃（琵琶、箏）以及三鼓（鞨
鼓、鉦鼓、太鼓）等分類，旋律也分成六調子。

　　平安後期，宮中雅樂開始由近衛府的人員擔任。同時，雅樂一
掃之前的侷限，除了儀式用音樂外，也逐漸成爲平安時期貴族之間
的教養與娛樂；祭祀活動慶典以外，也頻繁在私人舉辦的活動上演
奏。將近百年間的演變，雅樂由源博雅（918-80）等人，刪減複
雜多樣的樂器，整理龐大唐樂樂理等，努力將外來雅樂轉變成國風
化。此時也是自創雅樂名曲，就是「長慶子」的日本國產雅樂創作
的全盛期。

四、貴族文化的對外傳播

　　貴族文化在平安時期達到頂端，藉著中央極權的力量，文化向
外傳播已是一種水到渠成的趨勢。佛教傳入日本，本來也是貴族間
救贖及鎮護的功能，八世紀左右，在全國各地建立國分寺，地方豪
族也紛紛造寺造佛；藉助中央極權的指令，建立了國分寺，完全是
在特定的地方建立寺院，並非地方住民的自主意願。

　　一開始，地方豪族的力量遠遠不如中央，所建立的寺廟當然很
難達到，有如東大寺或興福寺這般雄偉的規模。即便是地方豪族所

建立，頂多也只能說是富有地方色彩而已，譬如：從群馬縣日輪寺的佛像線條中，完全可以很清楚看到地方和都會文化的差距。從九世紀到十一世紀，佛教文化慢慢滲透到地方；進入十一世紀之後，隨著地方豪族軍事力量和財力的擴大，很快地達到比中央毫不遜色的文化水準。

　　平家繁華文化的代表就是嚴島神社。自古以來，嚴島神社因為地理位置獨特，加上島嶼秀麗的風景，自古就被人們認為，是女神居住的靈島，後來逐漸成為日本神道信仰的中心。關於嚴島神社的創建，至今沒有明確的記載，一般認為是在推古天皇即位的 593 年（推古元），由安藝國的有力豪族佐伯鞍職所建造。但是，嚴島神社的正式記載，則是到了 811 年（弘仁 2）時，以「安藝國佐伯郡 伊都岐島神社」祭神為「市杵島姬命」，收錄於日本史書《延喜式》中的延喜式神名帳。

　　到了平安時代末期，受到平氏一族的崇敬，神社開始擁有與現今結構相當的建築規模。1146 年（久安 2），平清盛擔任安藝守官後，嚴島神社開始成為平氏一族的參拜神社，到了 1168 年（仁安 3），平清盛開始擴建成為今日所看到的社殿。由於平家不久後得勢肇建平氏政權，影響力大增，使嚴島神社的盛名，遠播至其他貴族圈，受到大眾的注意，逐漸香火鼎盛。而且社內也放置了許多寶物，其中，包含了稱為《平家納經》的三十三卷經卷，經卷散發了金銀，而且是彩色的大和繪，顯現出當時繪畫、書、工藝的最高作品，完全可以一窺平氏一族的繁華歲月。

　　其他，典型的實例就是，藤原清衡建於其根據地，陸奧（東北）平泉的中尊寺。1124 年（天治元）建造的中尊寺，在建造中尊寺之際，清衡寫下了《中尊寺建立供養願文》。此願文的發布，相當於發誓建立無戰亂的和平國家的宣誓書。如此以建立和平社會

為目標，興建國家寺廟的事例，在世界歷史上也是少見，但也足以表現出，清衡建設和平國家的強烈心願。

　　同時，適逢淨土宗的隆盛期，地方也開始產建構佛教建築和雕刻品。譬如：1160年（永曆元），福島豪族岩城則道的夫人德尼，建造的白水阿彌陀堂，相傳是為了祭奠丈夫所建。外觀曲線雅緻的屋簷，與淨土式庭園相互襯托，構築成一幅優美的畫面，為平安後期的代表性建築。仿照中尊寺的建築，之後被日本政府列為國寶，在堂內供奉有阿彌陀三尊及持國、多聞天王等佛像，也被指定為國家重要文化財。日本現存的平安時代阿彌陀堂已為數不多，而此處同時坐擁淨土庭園，更是絕無僅有。

　　本來奠基於京城的佛教，透過貴族的力量慢慢向外傳播。清衡在平泉建立的中尊寺，仿造宇治的平等院所建的無量光院，外表的塔堂凝聚了很多工藝師的技術結晶。金色堂內鋪滿了金箔，而且鑲著象牙和寶石的精密技術，阿彌陀佛如來佛像旁，從觀音菩薩、六體的地藏菩薩、持國天、增長天等多尊佛像擁立在側，可以看出當時東北平泉地區，呈現出佛教威榮的奇觀。

　　淨土教隆盛時，同樣在陸奧國的白水和高藏寺的阿彌陀堂，與同樣為律令制國家之一，位於現在大分縣北部以外大部分區域的豐後國，兩地所存的阿彌陀堂的構造，和平泉的規模比起來稍微顯小，幾乎都是圍繞在阿彌陀堂四周的淨土式庭園結構。其他有如，1107年（嘉承2），建於京都加茂的淨琉璃寺的本堂，橫長的建築物內，堂內安置著九座阿彌陀如來像，意謂著九尊佛體面對的就是九個西方的淨土，同樣也顯示出，當時社會非常崇信阿彌陀信仰的特徵。

　　其他，還有京都大原三千院的往生極樂院，院中的阿彌陀如來像與勢至菩薩，觀音的兩旁呈現出來迎的畫面，牆上還有描繪著極

樂淨土世界的壁畫。現存九州最古老的建築，則是豐後高田的富貴寺大堂等，大堂的建築、佛像雕刻、裝飾在大堂內的壁畫，作為淨土教的藝術精華得到高度的評價。富貴寺所在的國東半島，自古就是佛教繁盛之地，本尊是阿彌陀如來，堂內內壁同樣描繪著華麗的來迎圖，都可以顯現出當時的佛教思想。大堂堂內收藏供奉的本尊阿彌陀佛如像，也是近畿地方之外，少數留存平安時代的建築，於1952年（昭和27）被指定為國寶。總括富貴寺大堂，和宇治的平等院鳳凰堂、平泉的中尊寺金色堂並列為日本三大阿彌陀佛堂，皆被列為國家重要文化財產。

宇治鳳凰堂

本來在貴族社會流行的佛教美術，經過移植之後，已經在全國各地，可以看到建立的寺院，以及各種佛教美術的遺留品；顯現出平安末期地方豪族的實力，終於吸收了中央的貴族文化，而慢慢開枝散葉的結果。而且，隨著佛教文化的地方滲透，各種佛像的線條，已經跳脫佛教剛傳入日本時的模樣，慢慢呈現出日本自己的獨立性，反向向大陸輸出。

文化廣泛傳入地方的結果，就是流行於都城的阿彌陀堂，也陸續在各地建立；前九年之疫之後，支配東北大部分的清原氏，因為內部紛爭而引起三年之疫，朝廷派源義家平定。受其援助的藤源清衡以平泉為根據地，支配了出羽之地（山形、秋田），和陸奧（青森、岩手）地區。清衡、基橫、秀衡的三代百年之間，陸續建立了中尊寺和毛越寺，最後秀衡也完成了無量光院和平泉館，建立了藤

原家百年的繁華。

　　文化的地方傳播，雖然遠離京都的繁華，卻也在文化傳播滲透之下，在地方建立了絲毫都不遜於京都的奧州文化。隨著貴族文化的滲透，可以特別一提的就是，進入這個時代之後，日本完全脫離從大陸文化直接輸入的模式，主客易位進入可以反迴向大陸輸入自我文化的時代。也在 1187 年（文治 3），秀衡死去，屈服於源賴朝的軍事壓力，又經過了源義經，終於在 1189 年（文治 5），鐮倉大軍攻入，藤原勢力完滅。

第五章

內亂期的文化

一、武士社會的形成・社會的發展及其歷史意義

　　歷史的進展，始終是用政權交替的模式在演變。1192 年（建久 3），源賴朝被封爲征夷大將軍，以武士政權爲主的鎌倉幕府正式成立。因爲確立武家政權，武士以土地爲仲介，加強了主人和追隨者之間的聯繫；武士的地位向上，各地武士抬頭，歷史進入一個嶄新的時代。

　　相對於，氏姓階級、律令貴族或是攝關政治時期的貴族，都是在天皇國家體制之下，爲了保持支配地位所延生的關係；武士則是以在地地主的身分，在各種條件下努力經營農業，也是以土地爲根基，與上級保持一種從屬關係。不管是平氏或是源氏，都是從貴族之家出身的武士，爲了成爲棟樑，必須積極和上級連繫。實質上，武士與上級的關係，其根基還是著重於土地的結合，雖然莊園體制內部開始腐蝕，固來的制度尚未能一舉破壞的實況下，與貴族之間仍然必須持續的妥協，社會經過幾百年的漫長歲月，才轉變成一元化的封建組織。

　　古代社會是集中國家的力量，直接支配人民，以奴隸的特性，集中勞動力的社會；相對於此，封建社會則是以分散性的土地支配爲媒介，收取人民在固定土地生產物。換言之，土地支配就是封建社會的核心，以土地支配強化的人爲組織，創造出社會支配者的武士階級，中間所需的媒介就是強大的「主從關係」。鎌倉時代武士與上級的主從關係，主、從並非完全的平等，跟江戶時代所談論的「武士道」，還有一定的距離。武士透過主從關係，所形成的「御恩」和「奉公」也是一種過程；武士的道德也並非都是一致，依照時代還是多少有些不同。

　　「武士道」這個語詞，是到了江戶之後才產生的。鎌倉武士的興起，並不代表貴族對武士支配時代的結束。武士是從原來在地豪農之中，崛起的一種新勢力；學者指出，武士的興起，絕對不是單純貴族與武士間，支配階級內部的權力爭奪而已。可以說，從彌生時代以來，緊握在連續支配階級的手中，時間累積培養出勢力的過程，屬於一種漸進式革命性的變革。一開始，武士透過分封土地，締結了「御恩」與「奉公」的主從關係，以此統制的關係，建立了傳統的封建制度。鎌倉開始的武士和幕府的主從關係，與江戶時代的武士性格不同，不是絕對的服從關係，而是「有恩所以回報」的義務契約關係而已。

　　所謂的武士政權的開始，也標誌著貴族和武士階層間雙重統治的開始。鎌倉時代還是維持著公家，與武家的二元性支配，公家指的就是古代國家的貴族與其子孫。鎌倉幕府政權開始，優先在中央設立侍所、政所和問政所；權力的分配上，「侍所」掌管軍事、警備和御家人的統帥，「政所」則處理一般政務，「問注所」則掌管訴訟和審判等。在地方則設有守護、地頭，官職則由御家人擔任，各國都設置守護，負責指揮御家人或取締社會發生的重大犯罪；地頭則設置在平氏原來的莊園或領地內，負責徵收稅金也取締犯罪。1221 年（承久 3）的「承久之亂」後，決定了幕府的優勢，加速了守護‧地頭的國司‧莊園領主的古代性支配權的毀壞，已經無法阻止從二元性的支配，往專質武士的模式前進。雖說如此，鎌倉幕府終至結束為止，還是停留在上述這種過渡的階段。

　　鎌倉幕府開始，地方大眾力量興起的情勢中，反映在文化史的意義，就是民眾力量帶給武士勢力上昇的契機；貴族社會裡看不到的民眾力量，正瀰漫著整個社會，文化也因而逐漸的多元化，到了鎌倉時代，終於百花齊放地開出燦爛的花朵。但是，即便獲得了權

力的武士，京都古代的貴族文化，依然屹立存在；面對貴族文化，武士仍然必須屈膝學習，形成了貴族與大眾文化對立的二元社會。文化的交替如同浪潮，後者的優勢將會取代前者，造成前者的滅亡，大眾文化崛起已經是時代的基本走向。

　　鎌倉時代，武士所有的土地都是先祖傳給本家，由長子繼承管理；正妻以外所生的庶子，只能依戰爭的勝利才能增加所領，只是在室町時代以後，戰亂減少導致喪失得領的機會，嫡子之外不具備擁有繼承的權限。擁有先祖開拓所得的君主，依照功績將土地的所有權頒給武士；武士也因為得恩而奉公。武士社會的主從結合，連繫著出入戰場的艱困局面，武士面對生死利害的命運當下，也讓主從關係更加堅固。

　　鎌倉時代，隨著武士地位的上昇，以及地方手工業的發達，加快了工匠在社會的自立性。師匠因為住在農村和市町，朝廷和寺院為了產業的發達，也必須全力保護師匠，持續在發源地磨練技術，產品也透過豪族在地方傳播。幾乎從鎌倉時代開始到室町時代，地方工藝發達，讓商業得以擴充，也加速了工藝師技術的進步。工匠向朝廷與寺社奉仕所得到的報償，就是為了得到販賣獨占權，所以在各地結合了稱為「座」的同業實施同業組合。譬如：京都近郊有酒麴座、祇園的木材座、還有離宮八幡的油座等，當時商業發展的程度委實令人讚嘆。隨著社會經濟的發達，這些工匠更是成為經濟發達不可或缺的角色；隨著師匠各地的行商，交易貿盛的結果，也將各式的技術和文化傳至各地，完成了物盡其用，貨暢其流的功效。

　　鎌倉時代開始，西日本也開始實施二麥作，運用收穫遞減的法則；就是為了增加農產品的量，讓一塊田地可以在一年之間，耕作二種農產品的方式。此時，東國新田的開發正在緩慢地進行，製

紙的工坊和藍染，以及做成燈油等，各種商品作物的栽培也開始運作；階級的關係還是很明顯，層層的隸屬關係下，農村裡需要向上屬地頭或名主繳交年貢，可知農民的生活並不輕鬆。進入室町時代，隨著師匠技術的向上，陸續開始進行農業改良，也改善了灌溉的排水設施，因此全國的農作相對增加許多。

　　為了使農民生活寬裕，提升工匠的技術之際，也積極改進農業技術，農村隨著地域進行的品種改良，肥料的種類也增加；等到灌溉排水技術改進之後，普及全國二作農業，開始朝三作的方式前進。換言之，整個大眾力量的運作，由上而下興起的改變，讓整個日本的產業發達，循環式地帶來農民生活的富裕，產出各地代表性的物產品，促進了商品的生產和流通。

　　當下，武士仍然必須鎮守地方安全，防止敵人的入侵，因此四處開始建築，持有軍事基地的城堡。鎌倉時代開始，利用自然的地形，以山形建立的山城，是最單純的結構。此時，河內的千早城是鎌倉時代末期到南北朝時代，楠木正成（？-1336）所建立的城堡；建築四面絕壁環繞，堅固的要塞，是當時山城一個典型的範例。戰國群雄割據的時代，因為敵人的攻擊，期待可以保身求取安全的狀況下，不斷開發新技術，城堡建築的技法也飛躍的進步。進入安土桃山時期，築城技術更是進步到成為壯大的格局，豪壯雄偉的造型，可以說就是此時代的特色。本來單純只是防衛的城堡，逐漸發展成為同時具備居住的功能，從山城進步到成為平山城的境地。

　　換言之，安土桃山時代開始到江戶時代為止，城堡的功用已經進步到，成為安全防備兼用居住的城堡模式。隨著時代的進展，以城堡為中心，成為建構支配地域的政治與經濟的中心，以及之後城下町結構的改變，顯見武士的勃興，所帶動一連串的變動。建立城堡之際，慢慢開始演變成，周圍圍繞大石，以及挖出壕溝等設置，

這是之後天守閣的結構。

二、新佛教的成立及其歷史意義

　　武家政權開始之後，技術不斷提升之下，農業也隨之發達，武士和庶民的生活逐漸改善，一種嶄新的文化正在慢慢成形，就是在貴族社會中，完全看不到的大眾化。在嚴峻的戰亂中，人們求取救贖之路，在宗教領域中，一種跟貴族佛教，完全不同性質的民眾信仰也隨之產生。自覺對於現世的榮華富貴沒有絕對把握的貴族，也開始求取來世可以得到救贖；針對這個問題的解答，佛教界開始提出淨土教義，985 年（寬和元）源信（942-1017）提出了《往生要集》。書中提出念佛的內容，建立了華麗的阿彌陀堂，傳授貴族死後會得到極樂往生的新教義，此時還尚未對民眾傳達福音。實際上，普通百姓追求每日的生業，面對許多生活的煎熬或是不安；比起那些生活悠閒華麗的貴族，是更加需要心理的寄託與宗教的救贖。

　　院政時代以來，伴隨著貴族社會複雜的發展，經典裡面顯示出末法的說法，說明釋迦死後二千年將成為末法之世，也就是有王法・佛法滅亡的說法；因為政局的改變，所引起的社會動盪，更加導致貴族心理的不安。至於末法思想從甚麼時候開始流傳，至今為止諸說紛紜，1052 年（永承 7）開始是一般的論點。而且，藤原賴通在宇治建築平等院的鳳凰堂，被認為也是受到末法思想的影響；其思想影響至下層，則是因為保元、平治、治承的戰亂，百姓遇到亂世，才真正開始體會末法的想法。

　　換言之，京都面臨了兵荒馬亂的局面，導致了社會秩序的解體，貴族到庶民之間，同時面臨社會慌亂的危機；以至於由上到

下，冀求對宗教福音的想法更加強烈，回應這些社會要求的，就是新佛教法然的思想。如果說，平安盛世的密教是為了求取現世的安寧，那麼可以求取來世安穩的，無疑就是淨土教。

法然（1133-1212）說出，人在末法之世，救贖之道僅僅只是強調口說阿彌陀佛，依照口念佛就可以往生；如此簡易樸實的專修念佛方式，開創了淨土宗的宗派。不管是有財力的貴族，亦或是貧窮困乏之輩，甚至是無法修習學問的愚鈍下智者，無論身分高低，都可以藉著念佛走上救贖之路，是當下貴族佛教無法看到的劃時代現象，這種一視同仁的主張，當然很快地得到大眾的歡迎。法然甚至將當時觀相念佛‧稱名念佛（唱阿彌陀佛），實施難、易兩種程度的念佛，解釋成只要「一心專念佛名號」的稱名念佛的一元化。一元化的過程，觀相念佛，戒律和對於經典的理解，以及對寺院的奉獻，捨去所有的善行等，明白已經是完全站在大眾的立場思考。

總而言之，法然所鼓吹的就是淺顯易懂的「為了將一切眾生平等地往生，捨難取易」，如同《選擇本願念佛集》所主張，以稱唸「阿彌陀佛」的名號，為往生極樂世界之正行，為了所有的人，可以到淨土往生的目的，必須捨去困難的善行，採用平易的稱名唸佛的方法。此言一說，吸引了不管皇族、公家貴族，甚至到武士階級、強盜遊女的最下層；此番專修念佛的寬廣教義，等同於完全否定了階級的差別，也就成為萬民的福音。

身為法然門生的親鸞（1173-1263），更是提升了法然的大眾化思想。親鸞沒有設立寺院，而是親自走出都市深入農村民間，接觸居住在農村下層的武士與農民；比法然更加接觸土地大眾的想法，將淨土的教義，更加深層地刻畫在庶民的心裡。1224 年（元仁元），親鸞的主要著作《教行信證》、語錄的《歎異抄》，內容

記載著親鸞論說，主張依靠自力終究無法克服自己是「惡人」的念想；親鸞極力主張必須以「金剛之信」才得以往生。依據親鸞的說法，念佛並非只依靠自力，必須心中完全信任阿彌陀如來，心中所想口中所念的做法；這樣的說法推翻了貴族佛教咒術的現世信仰，更加深化了淨土教的教義。

此時，佛教已經進步到不再是貴族上層專用，而是允許以個人信仰，進行修業的境界。也就是說，個人自己必須負起責任，不論貧賤和身分的高低，都可以努力達到靜悟的境界，或是往生到極樂世界。可以說，從法然的淨土宗開始，直到親鸞淨土真宗的發展；意味著日本佛教將停滯的咒術性的現世信仰，提升到精神性救濟的境界，已經從一直以來社會生存的信仰中脫離。此種改變，說明從只是單單停留在檯面上的觀念性學問的佛教教學，以完全嶄新的理論基礎，為生活在現實的人群，開創了新的救濟之路；並且排除當下為止，繁雜修行功德的必要性，提供了一般信者方便救濟的方法。

換言之，當下為止的日本佛教，放棄了佛教本來的理論，將民族宗教的咒術的現世信仰，融合了大陸傳來的佛教，發展出各大宗派。而且進一步融合當下佛教的原點，配合日本人現世宗教性的要求，開創了屬於日本人的信仰。這是佛教傳入日本七百年後，開始融合外來宗教，轉變成為日本人自身的宗教，開始具備與中國佛教大大不同的宗旨；新佛教在日本展開的過程，的確是深具歷史意義。

本來，釋迦王子捨棄王城，創立佛教是眾所皆知的事實，創立之初，所冀求的就是可以超越國家權力，成為救濟全人類的世界性宗教。但是平安為止的日本佛教，僅僅只是鎮護國家的宗教，而且屬於僅是超渡貴族的宗教，無法凌駕超國家性格的狀況。法然和親

鸞清楚切斷國家權力，提出清楚的教義，主張要專注於救濟民眾的態度，顯現出不同以往的信念。雖然一開始，還是備受舊教團的非議，常常必須忍受官方的彈壓；但是顯現出信仰的自由，就是從國家獨立出來，自覺這是宗教的第一意義，單單這種獨立的主張，就是淨土教存在的歷史意義。

與法然和親鸞同樣主張所有救贖，都源自於念佛的一遍（1239-89）也開創了時宗，屬於淨土宗的西山派，此三宗同樣以阿彌陀佛專修倡導爲特色。倡導專修念佛的做法，在佛教界引起了軒然大波，即便表面對此提出異議的舊佛教，也私下隱密地，開始實施簡易的信仰型態，不得不說也是舊佛教的一種轉型。作爲新佛教的淨土宗內部，雖然在「專修念佛」的主張上是一致的，但在教義的想法卻是分歧的，主要在一念與多念、起信與力行、堅守戒律和破戒帶妻的問題上各有堅持。

當時，法嚴宗的明惠（1173-1232）著作《催邪論》，還強力攻擊法然的論點；舊佛教到了法華宗（日蓮宗）日蓮（1222-82）的手中，雖然仍然留著舊佛教的餘韻，也已經極力吹化新佛教。具體而言，日蓮主張在末法之世，單憑法華經的教義已經無法救世，很清楚地將南無阿彌陀佛的口稱念佛，轉用成爲法華信仰。日蓮的宗教裡仍然有許多舊佛教的要素，主張不採用法華信仰的話，無以面對國家的滅亡，以及鎌倉幕府的諸多作爲，顯然還呈現出鎭護國家思想的餘波。但是，已經和原先舊佛教中，對國家的奉仕隸屬的態度迥然不同。

根據日蓮的說法，宗教是高於政治的立場，朝廷和幕府都是位居於佛之下，強調日本若失去正確的信仰國當滅亡。甚至，日蓮倡導以《法華經》爲信仰的中心，主張依照《法華經》的唱題，可以得到現世的利益，以及來世的覺悟；就是唸經之後，任何人都可以

成佛的觀念。換言之，目蓮主張多念力行，積極肯定破戒，認爲沒有所謂出家、在家的貴賤之別。日蓮的思想中，主張簡單的行動之後，可以得到覺悟的想法，明顯與法然‧親鸞等人，認爲不論善惡、貧富、男女，甚至階層性等差別，每個人都可以重生的思考是相近的。

　　日蓮也透過對法然的批判，完整了他個人的思想體系。日蓮思想的基礎，就是天台本覺的思想；其一元論的價值觀，與現世與來世的二元論是對立的。而且，日蓮只重視《法華經》、《法華經》的僧人與《法華經》的誦讀；同時，他徹底拒絕信仰淨土宗和《法華經》以外的其他宗教，認爲這是對《法華經》的誹謗。日蓮初期的兩本著作《立正安國論》和《守護國家論》，也完全是依照《法華經》的思想，統一多樣的思想和信仰之後的傑作。顯見，日蓮主張依靠《法華經》的力量，期待實現國家社會安穩的想法，已呈現出另一面的宗教意義。

　　當時，日蓮將其著作《立正安國論》，呈獻給鎌倉幕府的要人北条時賴，這也是日蓮企圖利用政治之力，實踐個人思想的作爲。由此可見，日蓮思想深處，除了擁有個人的利益和覺悟之外，同時也包含了，對國家和政治的見解與志向。北条並未採取日蓮的建議，即便如此，日蓮仍然堅信對國家政治的主張。而且，當時又遇到與蒙古的戰役（1274-81），那是鎌倉時代以來，日本第一次的對外戰爭；不只對政治，對宗教界也引起震撼，終其一生日蓮更加堅定地確認法華的信仰。

　　本來，日本國家與宋代沒有甚麼交流，平清聖（1118-81）開始擴大日、宋之間的貿易，商人和僧侶的往來變得活潑深化，更有不少僧侶入宋，學習禪宗之後又傳回日本。1191 年（建久 3），從宋返國的榮西（1141-1215），帶回臨濟宗的思想，成爲日本禪

宗的主流；因爲同時身爲密教僧侶，很難說是純正的禪宗。榮西也將宋朝禪院的茶風引進日本，歸國後陸續於鎌倉壽福寺、博多聖福寺、京都建仁寺等寺院，開始設立每日修行喫茶的風習。由於榮西禪師由宋攜回茶種，使茶在日本廣泛地種植，因此被尊爲「日本的茶祖」。

依照 1227 年（安貞元）歸國的曹洞宗開祖道元（1200-53）的說法，人間只要拋棄一切，僅僅只要坐禪開悟，徹底貫徹了禪宗真精神。道元如此嚴格的訓示，特別去除多餘的事務，與倡導只要專心念佛專修的淨土宗，或只承認法華經才能成佛的見解，多少有些相似之處。道元的教訓中，不但濃濃地蘊含著古中國的思想，思想的精華完全留在主要著作《正法眼藏》書中。本來，「正法眼藏」指的就是佛法的本質，重要之事物。道元使用非常特殊的文字，書中表現的抽象性、哲學性思辨的漢文書寫，全書充滿了佛教教理。雖說是受到南宋思想的影響，但是無庸置疑，內容已經內化成爲日本獨立性的思考。

總之，鎌倉新佛教的教理，普遍非常尊重精神性的信仰，不太重視造寺、造佛的外化行爲；隨著信仰的深化，不但在現實生活中，嚴肅地面對教義，也積極克服存在人心中價值的矛盾。法然‧親鸞‧日蓮等人同樣都有漢文著作，幾位僧侶在書中傳達大眾佛教的作爲；內容大致都已經跳脫平安之前佛教的貴族化，開創出日本獨自的宗教文化。

這種凝視現實的根本性改變，不止呈現在宗教，同樣展現在造型美術上。新佛教往深化精神信仰的方向前進，與其說是謹慎地看待現實，不如說是以克服人間存在的根本性矛盾，作爲佛教新的出發。面對新佛教的新教義的出發，相對於南都六宗，所做出的最大改變就是，開始積極地對大眾布施，也開始致力於慈善事業，比起

以往更加親近大眾。

三、從《新古今和歌集》到戰爭物語與說話集

鎌倉幕府成立之後，貴族的權力式微，加上新佛教興起之後，更是讓社會氛圍，逐步走向世俗化。武士與大眾廣泛接觸之後，對於鎌倉時代文藝，走向大眾化產生了深刻的影響。一直在貴族庇蔭底下的武士和庶民，也慢慢登上舞台，在文學上，發展出武士文學；另一種就是佛教說話，佛教說話就是由僧侶來講述物語故事以普及大眾。換言之，文學的重心由傳統的宮廷貴族，轉向大眾地方的過程，寺院擔負了很大的傳承使命。

雖說，武家已經掌握權力，貴族勢力也並非就完全消失，尤其是貴族文化的傳統，更是用另一種方式持續著。特別是和歌的世界，有如《源氏物語》內容所描寫一般，貴族生活在華麗的色彩之中，不知人間疾苦。藤原定家這般的歌人，面對治承以來的戰亂，他們無法面對社會的變化；仍然以逃避的心理，沉溺在和歌的世界裡，企圖藉著詠歌的方式，逃離一切現實中的苦惱和不安，製造出一種夢幻似華麗的美。

失落了的貴族，不斷地懷念王朝的優美，開始哀傷過往的繁華富貴、無憂無慮的生活，至此《新古今和歌集》誕生。此歌集是鎌倉時代的敕撰和歌集，撰寫者就是後鳥羽上皇及歌人藤原定家等人，歌集借用了傳統和歌的一部分，應用了新的技巧所製作出新的意境；歌集中呈現出，對王朝時代的文化，有著深沉斜陽般落寞的意境。當時，後鳥羽上皇為了打敗鎌倉幕府所引起的承久之亂，失敗後被流放於隱岐，遂將此歌集改編撰寫成《隱岐本薪古今集》。大致上，《新古今和歌集》之後，也不斷產出足以凌駕這些歌集的

作品，完全延續了傳統王朝文化的餘韻。

　　和歌開始的文學或學問，到平安時代為止，完全以貴族為本位；進入鎌倉時代之後，因為武家崛起，導致武士開始跟著貴族學習文化，很多愛好學問的人才輩出。將軍源實朝跟隨後鳥羽上皇學習和歌，跟公家非常親近，留下許多和歌作品。另外，鎌倉時代的武將北条實時，也是一位愛好學問之士，主動向公家學習學問，收集和漢的書籍，留下很多作品。之後，更是在其領地設立金澤文庫，有如現今圖書館的效用；勸誘武士要勤學，是中世紀重要的學習中心，至今仍然保存許多貴重的書物。

　　武士崛起所帶動的庶民文化，表現在文學上的，就是戰爭物語的興起，以合戰為主題的軍記物語就是其中之一；描寫風塵亂世中，軍人魁梧威猛的行動，記錄著時代變化的過往。軍記物語始於935年（承平5）的《將門記》，記錄著平定在東國引起戰亂的平將門之亂的始末，內容真確地描寫了，反叛的平將門的英雄事蹟，以及武士的悲劇命運。（東國是日本在近代以前的一個地理概念，為大和朝廷對東海道鈴鹿關、不破關以東地方的稱呼。東國的地域包括了關東地方、東海地方。）之後，尚有描寫前九年之役的《陸奧話記》等。軍記物語中，也有描寫貴族和武士對立的狀況，有如《保元物語》和《平治物語》，直到《平家物語》則是軍人物語的集大成。

　　文史家評價《平家物語》時，指出是描繪時代本質的偉大著作，生動地記載著，從平氏的沒落開始，到源平合戰平家滅亡為止。《平家物語》的描寫，流露著佛教一貫的諸行無常的精神；表現出新佛教流行時，末法與諸行無常的思想，最後以永歸淨土做為歸結。作品幾近於是一種無常文學，作品的成立和作者至今無可考；但是作品中武士與國家，描寫君與臣之間的關係，也傳達了儒

家的忠孝倫理觀，完構了中世武家的精神美學。

　　談論《平家物語》的生動，其實並非作者一人的功勞，完全是透過琵琶法師一群人，以地方民眾為對象，所呈現出的一種說唱文學；因為在說話之間，藉著喜愛順序談話有所不同，因此相傳不同版本幾近二百種，書中所描寫的情節，也是家喻戶曉的故事。現存《平家物語》的古手抄本還帶有樂譜，稱作平曲。平曲最流行的時期，大概是在鎌倉後期到室町前半期的十四世紀至十五世紀左右。

　　此時也出現了物語僧，與琵琶法師的不同之處在於，物語僧是以京都的武將和貴族作為說唱的對象，物語作為藝能而得以被承認，並成為日後謠曲和各種文藝的胎本。以《平家物語》題材相同的有《源平盛衰記》，其他比《平家物語》的書寫，更具規模的還有《太平記》，唯獨故事內容都不及《平家物語》。還有一種文體就是說話集，雖然奈良時代就有第一本說話集《日本靈異記》問世，其書仿效中國的《冥報記》而來，但是真正的說話集，還是到鎌倉時代才以思想的著作登堂。

　　鎌倉新佛教的興起，受到佛教思想的影響，佛教說話集作為獨立的佛教文學而成立；代表性的就是橘成季（生年不詳）的《古今著文集》、鴨長明（1155-1216）的《發心集》、無住一圓（1227-1312）的《沙石集》與道元的《正眼法藏》等。《沙石集》全書以出色的語言表現，成功描繪出一幅日本中世庶民生活，以及樸素信仰的圖景，使佛教與文學達到最佳結合。這些著作以出色的語言表達，幾乎是站在佛教教理的立場，或是使用寓意性的手法，述說佛的功德和淨土往生的故事。書中集錄了日本有關佛教相關的奇聞趣談，勸說佛法的真義，引領大眾進入佛道。如此這般的說話題材，並非是單純的敘說佛教的本義道理，而是充分利用了文學藝術的模式；處於末法之世，談論了佛之於民間的解脫之道，真正應對了新

佛教求道得道的真諦。

《沙石集》從佛祖發心遁世、臨終往生等佛教觀出發，極力宣揚「本地垂迹說」；其他還涉及一些庶民和地方的話題，文字淺顯易懂，反映了當時所有的世相。書中處處引用中國典籍章句，其中亦混有中國道家思想的味道。作者雖爲臨濟宗僧侶，然而兼容佛教各宗及神道、儒家，其不偏於一宗門，而並非批評排斥他教的廣世態度，是日本佛教思想史上的創世之作。

總之，軍紀物語以一種藝術鑑賞的形式現身，《太平記》之後，到了室町時期，以戰亂爲主題的還有《義經記》，但是都不是以文藝的形式表現，代之而起的《明德記》或是《曾我物語》等，已經轉變成，比較是以特定武人的命運爲主題的創作。但是，仔細看這些作品，與其說是軍記物語，不如說是御伽草子的性質是比較濃厚。

四、學問的庶民化及藝能的發達

因爲社會勢力的新陳代謝，社會開始產生新的轉變。不但政治形成了下剋上的景象，學問及文化的世界，也決定了貴族文化的衰微，相對而起的就是大眾文化的登場。從鎌倉時代開始到室町時代的文學，完全是圍繞著武士爲中心而發展；特別是工商業已經開始發達，町眾的庶民文化的地位也逐步上升，文化普及到地方的時代來臨。

換言之，當下爲止僅限於京都或鎌倉爲中心的都市上層階級，已經廣泛普及至庶民階層。其原因就是，各地建有城下町，以中央爲文化的意識已然形成，各地的大名或是家臣，往返於政治中心的京都和地方之時，已經將京城的情報和文化傳達至地方。甚至，應

仁之亂之時，京城化爲焦土，許多公家解散至地方，連歌師巡迴地方，宗教家在地方布施，都造成很大的影響。

　　學問上，土佐的武將・吉良氏召聘儒學者南村梅軒（生年不詳），創立了海南學派；薩摩（鹿兒島）的大名島津氏也聘請了臨濟宗的桂庵玄數（1427-1508），出版了儒學的經典朱子注釋的《大學章句》一書。這些創興的學派，後來統稱爲薩南學派。周防（山口）的大內氏則召聘了雪舟和宗祇，從京都來到公家學習和歌，另外還出版了儒學和佛教的書物，稱爲大內出版。其他，武將・上杉憲實（1410-66）在下野（栃木）興辦了足利學校，全國的武家和僧侶相繼地學習，大大獎勵了武連家的學問。

　　甚至，大和（奈良）的饅頭屋宗二（1498-1581），將當時語彙依序排列，出版了字典《節用集》。此字典的出版，對之後江戶時代字典的發展，造成深遠的影響。而且，這樣的字典受到庶民普遍的使用之後，提高了當時的教育水準。在各地武士的子弟之間流通使用，開始學習庶民的教科書一般的《庭訓往來》或《貞永式目》兩書，文字的普及甚至廣至地方與農村。

　　至於其他的文藝，直至鎌倉時代初期爲止，持續以《源氏物語》爲範本創作的貴族物語也日趨式微，和歌的新展開趨於中斷；古今傳授的許多傳統等，或是單純只是祕傳歌道的傳統也逐漸形式化，大和繪的技術至此也明顯的退化。諸多現象顯示，古代以來的貴族系列的文化，隨著貴族社會的沒落，文化生命的底蘊正在逐漸替換。配合社會勢力的交替，大眾文藝的崛起，也正是文化進行大規模新陳代謝的一個良證。

　　其他，可以列舉的就是連歌。從和歌分離出的連歌，本來的起源是以問答形式的雙人唱和，是和歌的一種變形。從《古事記》看來，日本自古就有這種連歌的模式；到了鎌倉時代，一開始的

人以五七五形式詠唱，接下來的人則用七七句，再接下則是延續五七五，延續成爲五十句，最後是一百句完成。在十四世紀左右，此種創作的模式，開始在地方的武士神官・僧侶之間流傳。

民間所流傳的連歌，在貴族間開始有堂上連歌的形式，地下連歌則是以研究古代傳統貴族文化的氛圍，溶入長久以來洗鍊的美感，進一步達到藝術的境界，大概到十五世紀，在飯尾宗祇（1421-1502）手中集大成。宗祇是日本臨濟禪僧人，也是詩人及旅行家，因爲走訪各地見識寬廣，庶民化的作品廣爲流傳。當初連歌就是非常庶民化，到了南北朝時代攝關・太政大臣的二条良基（1320-88）著作《應安新式》一書，完整架構了連歌的規則；另外又編輯《菟玖波集》，記載了天皇以下，約五百人所詠唱的連歌，更是進一步提升連歌的地位。

宗祇深化了連歌的纖細度，使其達到藝術的境界；之後宗祇更向連歌作家的宗砌和心敬進一步學習連歌，接受傳授古今和歌者東常緣的理論，足跡遍歷東國到九州之間，與當地文人交流將連歌普及化。可以說，連歌藝術的成長，完全是以武士爲中心；靠著全國性的支持者，敘說著庶民的生活中的生產或感受，進而普及成爲民間藝術。而且，室町中期以後，武士庶民之外，還有流傳於貴族之間的自由旋律；被眾人喜愛的，就是被稱爲小歌的淺短流行歌。

小歌首先見於 1518 年（永正 15）所編的《閑吟集》，編者不詳；前三百一十一首之間，小歌占了大半，其他還有大和猿樂、近江猿樂的近江節、吟詩句、放下歌、早歌、舟歌等，都是民謠或是童謠。綜觀其內容，不外乎是有關庶民生活動態的記錄，以大眾化的官能性戀愛爲主題；從內容可以知道當時庶民自由戀愛的情境，是了解大眾百姓感情很好的史料。

　　與小歌流行的同一時期，對應庶民的欲求，所展現的文學就是
《御伽草子》。屬於大眾文學的《御伽草子》，故事的內容包括，
人們對於世俗的關注，包含愛情、婚姻、家庭，精神層面則有追求
啓蒙、與佛接觸的心情，武術冒險、鬧劇以及人類對於超自然的幻
想。雖然一些故事，也隱約呈現出教育的目的，但是還是以故事化
的情節來娛樂大眾為主。一旦以大眾為讀者，出現這種娛樂性文
學，明顯意味著貴族文學的衰落；而且短篇散文，通常被認為是一
種過渡性的文學體裁。現存大約五百篇的作品中，含有：公家物、
本地物、武家物、庶民物、外國物和異類物的六大分類。至今仍然
耳聞能詳的故事，包括「一寸法師」「酒吞童子」「浦島太郎」等
內容。

　　接下來談論的是猿樂能。古代以來，猿樂從大陸傳入，在宮廷
中演奏的樂曲，演變成日本化之後，成為特殊的歌舞音樂。本來從
大陸傳入的，僅僅還只是俗樂，傳入日本之後，因為屬於貴族所用
的音樂，為了和民間音樂做出區隔，故稱為雅樂。相對於雅樂，也
有雜技般的曲藝或是模仿滑稽物，靠著猿樂法師等賤民，在神社的
祭禮或是寺院的法會中，屬於宗教行事的娛興節目。藝人們都是在
寺院神社的支持下演出，逐漸形成了專屬寺社劇團式的「座」。不
但受到寺社勢力的保護，也獲得了寺社勢力範圍內的表演專屬權。
除了寺社的法會、祭祀演出之外，也可以在寺社領地內，進行營利
性的演出。

　　大約十三世紀，這種民間藝能，慢慢發展成具備演劇性的猿樂
能。進入十四世紀之後，更是在足利義滿將軍時，在能役者觀阿彌
（1333-84）・世阿彌（1363-1443）父子手中，成就為一種至高
無上的藝術。觀世父子對於創造能樂的新體制，起了重要的作用；
觀看他們的能樂作品、理論的思想藝術的高度成就和影響，可以認

定他們是室町時代，集眾多藝能爲能樂的奠基人。觀阿彌‧世阿彌父子，不只是演藝者，同時也在腳本，或是作曲者的才華上，留下許多優秀的業績。特別是世阿彌除了演出之外，更顯現出特別的才華；其中《風姿花傳》的著作，被譽爲是一部天才性的作品。不但受到義滿將軍的青睞，也同樣受到其他支配階級的喜愛，除了在貴族之間的展演之外，也擴及到民間的演藝，最後更是在猿樂能之間加入了田樂，讓能樂更上一層樓。

本來的田樂，是來自於古代的「田舞」，初始僅應用於祈禱豐年的祭祀儀式，後來被引入宮廷成爲御用樂舞。但是，迅速又被其他樂舞壓制而衰落，其中一部分被庶民所接受，慢慢發展成爲田樂。因朝廷廢除「散樂戶」，因而使散樂流傳到民間，某些散樂藝人將散樂，與田樂這種民間藝能相結合，還帶有雜技性質的表演。從鎌倉時代到了室町時代，田樂真正成爲職業化的藝能。

田樂中的歌舞發展成爲田樂能，從當時的曲目看來，許多劇目的基本結構，已經具備了序、破、急的形式；再從戲劇結構來看，有故事情節、對話，也有歌舞與舞台的動作，甚至還有歌隊和樂隊的演唱和伴奏，已然是一個劇團。隨著猿樂能得到將軍的支持而興盛時，田樂能也就完成了，自己所承載的歷史任務；世阿彌將兩種藝術融合，成功地收攬了，從支配階級到所有民眾階層的喜愛，將其藝能提升成爲民族性的文化。

五、宗教信仰的世俗化與新文化的發達

鎌倉時代，整個社會圍繞在高昂的宗教氛圍下，佛教界誕生了許多的新宗派，新佛教團體趁著時代變動的潮流，在十四世紀末到十五世紀之間，更是擴大了宗教的內容，將其教義完全深耕於民眾

心裡。特別在十五世紀，依照日蓮宗的日親和淨土真宗，屬於親鸞
創立的淨土宗一派，和真宗或稱之為一向宗的蓮如，前者在都市商
人之間，後者則在地方的農民之間擴大。

　　特別，在蓮如（1415-99）的率領之下，本願寺教團的勢力，
在各地發起一向一揆；這是日本戰國時代，淨土真宗本願寺派信徒
所發起的權力抗爭運動，其嚴重程度，甚至威脅到武士的發展。比
較前近代全國寺院的宗教別來判斷，就可以很清楚知道，當時新佛
教發展的趨勢。換言之，相對於貴族一直信奉的舊佛教，始終依存
於支配階級授予的寺領莊園；新佛教則直接和民眾連結，巧妙地利
用了時代交替中，大眾出頭的社會氛圍下，讓佛教教義深植於民眾
心中的作法是成功的。

　　雖說如此，教團的擴大，並不完全意味著佛教精神思想的成
長。整體而言，對宗教的狂熱已經不如古代，對社會現象妥協的結
果，呈現出教團發展的衰退，此時佛教也失去在日本思想界的主導
位置。新佛教已經不再重視造寺、造佛這般外在的功德，自然也降
低再創造佛教美術的熱誠。雖然之後，佛教在整個社會，仍然占據
著無法漠視的地位，但是宗教世俗化的傾向逐漸深化。

　　之後，禪宗文化開始流行，很明顯就是將宗教文化，轉為世
俗文化的第一步。當時的臨濟禪受到以足利將軍為首的支配階級的
保護，足利義滿更是模仿宋的制度，所設定五山的禪僧，不但成為
室町幕府的政治顧問，在外交、貿易的領域上，也都扮演著舉足輕
重的角色。雖然禪宗文化在日本十四、十五世紀的文化界，占了重
要的地位，但是對於深化宗教精神的本質上，卻已經無法有多大的
建樹。

　　談到禪宗文化，首先要列舉的就是「五山文學」。日本漢詩
文，在平安時期之前，本來是男性的產物。除了上層貴族之外，先

後在禪僧；特別是鎌倉五寺、京都五寺的禪僧中興盛起來，進入全盛時期，統稱爲「五山文學」。「五山文學」獨立於近古文學發展而存在，完全是處於禪林中，特殊環境下的產物。大致流行於鎌倉時代（1192-1333）後期至包括「建武中興」時期（即後醍醐天皇親自執政時期）的室町時代（1333-1573），以被稱爲「五山派」的禪宗僧侶爲中心，所倡導漢文化的時代。特別從鎌倉幕府時代開始，日本模仿南宋的五山制度設立鎌倉五山，分布全國各地就是建長寺、圓覺寺、壽福寺、淨智寺、淨妙寺；以及京都五寺，包括天龍寺、相國寺、建仁寺、東福寺、萬壽寺等，加上五山之上的京都南禪寺，共十一座禪寺，合稱「五山十刹」。

　　雖說，「五山文學」是在禪林特殊環境中的產物，實際上「五山文學」的興隆，與室町幕府封建制的確立是並行的，實現了當時古典的、貴族的所有和地方、庶民的兩中對立文化的融合。當時臨濟宗受到幕府的保護，仿照中國而確立了「五山十刹」的宮寺制度，信奉禪宗的僧人們，得到當政者的極力支持，享受著優厚的待遇。經歷了時代的融合，禪僧的日常生活、起居飲食等，無一不是受到中國禪宗寺廟規律的影響；五山的僧侶也因爲和支配階級結合，很自然地直接將中國的禪風，帶進貴族沒落了的日本社會。因此對於當時的政治、文化乃至人生觀方面，都產生了不可忽視的影響。

　　在如此優厚的環境氛圍中，文人常常以文會友，以詩談喻禪道，很自然地顯示其高雅尊貴的社會地位；也因爲熱衷於通過禪宗接觸的中國文學，似乎對原來宗教的「弘道傳法」失去了往日的熱誠。根據芳賀幸四郎（1908-96）的說法，「五山文學」的時代區分有三期。大概從草創期開始經過南北朝、室町時代初期到應仁之亂之前，各期也都有其代表的詩人。因爲經過時代的融合和更新，

「五山文學」就包含了以下的特點：1. 風格的多樣化，2. 內容非常關注社會的現實，3. 洋溢著世俗的氣息，4. 特別重視漢詩別集，5. 產出作品非常多。

在日本文學史上，「五山文學」也是日本漢詩蛻變的時期，與禪宗文化背景的關係極為密切。以禪宗僧侶為主體的「五山文學」，正是禪宗與日本文學融合的產物，在日本文學史上的影響也是極為深遠。許多日本學者認為，「五山文學」其優秀程度，甚至遠遠超過平安王朝時代貴族玩弄的漢文學；完全超越了日本氛圍，幾乎和純粹的宋、元詩文學無異。某種意義來說，禪宗的世俗化已經普及，禪的範圍包括了：宗教、哲學、文化與文學。換言之，禪的思想，已經不僅僅被作為宗教，也被作為文學藝術思想受到世人的歡迎。

其他，受到禪宗影響的就是造型美術。因為禪宗而傳入的美術就是水墨畫，依照濃淡的畫風以墨一色而成的就是水墨畫。水墨畫的興起，取代了以情趣和彩色為主的大和畫，完全以極致淡薄的墨一色，和抽象化所描繪的線條呈現美感。可以說，以禪精神的角度，所描畫出的水墨畫，區隔了過往日本繪畫的風格，開創了嶄新的境界。

大致在南北朝時期，拜師南宋牧谿的可翁和默庵，產出了獨創一格的水墨畫。可翁超越了中國僧侶的《寒山圖》，到了室町初期，明兆、如挫、周文等人更留下了可觀的水墨作品。吉山明兆（1352-1431），成為京都東福寺的僧侶，更是巧妙地運用水墨畫法，在佛畫上留下《達摩像》和《五百羅漢圖》等名作。大巧如挫（生年不詳）也在相國寺任僧侶時期，留下有名的《瓢鮎圖》，其弟子周文更以描繪風景水墨而聞名，只是此時的水墨畫，宗教意味已經非常淺薄。幾乎，「五山文學」中的自然觀，透過詩文和繪

畫結合；其中的畫題和構圖等，尤其模仿了宋元的畫風，完全達到宋、元的山水畫氛圍。

從明朝歸來的雪舟（1420-1506），出生於備中國赤濱（岡山縣總社市）；早期繪畫著重於宗教人物，後來廣泛取法中國唐宋元的畫風；1464 年（寬正 5）雪舟離開相國寺，搭乘明日貿易的船隻訪問明朝學習繪畫。《四季山水畫》就是雪舟訪明期間的作品，此畫已經跳脫宗教畫的形式格局，開創了日本水墨畫劃時代的畫風。雪舟的生平有許多不明之處，一開始雪舟和以往的水墨畫家一樣，努力向夏珪等中國畫家學習繪畫；受到明代畫風的影響，接觸大陸雄大的山水風景後，雪舟更加感銘心中，更加理解水墨畫的自然張力。

雪舟從俗化的中央畫壇抽離，去到豐後（大分北部）的偏避之地，廣泛地和民間人士廣泛的交流，豐後的地理環境更加接近民眾，讓雪舟的心情得以舒展。就此，雪舟跳脫了日本一直以來仿明的畫風，完全創作出日本獨特的水墨畫；雪舟的作品《秋冬山水圖》和《山水長卷》等代表作中，呈現出日本繪畫獨自的造型美，也奠定了雪舟在日本繪畫史上，具有代表性畫家的地位。

1502 年（文龜 2）的《天橋立圖》一作，則是雪舟藝術成就的巔峰。全畫以俯瞰視角，將天橋立諸景物和諧、自然、疏密有致地呈現在繪卷上，畫面廣角不但豐富且深遠，雪舟也將民族情感注入水墨畫，終於留下開拓性的貢獻，持續影響了雪村周繼等後繼者。一開始，雪村尚無法完全理解，廣大自然的寬闊之氣，直到身受東北酷寒，敏銳地體會自然威力後，雪村終於完成了《風濤圖》，承其師門之後，具體將日本水墨畫，提升到日本化的境界。

山水畫弘廣的境地，也讓大和繪吹起了新的畫風，狩野正信（1434-1530）和後繼者的元信創立了狩野派。狩野派是日本繪畫

史上最大的畫派，主要以親子、兄弟等血緣關係爲主軸的職業畫家集團；從十五世紀室町時代中期至十九世紀江戶時代末期，長達四百年間繪畫活動，也是位居畫壇中心的職業畫家集團。以室町幕府的御用繪師狩野正信爲始祖，後代在室町幕府崩壞後，作爲織田信長、豐臣秀吉、德川將軍家等御用繪師；和權力者結合，成爲畫壇的中心，從內裏、城郭、大寺院等的障壁畫，到扇面般的小型畫，對日本美術界造成廣大的影響。

　　世人至今仍然可以在東京國立博物館，看到狩野秀賴的作品「高雄觀楓圖」。至江戶時代爲止，一直都是幕府的御用繪師，陸續開創了障壁畫、肖像畫和風景畫等技法，在日本美術史留下活耀的足跡。因爲畫作多利用於壁畫屏風，因此比起個人畫需要集團創作的能力較多。其中，正信的《周茂叔艾蓮圖》和原信的《大仙院花鳥圖》等代表作，同爲東山文化的代表。

　　從雜多的情境、人物中脫離，僅僅以單純的本質、象徵性的造型，作爲模仿的對象，這是水墨畫的基本氛圍與畫風。十五世紀開始，日本人嘗試在自然中，體驗具體的精神形象，這也成爲這個時代日本庭園的樣式。因爲禪宗的流行，根本性地影響了，居家的建築和庭園的格局；本來貴族生活的寢殿住宅中，跨大地造池或人工島，甚至阿彌陀堂前庭也設計池園造石，屬於觀賞用的性質居多。這種風格趣味傳到室町時代，足利義滿在北山建築了金閣的庭園別墅，此建築的技法，也是仿古代淨土教寺院的庭園式。不但庭園是受到淨土教寺院庭園的影響，池塘的金閣所祭祀的就是阿彌陀三尊，並且池中植有蓮花。金閣所代表的就是室町時代初期的東山文化，亦可以看出，建築物仍然停留於武士對公家文化憧憬的狀況。

　　到了室町時代中期，禪宗寺院的設計，開始將大自然壓縮在狹小的空間內，開創出象徵性手法的庭園新樣式。譬如：龍安寺的石

庭，僅僅只是在白砂上，用了大小十五顆的石頭，表現出大海的意境，呈現出人物在宇宙中的渺小。其他，大德寺中的庭園，也是用石頭的組合表現出複雜的樣貌；這是用細微的結構，表現出全宇宙生命與佛教泛神論哲學結合的造型藝術。而且，其表現模式，顯現出禪宗文化，開始從宗教性的性格脫卻，往洗鍊純藝術方向前進的實例。

　　庭園之外，日常生活的住宅建築，也出現同樣的現象。大致而言，目前所看日本人生活起居的構造，在鎌倉時代尚未出現。直到室町時代末期為止，所出現的書院造建築的特色，就是書院造作為接待客人的空間，日後慢慢延伸出數寄屋座敷的模式；推測此番演變，是從僧侶的書齋樣式所延伸出來的。而且，單單觀看書院造建築，就創造出許多文化形態；譬如：禮拜用的佛畫、鑑賞用的繪畫、帳屏畫等，可以放在桌上捲開觀賞，或是掛在房間內鑑賞等，產生多種用途的模式。之後，隨著掛軸成為日本畫中一個重要的形態，比起帳屏畫和繪卷物更加簡易的型態，的確是日本畫，至今仍然普遍為大眾接受的重要因素。

　　其他，花道和書院造住宅也有離不開的關係，在日式建築的塌塌米房間裡，擺設花瓶插花鑑賞。本來插花是站立的形式，也就是立花模式，主要利用於供養佛式的禮儀。平安貴族住宅內，雖然也有插花的儀式，但是進入室町時代之後，立花才以一種藝能被接受，演變成花道的模式；之後開始可以列舉出名人之後，立花也正式成為一種不可或缺的花道藝術，才成為書院式塌塌米房子裝飾的必需品。換言之，本來是宗教儀禮獻花模式的立花，曾幾何時已經退去宗教的作用，成為日常生活藝術化的方式，轉化成宗教世俗化的生活樣態。

第六章

近世國家的成立及
其文化的變革

一、近世社會的特質

開創東洋史獨特史論的內藤湖南（1866-1934），曾經提出，欲了解日本的話，只要好好學習應仁之亂之後的歷史就足夠的說法。內藤的發言是否貼切，是另一個層面的問題。但是，從中世後期到近世的階段，日本確實面臨一個波瀾變化的社會。日本歷史，以應仁之亂前後做比較的話，進入近世之後，的確沒有比高度經濟成長的社會變化更大的因素。不只是經濟、體制和制度上，發生大幅度的變動，於百姓生活和價值觀的深處，也可以看出與前代的差異。

中世為止的日本人，他們還生活在可怕的物體、可怕的怪力、以及超越人類知識的神仙意識中；即便發展出一點點合理的思考，或稍有冷靜的觀察力，也是以這些怪異和靈異的世界為前提而萌生的。但是，中世後期進入近世之後，在巨大變化的社會氛圍下，逐漸以現世世俗的觀念，作為決定性的基準；生活的任何決定，已經超越之前的靈異和怪異的氛圍。

所謂的世俗生活，即包括經營以職業為主的家族生活，期待子孫代代的成長，得到安定富裕的生活，平淡的生活中，甚至可以預測周邊生者的死亡；幾乎沒有娛樂，只是以提升生活的安定做為終極目標。生活在如此塵世之中，人們變成必須推翻以往的迷信，切實面對生活的環境，才足以成為肯定人間積極向上的原動力。為了世俗生活可以持續圓滿地進行，必須維持社會安定的秩序。安定的生活才是終極目標，以宗教為首，其他如政治、經濟等，所有人類活動的領域，都只是附加在這種世俗的價值觀上。世界運行的秩序，已經無法從宗教的領域來說明，變成必須從世俗生活中來判斷。

　　自古以來，宗教形成了日本倫理和學問的體系，即便進入近
世，仍然無法抹滅其重要性；隨著歷史的演變，宗教因為世俗生活
化，開始有了特殊的意義。宗教隨著世間的權力、權威的相對化，
逐漸形成體系，日本史上以強烈的政治鬥爭而現形的，有中世後期
的「一向一揆」和「法華一揆」的宗教運動，近世初期又有基督徒
的島原之亂。近世開始到今日為止，到底是如何的轉變，可以定義
世俗性的秩序？欲理解近世思想意識和結構，就必須先理解世俗性
秩序化的整體結構。以下歸納三種元素來說明：首先是宗教，二是
「家」的體系，三是商品・市場・民族意識等。

　　近世的統一權力，藉著民眾運動的發生，確定走上了衰退之
路。信長・秀吉和家康，打從心底對宗教的自律性是懷著厭惡感；
兩人僅僅只是運用宗教，完全將自己神格化，只是利用宗教，使出
的懷柔政策而已。因此，曾經和權力發生激烈衝突的力量也因而消
退，取而代之的就是江戶幕府所制定的寺請制度與壇家制度，幕府
巧妙地利用諸多的統制規範，將過去活動的動力完全消滅。

　　當時，除了基督徒和少數的異端分子，譬如日蓮宗的不施受
等，受到徹底的彈壓之外；其他的宗教活動，如果不出幕府所設
定的秩序框架，相對還是自由。普通的百姓，以特定寺院的壇家制
度，形成符合以葬祭或是祖先祭祀為主，以「家」為單位的宗教秩
序；寺院也順理成章地提供了，符合地域風俗的宗教行為。之後，
我們看到日本許多有關民俗或是風俗的內容，大概也是由此因應
而生。

　　因為「家」制度的形成，本來充滿靈性咒力的加持祝禱，也轉
移成對於個人家庭平安的祈禱。為了確信人們對於日常生活的平安
順利，很自然地前往寺廟參拜，除了祝禱的功能之外，同時也開始
帶著旅遊參拜的性質。《歎異抄》中，曾經談到，親鸞自己也不曾

爲了孝養父母而念佛；顯示宗教的世俗化，已然從現世的孝養道德中脫離，轉變成爲完全以家體系的宗教社會。

談到有關「家」體系的成立，一般人曾幾何時，爲了經營日常生活安定的場所，成立了世俗性秩序化的「家」體系呢？大概中世後期開始，畿內的進步地區，開始確立了「家」的結構；即便比較落後的地區，大概也在近世左右，就已經完成了家體系。不管士農工商身分結構差異，平常百姓都組織了「家」的單位；特別是藝能界，更是確立了家制度，就是所謂的「家元制」。

但是，日本「家」的體系，與古代中國和朝鮮般，以男性血緣集團的「家」不同；而是以維持家職‧產業，或是家產‧家名等爲目的而存在的「家」系統。日本基本「家」的結構中，顯示出獨特的養子制和隱居制就是其特質；爲了維持「家」體系完滿的運作，若迎來優秀後繼者的養子時，年老衰退的家長，爲了家族的繁榮，也會選擇隱居幕後的做法。一切都是站在如何讓「家」制度，得以長存而思考。

如上所敘述的「家」構造，完整地奠定了近世的思想，特別是隨著身分的不同，也定義出其行爲的根據，就是所謂行爲要適得其份。譬如：中世以來的武士，維持著不屈於同輩的自尊，也不讓同輩懷有輕蔑心的思想意識；近世之後的武士，更加懷有不讓自己的行爲，讓家族蒙羞或毀壞「家」結構的強烈心情。即便町人百姓，平常也是守護著先祖傳來的庇蔭，守護著先代留下的田產、職業和道德的「家」的觀念。

近世的思想，更是依照各種書物的流通，更加完整支撐了社會結構。因爲木版印刷技術的進步，首先在京都和大阪，接著在江戶都確立了書物的市場，日本進入一個商品、知識都流通的社會；出現這種商品化市場，正是改變近世社會的動力之一。社會變化的風

潮中，同時也帶動了，傳達學問和思想方式的改變，打破了一直以來，封閉式師徒相傳祕傳學問的方式。知識的傳播具備了公開性和公共性的特質，世人可以因為公開的知識，達到彼此的共識，加速整個社會的刺激及影響力。

因為，透過書物的流通，可以獲得知識的人，也不只限於上流階級，或是僧侶的特殊知識分子而已；隨著整個社會的流動，對於實用性學問的需求也急速提高。相較於中國、朝鮮等學問的領域，只限於科舉官僚的科舉性知識分子，日本近世的狀況，相對是比較開放而且多樣。因為各地人・物・情報等整個網絡，已經飛躍性的成長。如此情勢之中，造成擔負各個領域的文人實力也提高許多；而改變的最大原因，不得不說就是書籍的普及，與市場開放的結果。

確立了全國市場之後，也加快凝聚人與人之間的共同意識。雖然社會底層仍然存在著嚴峻的身分制度，但是士農工商各階層，各自用獨自的方式，保存彼此支撐社會的價值觀。進入近世後期之後，隨著教育的普及和識字率的提高，「日本人」的意識，慢慢深植於民心。形成「日本人」這樣的精神意識，和以自己民族秩序為中心的意識，無疑比起其他亞洲各國，非常平順且完整地，建立了近代日本人的國民意識。

二、桃山文化的特色

桃山文化，指的是在安土桃山時代，日本興起的藝術、文化的總稱。一般以政權所在區分的話，織田・豐臣政權下的十六世紀末稱為安土桃山時代；德川政權所掌握的政權，十七世紀以後稱為江戶時代。但是，文化史上，則是到寬永年間為止，也就是到十七

世紀爲止的八十年間，總括稱爲桃山時代。

　　至於，「桃山」之名的由來，因爲京都市伏見區的桃山丘陵，是秀吉晚年設立伏見城的原址；廢城之後到元祿時代爲止，附近也種植了桃樹，大概 1780 年（安永 9），發行《伏見鑒》的時候，這裡就被稱爲「桃山」了。桃山文化時期，世人普遍對世界產生了興趣，經濟的發展以大都市爲中心，手工業者地位提升，使得此時的藝術，顯得富麗而奢華。壯麗的城堡建築和室內的華麗裝飾，用金葉子修飾的彩繪屏風，每每展現了大名的實力和財富。

　　桃山文化，最主要是由武將和豪商所共同創造的文化；反映的文化樣態，就是闊達豪放及華麗的型態。文化的樣態，主要體現在大名、豪商等階層的繁榮奢華，此時佛教影響力衰退，西洋文化開始傳播等層面。而且，由於日本對世界文化已經開始產生興趣，以大都市爲中心的經濟發展，導致商業手工業者地位提升，使得此時發展的藝術，呈現出富麗且奢華的氛圍。華麗的城堡建築以及室內裝飾，用金葉子修飾的彩繪屏風，更是展現出，當時大名的實力和財富。

　　結束了長達一百年的戰國時代的戰亂之後，通過戰爭和貿易等行爲，累積了巨大財富後，成爲新地區的新興大名。政治統一、經濟發達的狀況下，出現了許多商業城市；以商品經濟實力，作爲文化發展的有力支柱，成爲此時代的基本特徵。集中權力和財富的統一政權，所持開放的時代感，孕育出雄偉、壯麗、豪華、絢爛、充滿生機和新鮮感的文化。此時期的文化，已經異於古代和中世紀時期，與神、佛爲中心的文化傾向大不相同，開始呈現出以人爲中心，傾向以人文主義性格爲主，這就是桃山文化的特色。

　　一直以來，支撐各種文化的寺院勢力，在信長和秀吉實施各種政策下，力量逐漸削弱。因爲佛教色彩被淡化了，因而產生了很多

世俗的、現實的、有力量感色彩的作品。隨著統一政權的出現，文化在地域上的傳播，甚至進一步向平民滲透，成為新文化的中堅力量；在京都、大坂、堺、博多等城市活動的工商業者，也開始自主性的向外擴展，町眾文化逐漸崛起。可以說，町眾興起的背景下，這個時代的文化，對於中世紀以來的來世主義，已經不是那麼在乎，轉而積極面對現實，現世享樂主義的要素增強了。

　　日本早期的城堡，純粹只是戰爭的作用，到了戰國時代大名的城郭，已經傾向在平原地帶建築，俗稱「平山城」的型態。其形態，由「山城」向「平山城」發展，成為政治、經濟及文化的中心。「城下町」的結構，主要以將軍為中心，聚集武士和工商業者，構成諸侯居城的新興政治區域，呈現出新興城市的結構；城下町的上下階層式的居住方式，也展現出豪放的風格。文化上頗具感官主義的風采，展現在美術上的造型，就是傾向華麗的色彩、複雜的裝飾藝術。

　　此時，以葡萄牙人來航為契機，日本開始與歐洲文化接觸，後期開始的日本人，也開始前所未有地活躍於海外；隨著經濟的繁榮，這時期的文化變得豐富而多彩多姿。也因為頻繁地與世界往來，文化的機動性變強，文化的內在結構，已經開始加入異國趣味，增加了世界性的元素。通過新來的陶瓷和樂器，接受了朝鮮文化和琉球文化的影響。而且，一直以來擁有多方文化的禪僧社會，已經不太具備大名們文化顧問般的作用。

　　安土桃山時代，武家文化、町人文化成為基軸的同時，也繼承了王朝文化和東山文化的系譜，並將多元素巧妙地融合在一起。尾藤正英（1923-2013）認為桃山文化的特色，可以簡單地歸納以下幾點：1.就像城郭的石牆一樣，追求實用性與功能性，與之前文化比較，已經產生差異，呈現新的美感；2.從迴遊式庭院的構造中，

亦可以看出差異，世人追求的不再是靜態的物件，可欣賞的對象，而是通過行動表現出來的美；3. 不再是私人空間，而是對話、社交、禮儀等公開活動的場所。

　　總而言之，桃山文化時代，也是屬於一個快速擴展，形成國民文化的時代，與後續的江戶時代的文化有極大的關聯。大致上，我們可以由以下三個特點來說明：

　　首先，桃山文化是一種新鮮且張揚外露的文化。這種文化是依靠新興的封建領主和富商的經濟力所主導，真實地反映了他們的精神和經濟實力。與東山文化中，簡單的禪宗文化相比，已經前所未有地出現了巨大塔樓建築，與裝飾室內的耀眼的金地滑門畫的城堡建築。這些文化寶藏，因爲過度的裝飾和鍍金，呈現出一種奢侈華麗的氛圍；美術作品上，也出現色彩鮮明，光亮耀眼的作品，與東山文化幽玄、侘寂的美意識是迥然不同的。

　　第二，有一種明顯的現實主義的傾向。從古代飛鳥時代以來，日本的傳統文化，受到佛教的強烈影響。因此，古來的建築，一直是以寺廟建築爲優先，雕塑是佛像，繪畫也是佛教繪畫，如曼陀羅阿與彌陀佛祖等。然而，面對時代的轉變，產生新生世代後，古代和中世紀的佛教權威，已經不再是絕對的。而且，透過織田信長焚燒延曆寺、一向一揆的彈壓、安土宗派，以及實施土地調查及減少寺廟的領地等政策，更是大大地削弱了佛教的勢力；傳統的佛教色彩被淡化之後，起而代之的就是現實主義的色調。此時期，城堡建築成爲新興統治者的住所，在茶道流行的背景下，封建領主也建造了茶室；雕塑則是橫梁上的中空雕刻，居室裝飾處處顯示出權貴氛圍，繪畫也是屏障畫居多，裝飾著城堡的牆壁。

　　第三，受到歐洲文化的影響，百姓開始接觸外來文化，包括葡萄牙人和西班牙人，當時的百姓積極接受了他們的文化。1543 年

（天文 12），葡萄牙的船隻漂著到九州的種子島，當時領主向西方人購買了鐵炮，並學習了火藥的製作方法，這是傳入日本的鐵砲技術。鐵炮東傳的六年後，西班牙的聖方濟‧沙勿略（Francisco de Jasso y Azpilicueta, 1506-52）來到鹿兒島，傳入基督教文化。種種現象顯示，不但西方文化東傳，日本人也積極的接受外來文化，文化在收授之間，產生了異動。

　　從以上的歸納，顯然社會改變之後，產生階級的變動，自然帶動文化型態的差異。之後，天正遣歐使節團從長崎出港渡歐，歸國時帶回活字印刷機，更是加快日後知識的傳播。隨著西方文化的輸入，其他還有許多外來語的用法，南蠻寺廟、傳教士服飾和南蠻習俗，更是豐富了桃山文化的內容，擴廣了日本文化的多樣性。

三、各種藝能的展現

　　首先，桃山文化色彩呈現在外觀的，就是各地的城堡建築。此時，許多城堡是由新興的封建領主建造的。城堡不僅僅是軍事要塞，同時還做為官方政府辦公室和封建領主的住所，與戰國時期的山地城堡不同。此時的城堡是建在小山丘或平地上，以方便控制領土，譬如高聳的天守閣。有一種說法就是，守城的城堡，是從信長建造的安土城開始的；也有其他論點提到，天守閣是基督教的「上帝的地方」或「梵天‧帝釋天安坐的場所」。與其說天守閣是實用的設施，不如說是作為權力的象徵；目的就是以其巨大的建築結構，威震周圍的百姓，以鞏固其政權，發揮了很重要的政治作用。

　　日本保留至今的城堡包括：姬路城（白鷺城）、松本城（深石城）、彥根城（近畿城）和犬山城（白帝城）；城堡的塔樓都是現存最古老的歷史建物，同時都被指定為國家古蹟。其中，姬路城原

爲秀吉的居住所，主要部分包括相互連接的塔樓，是在池田輝政入封後，於 1600 年（慶長 5）左右改建的。天守閣的部分，除了各城樓主屋的屋頂外，還交織著千鳥破風、唐破風等；外表雄壯纖細優美，城堡的堡壘與其他部分，屬於國家文化財，而且內護城河，也是一個特殊的歷史記憶，於 1993 年（平成 5）被指定爲世界文化遺產。

　　與壯麗城堡與金碧華麗的氛圍，相對應的其他建築，包括大德寺的唐門和西本願寺的弘法閣，都久夫須麻神社的正殿，據說是移自伏見城的遺跡，以及西本願寺的唐門和 · 同書院等。茶室則有千利休所做的「妙喜庵待庵」，以及織田有樂齋所做的「如庵」等；特別是待庵，被認爲是「侘寂」茶室的縮影。1582 年（天正 10），千利休奉豐臣秀吉之命，建立了「妙喜庵待庵」，之後移居於山城國的大山崎禪寺妙喜庵（京都府乙訓郡大山崎町）。茶室只有一個榻榻米的隔間，牆壁裝飾以粗糙的牆面風格，牆面是粗糙的黏土，顯現出簡單樸實的韻味；牆壁一直塗到天花板和角柱，使小空間看起來寬廣。

　　而且，秀吉又建造了一個可以拆卸、重新組裝的金色茶室，上面鋪著腥紅的地毯，裡面擺放著金色的茶具，包括金色的水壺、金色的茶碗，就是木碗上貼著金片，但因爲導熱之故，這些茶碗無法直接使用。秀吉建構如此燦爛華麗黃金茶室的目的，無非就是利用茶道，來顯示自己的權力和財富，黃金茶室可以看出豐臣秀吉的勢力，遠遠超過當時的封建領主。

　　桃山時期，其他室內的設置還有屏障畫。當城堡和書院的設計蓬勃發展時，需要屏障畫來裝飾房間，屏障畫也就是用於推拉門、牆壁和屏幕上的繪畫。因爲城堡建築空間龐大，需要對應外來的侵略，槍枝和弓箭的攻擊，因而城堡的窗戶很少，導致內部光線

昏暗。因此，在這樣昏暗的房間裡，普遍使用金壁畫；美術的技法上，金壁畫指的是整個表面覆蓋著金箔，並且塗有深藍顏料的繪畫。

　　大概在室町時代早期（1336-1573），金壁畫開始流行。金色的光芒不僅表現了，封建領主自我膨脹的思維，而且還為照明不足的房間，提供了良好的照明效果。此時期，以金碧濃彩的金壁畫稱為厚畫，本來濃畫紙的就是一般的彩色畫，其概念就是相對於水墨畫所延生出來的稱呼。濃畫的代表作就是狩野永德（1543-90）的《唐獅子屏風》、《檜圖屏風》和《洛中洛外圖屏風》，以及狩野山樂（1559-1635），現存作品有《牡丹圖》、《松鷹圖》等。其他，長谷川等伯（1539-1610）繪畫的《松林圖屏風》等，其畫風繼承了中國宋元水墨畫的風格，是當時水墨畫的代表，海北友松（1533-1615）則留下《山水圖屏風》的佳作。

　　其他，風俗畫是泛指以社會風情、民間習俗等日常生活為主題的繪畫。此類繪畫為人物畫的一種，強調寫實性的繪畫手法，內容則包羅萬象，常取材自風土民情、歷史事件、歲時節令，以及民間習俗等市井社會生活的樣貌。當時的風俗畫，包括狩野英德的《洛中洛外圖屏風》、狩野長信（1577-1654）的《花下遊樂屏風圖》、以及狩野吉信的《職人職人繪盡屏風》和狩野秀賴的《高雄觀楓圖屏風》。

　　其他手工藝也包括陶藝，早在古墳時代，日本就開始使用陶瓷，一開始是由朝鮮傳入；遣唐使開始之後，則由大陸傳入，到了平安後期開始以愛知縣知多半島為中心開始製作陶器，稱為常滑燒。進入鎌倉時代之後，陶工加藤景正（1168-1249）（通稱四郎左衛門），隨著道元進入南宋，學得製陶的技術歸國後，開始製作瀨戶燒。四郎左衛門傳自宋的天目釉，是當時日本唯一釉燒器

物；相傳當時日本上層貴族、幕府將軍源賴朝父子酷愛宋瓷，尤其是天目山鐵質黑釉瓷的茶碗、佛具等，當時以鎌倉為中心廣傳至東日本。

室町時代，日本入侵朝鮮期間，被強行帶到日本的朝鮮人，據說達到將近六萬人之多，這些人當中包含大量的陶工。當時是茶道蓬勃發展之際，因此需要許多製作茶具的工人；入侵朝鮮之戰，也稱為「陶瓷戰爭」，或稱為「陶器戰爭」。因此，朝鮮白瓷器的製作技術，在朝鮮本國已經不存在；當時包括慶州的佛國寺，也在戰爭中被燒毀，大量的書籍和銅活字被強行帶往日本。入侵朝鮮造成朝鮮陶業的損失，可以說是一場文化掠奪的戰爭。

朝鮮陶工進入日本之後，被迫移往日本西部的各個地方居住，身受異地生活習慣差異之苦，最後在日本定居下來。這些陶瓷工匠，充分發揮了自己的技能，對日本陶瓷工業的發展做出很大的貢獻。日後日本的陶瓷包括：有田燒（伊萬里燒）在佐賀之地，因為有田燒是從伊萬里港出口、唐津燒（佐賀）、上野燒（福岡）、薩摩燒（鹿兒島）、八代燒（熊本）、高取燒（福岡）和萩燒（山口）等。

甚至，京都市內「西陣織」名稱的由來，也是在應仁之亂之時，因為是西軍的陣營之地；之後紡織業聚集，慢慢形成高級紡織業所在地，成為今日的西陣織。隨著佛像雕刻的衰落，其他日常生活的工藝，欄間雕刻逐漸盛行；「欄間」指的就是日本房間內，拉窗、隔扇上部與頂棚之間鑲的。這些作品中的許多樣式，都是在客戶的期待下創作出來的，因此大部分選擇吉祥的題材進行雕刻。例如：在西本願寺內每個房間，上方的小牆上的雕刻，是用松鼠和葡萄並行的立体雕刻。因為葡萄樹茁壯成長，葡萄藤顯示出家庭繁榮的意思，其他所聯想的就是，松鼠與財務儲蓄相關的話題。另外，

都久夫須麻神社的本殿，在木牆和門上，也裝飾著華麗的菊花、牡丹和鳳凰的圖案。

其他有關居民生活相關，值得一提的就是茶道；此時興起的茶道與同一時期原有的茶道，是詫茶和領主大名茶的兩種茶共存方式。詫茶的根本內涵是簡素、寧靜的精神，茶道初始從村田珠光（1423-1502）到武野紹鷗夫（1502-55），再到千利休（1522-91），詫茶發展到極致的藝術形式。武野紹鷗既是千利休的老師，也是日本茶道創始人之一；除了茶道之外，武野還是一個連歌師，其連歌中凝聚了日本人的審美意識。連歌中反應了日本最美、最好的感情，武野將此美的意識，將內心的思維方式與茶道的表現方式結而爲一。其他也通過書法、茶道具、花、禮儀等實體的物件，具體表現出茶道那種抽象的、難以表現的意境。

大名茶通常是炫耀世俗權力的茶湯，也被稱爲工具茶；此時的茶道以權力、財富和充滿活力的精神爲主導，最有名的是前文所敘述的，豐臣秀吉建造金色茶室，來招待封建領主，光耀燦爛的裝飾，明顯是帶有政治作用的文化行爲。1587 年（天正 15），秀吉邀請全國的茶藝師，不論等級職位，在北野舉行大茶會；當時茶藝師設立的茶室數量，多達一千六百家，由此可見茶道在當時流行的程度。

相傳十七世紀初，出雲大社的巫女稱爲出雲阿國的人，在京都開始「念佛跳舞」的工作，稱爲「阿國歌舞伎」。從歌舞伎而來的語言，當時做出異樣之姿的人，都稱爲歌舞者；阿國模仿演出當時流行歌舞的內容之後，開始稱爲「歌舞伎舞」。之後，開始流行女性的歌舞伎，女性的歌舞伎是以遊女爲主的藝能；而當時的遊女，就是一群能歌善舞、精通樂器，完全以表演爲業的藝能者。

早在《萬葉集》中，即稱遊女爲遊
行婦女，描述她們一邊作爲表演藝人四
處流浪，也一邊進行「人與人的連結」。
因此，到了 1629 年（寬永 6），江戶幕
府以傷風敗俗爲由，禁止遊女的行業。
其中，歌舞伎也經過稍許的改變，少年
本來表演若眾的歌舞伎，後來也以風俗
紊亂爲由遭到禁止。之後，變成今日成
人男子表演「野郎頭」的野郎歌舞伎；
女性角色也由男性扮演，稱爲女形。野
郎歌舞伎之後，日本的歌舞伎界中，已
經沒有女性的演員。

出雲的阿國像　京都
四条大橋前

　　此時，也盛行人偶戲，使用三味線
作爲伴奏樂器的人偶戲開始流行，三味
線則是一種從琉球引進的樂器。人形淨琉璃是一種木偶劇藝術形
式，由淨琉璃和木偶的結合而來，利用操作木偶的表演，自古以來
就有。淨瑠璃起源於室町時代（1336-1573），中世紀末期《御伽
草子》，其中的《淨瑠璃十二段草子》是一種說故事的形式，人形
淨瑠璃文樂木偶戲，屬於日本傳統舞台藝術形式之一，集結說唱、
樂器伴奏和木偶劇於一體。創造出一種敘事淨琉璃藝術，用三絃琴
伴唱的日本說唱曲藝，劇情主要爲封建時代的歷史情節，以及描述
感情與社會間衝突的當代戲劇。

　　到了十八世紀中期，木偶劇已然形成了獨特的舞台風格。主要
配置是三個木偶演員，面對觀眾操縱著關節能活動的大型木偶，一
名敘事者在一名三絃琴樂手的伴奏下，向觀眾講述劇情，說唱者負
責爲劇中的男女人物配音，根據角色和劇情的不同，變換聲音和語

調。演員可即興發揮，三位木偶演員必須默契合作，使木偶的動作和姿態惟妙惟肖。目前大阪國立文樂劇場，是最優質的表演場地，也在 1955 年（昭和 30），此藝術形式被指定爲重要無形文化財，其藝術品質與戲劇內容，至今仍然深受年輕人的喜愛。

其他，百姓日常服飾，衣服是帶管狀袖子的樣式，男子開始穿上袴，也就是儀式上的衣服；至於婦女的衣著流行小袖，就是所謂的「和服」。但是，武家的女性代表穿著，就是打掛‧腰捲的樣式，類似現代結婚時，新娘的禮服，作爲宮廷的表記。此時，男人和女人都開始把頭髮綁起來，對於男性來說，有從前額到頭頂寬幅剃髮的習俗，一開始在武士之間很普遍，後來普通民眾也開始流行。

生活上本來是一日兩餐，早餐和晚餐，後來增加了午餐，一日變成爲三餐。貴族和武士可能經常吃米飯，但是大多數普通人，都只能吃穀類食物。在農村地區，住宅通常還是帶有茅草屋頂的單層房屋，僅僅在京都和其他城市，建造了兩層樓的住宅和瓦屋。從室町時代（1336-1573）開始，一日三餐變得普遍。自古以來，一日的早、晚兩餐，一直是貴族們生活的常態。然而，隨著兩季或三季作物農收的普及，一年中需要工作兩到三次的次數也在增加，農業勞動變得更加繁忙之際，農民需要體力，農民和其他勞動者按照需求，每天吃三餐或四餐也是存在的。

普通，武士們一天吃兩餐，但是如果處於戰鬥中，需要體力時，一天得吃三餐；就像農民穿著戰服的盔甲等厚重衣物，又拿著弓箭、劍和矛等武器時，需要比平時更多的力氣。尤其在戰國時期，隨著雙方交戰愈來愈頻繁，暫時一日三餐的習俗，也被延伸到和平時期。很快地，農民和武士的三餐習慣，影響了其他身分人的飲食習慣。農民的飲食主要由穀物組成，但農業發展到水稻產量增

加時，一些人也開始常態性地吃米飯。儘管一日三餐的習俗變得很普遍，但是午餐仍然非常簡單；以醬菜作爲配菜，而且通常沒有湯品是當時的飲食習慣。

四、西洋文化的初接觸

進入安土桃山時期，日本已經從文化模仿的過程中脫離，開始創造出獨自的文化。此時歐洲的文化也開始輸入日本，如前文所述，1543 年（天文 12），葡萄牙的船隻，飄到九州的種子島，領主‧種子島時堯向葡萄牙人購買鐵炮，並且學習火藥的製作法。之後，薩摩（鹿兒島）的大名島津氏，向將軍足利義晴獻上了鐵砲；又在紀州（和歌山）、堺等地，開始大量地研究製作鐵砲。鐵砲的流通，因應了戰國時代社會的需要，就在 1575 年（天正 3）織田信長大勝甲斐（山梨）的武田勝賴所率領的武田軍團；歷史上的「長篠之戰」，就是因爲信長大量的使用了鐵炮的現代化武器，因而可以取得優勢。

繼葡萄牙人之後，西班牙、荷蘭和英國人也相繼來日，實行交流和貿易活動。鐵砲傳來之後的第六年，西班牙的傳教士，將基督教思想帶入日本；大村純忠與大友義鎮等大名，開始受洗加入基督教，還在所轄領地，畫出一部分歸耶穌教會所領，禁止信徒以外的人居住，此舉一般被認爲是，考慮若與葡萄牙的船隻貿易往來的話，日後可以得到商業利益的思維居多。三十年後，日本派出天正遣歐團，正式像西方學習許多現代化知識，天正遣歐團回國後，將活字印刷機帶入日本，此印刷機所出版的書物稱爲「天草版」，出版了《平家物語》及《依曾保物語》。其中更需一提的就是，傳教士傳入基督教的精神中，眾人皆平等的觀念，非常危及當時的執政

者，這也是導致之後日本鎖國的最大原因。

　　其他還有凸版印刷的藝術。耶穌會義大利籍的傳教士范禮安（Alessandro Valignano，1539-1606）帶來了西方的活字印刷術。出版了基督版（天草版）書籍，其中以全文葡萄牙語系羅馬字記錄的《天草版平家物語》和《天草版伊曾保物語》最為有名。此般出版的書籍，被稱為基督教版（在天草出版的書籍則被稱為天草版）。當時，出版了一百多種書，包括日葡辭典（Nippojisho），只是目前只存有三十四種。

　　雖然在朝鮮很早就開始使用銅版印刷，日本則到了文祿時代（1592-68），才傳入字体印刷術。後陽成天皇命令，使用朝鮮傳來的印刷技術，出版了《日本書紀》等書籍，這類書籍的出版被稱為是「慶長勅版」。然而，與歐洲字體數量有很大不同，日語混合了漢字、平假名、片假名等種類繁多的字體，印刷書物之前，必須提前準備許多類型的鉛字體，並不符合經濟效用，因此到了江戶時代則廢止了活字印刷。

　　隨著天主教的普及，各種西方宗教藝術也陸續傳入日本；在美術上的改變，就是大量創作歐洲風格的聖像畫和雕刻品等作品。1549 年（天文 18）時，訪日的傳教士帶來《聖母瑪利亞》畫像，贈送給當時的薩摩太守島津貴久（1514-71），也開始將此藝術傳至民間。經過交互的交流，日本畫師已開始學習西方宗教畫的技法，一時之間許多描繪南蠻人的習俗、與他們貿易交易的樣子，被多數的狩野派畫家製作成《南蠻屏風》，現今尚存有大約六十幅的作品。這是日本美術與西方最早的交流，也形成早期西洋畫的畫風。

　　其他，伴隨佈教而來的西方文化中，最讓人津津樂道的就是傳入西方醫學知識。1557 年（弘治 3）起，西方教會相繼在豐後、

長崎、京都、大阪堺市、和歌山等地創立西醫院，仿照西醫分類設有內科和外科等，爲大眾治病之餘也宣導醫學常識，也培訓當地的日本醫師。1611 年（慶長 16）在京都設立教學院，講授天文學、地理學和數學等知識，帶動了日後日本科學的進步。

　　西方各種現代化知識和觀念陸續傳入日本後，1596 年（慶長元）豐臣秀吉逮捕了二十六名傳教士和信徒處以極刑，這就是歷史上有名的「二十六聖人殉教事件」，而且秀吉也一度發佈了禁教令。即便如此，還是無法阻止，傳入以天主教爲先導的現代化知識，根據統計直至 1600 年（慶長 5）爲止，日本全國的傳教士已達一百零九人，信徒也有七十五萬人之多。

　　隨著現代化知識的傳入，西方的生活方式也陸續傳入。歐洲產品中，如鐘錶、眼鏡和地球儀也被帶入日本，開始帶給日本人許多時間和地理的觀念。至於，在食物和衣服等日常用品的名稱中，南蠻文化的影響仍然很大。甚至今天日語中，所使用的例如：麵包（pann）、海綿蛋糕（kasutera）、金平糖（konnpeitou）、煙草（tabako）等外來語彙，也都是來自同一時期的葡萄牙語。甚至，今日本料理中的天婦羅，其實也是室町時代（1336-1573）左右，傳入日本的南蠻菜之一。

　　天婦羅「tempura」這個詞的語源，有多種說法，據說是源於西班牙語的「templo」和葡萄牙語的「tempo」，這些語詞最初是基督徒，在星期五舉行節日的名稱。由於耶穌在星期五升天，這一天被認爲是淨化的日子，傳教士們不吃鳥獸料理；然而他們被允許吃魚肉，在星期五的節日裡，傳教士們吃「temporas ryori」，就是一道用面粉沾著魚肉，放入油中炸製的菜餚。到了江戶時代（1603-1867），這道菜被賦予了「天麩羅」和「天婦羅」等漢字，成爲今天日本料理的天婦羅。

　　總而言之，安土桃山時代最大的特質之一，就是吸收西方的文化；諸多的西方知識，聯繫之後的西學運動，這可說是日本走向現代化的前期，替之後明治時期的西學運動，擔負了先導性的作用。學者也指出，從種子島開始西方傳入鐵砲，不只讓主政者可以利用於政治上，更是推動了上方對異國文化的新學習，也開啓了日本人普遍學習西學的重要聯結。日本現代化的學習，並沒有因爲桃山時代結束就停止，學習外來文化，對西方知識的好奇，已經融入大眾的生活中；西學之風不只影響了之後的江戶時代，更是推動了日後的明治維新。

第七章

元祿時代與其文化特色

一、何謂元祿文化

　　日本也曾有過一場日本版的文藝復興。經濟學者也同爲文化史家的福本和夫（1894-1983），將元祿前後的 190 年（1661-1850）稱爲日本的「文藝復興」時代。

　　江戶時代三百年的文化裡，初期和後期有很大的不同，簡單而言就是封建社會下，所建立的庶民社會。元祿文化指的是十七世紀末至十八世紀初所建立的文化（1688-1704）；戰國時代以來，靠武力力爭上游的狀況已經結束，是一個七十年持平的時代，主要以京都・大坂等上方爲中心發展的文化。之後一百年左右的「文化・文政（化政）」（1804-29）的文化，從地方聚集定居於將軍附近的新興城市江戶，成爲一個町民架構的大眾性文化。

　　雖然，元祿文化已經進入一個色彩濃厚的庶民社會，但是也未必全都是町人出身，仍然存在許多武士階級。天皇所在的「京都」，以及商業經濟中心，成爲「天下廚房」的「大阪」與新興城市的「江戶」的三都，以當時世界性都市的規模來看，三都皆可以稱得上是大都市。當時的制度下，透過各藩的大名前往江戶，替幕府將軍執行政務一段時間，然後返回自己領土執行政務期間；兩地往返之下，文化也是由此三都開始擴展至全國各地。（大阪之地名，古來有「大坂」、「小坂」與「尾坂」等稱號。江戶後半，開始稱「大阪」，1868 年（明治元）設置「大阪府」後，公式稱「阪」。但民間仍有「大坂」之稱，在明治中期統一稱「大阪」。）

　　元祿文化最興盛的時期（1688-1707），也是德川幕府的鼎盛時期，經濟極爲繁榮，江戶、大阪、京都等，大型城市和一系列小型的工商業城市陸續發展起來，市民階級興起，形成這些文化強力後盾的，就是町人的力量。十八世紀初期，是德川幕府鼎盛的時

期；江戶除了成就當時世界第一大都市之外，同時也是一個禁止基督教傳入的時代。日本歷經「島原之亂」後，實施了鎖國政策，只維持少部分在長崎與荷蘭、中國（清朝）的交易，稱爲「一口通商」；與海外的通商或是交易一律禁止的時代，就是所謂的鎖國時代。

　　持續將近三百年的鎖國時代，日本跟海外溝通的機會盡失，但是靠著鎖國的太平時期，也真正將日本文化，推向一個更高的境界。此時，完全確定了百姓：士、農、工、商的身分制度。因爲明確的身分制度，不但互相競爭，也彼此磨練技術，更在各行各業的團結下，締造了中世以來，日本傳統文化提升發展至更高的境界。但是在鎖國的狀況下，西歐文化還是適度地傳入日本，當時唯一和西方進行海外貿易的窗口就是長崎；隨著社會的流通進步，加上日常生活的接觸，西歐的學問和各種技術也逐漸普遍化。因爲受到西歐學問的薰陶，相形比較之下，逐漸產生對幕府的批評；傳統與現代的反差之下，暗藏了之後開國的潛在因素，對日後幕末的開國，有決定性的影響。

　　到了德川時代中期，隨著地方性經濟農業的蓬勃發展，逐漸蔓延爲全國性的元祿盛世，經濟的繁榮提高了商人的地位；當時江戶的人口，已經高達一百萬，全國人口也不斷增長。這種以城市工商業者生活趣味爲題材的文藝作品，更是反映了町人的成長，以及市民階層嶄新的自覺，多少具有反封建的自然主義與現實主義傾向，所誕生的就是「町人文化」。思想意識的覺醒，可以歸功於民眾識字率的不斷提升；學者也指出當時江戶時代的民眾教育水平，在全球封建國家中出奇地高。

　　此時期，日本文化展現出，以下類似文藝復興的特點，比如：對於古典文化的重視，主張直接學習孔孟經典、追溯先秦儒學，恢

復古代精神等；也提倡人文精神，出現大量的庶民文化，「人形淨琉璃」、「歌舞伎」般的舞蹈戲劇，工藝美術也有浮世繪與木版畫等。描繪社會現實的文學，也陸續出現，譬如：《好色一代男》、《好色五人女》、《日本永代藏》、《世間胸算用》等作品，大膽描繪人們追求物慾和性慾的平民小說不斷產出。至於，從荷蘭引進的西洋科學極爲興盛，譬如：自然科學中，古醫學、算學等，自然哲學中，也出現了無神論與重商主義等觀念，以上諸多社會風氣，與西方文藝復興時期非常相似。

　　但是，以上這些文化現象，顯然是和幾千年歷史流動下，所釀成的傳統、封建社會是格格不入的。追求文化繁榮、古典文明等狀況，雖然是與日本當時的社會環境有關。事實上，早期資產工商階級與封建主的鬥爭，經過時代的流變，暗藏矛盾的狀況也是事實。終究，短時間日本文藝復興的盛況下，還無法完全消化幾千年傳統的累積；日本的文藝復興仍然不成氣候。分析其內在原因的話，事實上與日本市民階級的實力有關。

　　雖然日本的工商業階級已經逐漸強大，但仍然不如西歐資產階級，實力還是不足以可以讓封建制度解體的程度。許多階層大眾，仍然依附於幕藩體制而存在，生活的依賴，經濟無法完全獨立的狀況下，就無以構成反封建的力量。相對於有些封建主，卻可以因爲積極吸收西方的知識和技術，他們仍然具備求新的進取性，因此也還可以，爲自己爭取一些社會威望，足以延續自己的政治生命。即便說江戶時代的日本，還尚未擁有歐洲資產階級革命時的格局，但是以東亞現況觀之，已經超過中國清朝時期封建死沉的社會。

　　十六世紀以來，日本在不斷與外來文化的接觸中，自然也萌生了許多新興的社會意識，譬如：宣教士所傳入的一夫一妻，禁止墮胎等基督教的倫理觀念。範圍廣大的南蠻文化，有如南蠻屛風所描

繪的新興氛圍，已經強烈擠壓到當下傳統社會。既成印度、中國、日本所形成的三國觀開始瓦解，無形中更是擴大了，以日本爲中心的世界觀。江戶時代，日本很多學問，包括文學、史學、哲學等學門，都達到幾近突破封建時代的水平，也因爲社會具備這些新知識的累積，最終才得以孕育出，得以形成日後推動明治維新的力量。

二、封建制度的固定與儒學的道德化

相對於桃山文化社會所呈現的機動性，諸大名之間擁有各自的實力；進入德川時期，在三代將軍家光手中，確立了老中、若年寄、奉行、大目付等制度，並將幕府的現職將軍定爲最高權力者。很快地，1635 年（寬永 12），修訂武家諸法度，規定諸侯有參觀交代的義務。隨著被稱爲異教的傳入，開始強化天主教壓制，壟斷長崎貿易的利益，並在島原之亂的四年後，完成了鎖國政策。史家稱家光實行的是「武斷政策」，也就是從家光的時期開始，日本確立了社會的根本制度。

進入德川時代，社會的階層大致已定。社會普遍存在著兩種勢力，一是掌握政治權力的幕府及所依附的武士階層；另一方則是下層掌握經濟實力的大眾。前者是以儒教文化爲背景的理想主義，而且傳統社會對武士的規範和修養是固定的。不但武士之間的主從關係是確定的，後者的町人庶民之間，本家和別家、商人之間的雇主關係、農村之間的地主與小作人等，各個基層也有上下尊卑的人際關係，甚至小至家族內部，仍然有親子、夫婦、兄弟等固定的倫理。

室町時代以來，持續下降的女性地位，到江戶時期達到極限。女性在社會幾乎沒甚麼發言權，家族的所有成員，也都隸屬於家長

制，財產是世襲制，完全由家長決定一切。甚至有《女大學》所制定的基準，所謂的大學，並不是教育機關的大學，而是約束女子道德規範的四書五經，單純屬於女子教訓書的性質，內容包含了一切女子婚前和婚後的所有道德倫理。整體的社會組織，都是建立在上下尊卑的秩序上，下位者對於上位者，必須無條件的服從。

除了封建領主之外，大多數武士已經成為，單純生活於城下町領取米糧的消費者；諸侯們已經失去了反對領主的能力，即使在追隨者中，領主的統治權，也已經無法與武士扎根農村的時期相比。隨著時代的轉變，因為武家財政的困難，需要町人財力的協助，此時武士和庶民身分的上下關係，多少會有所緩和；有些時候，家族之間的愛情，在維持超越權力關係的親情上發揮了作用。顯見，社會型態逐漸轉變中，等級嚴屬的倫理秩序，已經不是唯一支配大眾生活的標準了。

一旦，社會秩序確定之後，對學問的需求也隨之升高，支持封建社會倫理的教育，開始重視的就是朱子學。大概是五代將軍綱吉的時期，一改以往的武斷政治，開始實施文治政策以來，幕府開始積極地獎勵儒學；採用林羅山之孫信篤（1644-1732）為幕府的大學頭，開始實施儒學教育。1790 年（寬政 2），老中松平定信（1759-1829）更是發出寬政異學之禁，並且設立昌平坂學問所，將朱子學置於封建社會的正統學問地位。

朱子學的邏輯呈現出，自然界中的天與地、陰與陽的二元對立，是支持人類世界等秩序的形而上學原則。但是，兩立說對封建社會的統治者來說，只是一種方便的意識形態；林羅山評擊天主教的地球說，認為如果世界是球形的，就不會有天地之間的垂直關係。換言之，朱子學強烈主張，只要是人就會有兩者的尊卑關係，君臣、父子、夫婦等，所有的尊卑關係，都是下服從上的倫理；這

是德川幕府為了統治天下，維持太平世界的道理，也是幕府崇尚朱子學為根本的最大理由。

　　即便朱子學也有其他的派別，不管木下順庵（1621-99）或是山崎闇齋（1619-82），不同學派之下的共通點，就是在主張封建社會下的儒教哲學上，仍舊重視日常倫理規範；如此的普世價值，就是封建社會儒教哲學的歷史觀。當時，組織這類日常道德，編制成的典型文獻，可以列舉的就是貝原益軒（1630-1714）所著作的《大和俗訓》，屬於通俗性教訓書。《大和俗訓》和前文所提的《女大學》的內容一樣，都是積極宣導道德倫理，以固定的倫理觀，道德教化大眾，以維繫幕府的政權。換言之，益軒的教訓書，所顯示的日常倫理，也不單純只是朱子學般特定學派的思考；從儒學到包含國學在內的，是封建制度下共通的道德規範，這些思想隱約還支配著思想界。

　　即便如此，也並非都往好的方向發展，封建社會仍然存在著矛盾，就是下一章會細談的部分，就是主張直接放棄朱子學的哲學倫理，回歸孔、孟教訓古學派的興起。此時，山鹿素行（1622-85）的《聖教要錄》，開了反朱子學的第一槍，之後陸續還有伊藤仁齋（1627-1705），也提倡從朱子學的二元論，改為氣的一元論，而創立了堀川學派。即便古學三祖的哲學倫理有不同的論點，在此我們不深論其中的差異；要強調的是三派都注重事實而放棄空談。與其講究形式性的道德論，還是必須注意自然的人情；與其軟弱無能的退縮，必須非常重視積極實踐的道理。這種務實性的思考，不管是講究修養性武士道學的素行，或是安穩地生活於京都町的仁齋，以及成為八代將軍吉宗的智囊，協助吉宗推廣再強化封建秩序的徂徠；幾位所提出的思想性主張，都離不開注重實踐性的思考。

　　其中，為了鼓勵基督教的禁教活動，江戶幕府提出一家一宗的檀家制度的特殊規定。本來佛教就擁有幾近國教程度的地位，江戶時代的佛教崇拜就是一種不可忽視的社會力量；但是在思想界，已經無法發揮作用。雖然，十七世紀中葉，在明代的僧侶隱元隆琦（1592-1673）手中，創立了臨濟宗的黃檗派，之後佛教可以說沒有其他建樹。很明顯的，儒學的興隆替代了之前佛教的地位，即便儒學也建構，為了後人或超脫世俗的倫理道德，事實上更多只是宣揚現世的利益。與佛教相比，儒家講授現世的哲學和道德，不注重超自然的存在，本質上是現實主義的。

　　而且，儒學對於被支配者，講求絕對的服從，站在為政者的立場，理應強調被支配者應有的態度。之後，隨著儒學的發達，「經世濟民」的研究開始蓬勃發展。徂徠對政治及經濟學派特別關心，著述也是以政治與經濟的論述較多。雖然，並沒有放棄對抽象性哲學的關心，但是大部分著重於社會現實面，這是與前代最大的差異。也因為，徂徠身兼享保改革的顧問，認為社會要重新建立，特別強調武士與農民利益必須優先，才說出商人的潰敗根本無需介意的發言論。正如徂徠所言，對為政者而言，維持所有的封建秩序，仍然還是終極的目標。

　　雖然，封建社會的基礎產業就是農業，尊重農民及農業的重農主義是當然的態度。但是，為政者的目標，不能僅僅只是主張，絕對有必要阻止農業生產力遭到破壞，否則難以維持支持武士地位的農民收入；制度的運作，並非從尊重農民的立場，和改善他們的生活和福祉的角度出發。事實上，從歷史的現實中，也可以很清楚的知道，雖說江戶時代庶民的生活很豐富，實際上也只限於，都市町民的生活而已，並未擴及到普通的農民，在農村也很少可以看到新文化發展的現象。

三、儒學的興起與教育的普及

　　一直以來，學界有「儒教文化圈」這個說法。其範圍涵蓋中國、日本、朝鮮與越南。確實，日本從古代以來，自大陸引進儒學；尤其到了近世，儒學開始往社會擴張，在知識階層可以稱之為「儒學時代」。與東亞其他地區相比，日本儒學的顯著特質，在於儒學沒有充分的制度化。換句話說，日本社會中，知識的再生產，與制度的組織並沒有形成對等的關係。辻本雅史指出，日本儒學具有兩種特性：首先，日本沒有科舉制度；其次，幾乎沒有實施儒教相關的祭祀與禮儀可以相對應。但是，日本儒學又是如何興起？和教育的普及又有何關係呢？這是接下來要討論的課題。

　　大約可以上追五世紀左右，經書才傳到日本；初期漢文化的學習，也僅限於貴族階級，直到八世紀初期，儒學的學習才建立組織化。之後，日本開始模仿唐朝進行政治改革，於八世紀初期建立了律令政治體制。670 年（天智 9），作為律令制的一環，日本仿唐制，設置了大學寮。有別於地方官僚養成機關的國學，大學寮是養成律令官僚的學校，將儒學科（之後的明經道）設為本科，入學資格僅限於官階五位以上的貴族後代，其他有史部的子弟，就是專事文書紀錄的渡來系氏族，最後一部分才是優秀的庶民。

　　日本的律令制中，上級貴族設有「蔭位制」；其性質就是，後代依照父祖的位階，被授予一定位階的制度，中央任官完全依其位階錄用。簡而言之，主要還是特權系統，律令制的上級貴族們，仍然是世襲獨占上級官職；結果任官考試者，都還是以中、下級的貴族居多。如此狀況，也意味著大學寮的功用，還只是中、下級的行政官僚專用的養成機關而已。

　　換言之，上級貴族並不一定需要經過大學寮或參加貢舉考試，這是與唐制選材最大的差異。雖然確定社會上，是以儒學作為標準的制度，但是與中國科舉制度仍然大不相同，雖說日本的任官考試，是以儒學的內容為依據，其實也只是表面，實質還是完全是由家世決定，並沒有充分發揮選材錄用的功能。與其說是考試選材，不如說家世世襲的原理，才是主要考量，充分顯現出日本儒學制度化的不徹底。到了中世，大概是十二世紀末到十六世紀末，前後約四百年，儒學除了平安貴族以來的世襲之外，主要由寺院擔負起知識再生產的教育功能。在神、佛、儒三位一體的理念下，五山禪僧就是從古中國，引進新的學問及思想體系，替之後興起的朱子學鋪路。雖說如此，寺院裡的儒學，並沒有跳脫佛教的框架，此時還尚未具備完整的思想體系。

　　到了德川家統一了全國的政治統治，大約是 1600 年（慶長 5）至明治維新的 1868 年（明治元）為止的近世時代。近世的治學內容，正是以儒學為本，儒學就是一切學問的基礎。但是，近世儒學仍然尚未官化，單純只限於私人的學問私塾而已。推測原因，因為近世的幕藩權力，還是幕府和各藩所構成的政治權力，屬於統合戰國領主層的軍事力，主要作法還是以武力屈服民眾勢力為優先。以政治的效用而言，儒學無法深具教化人民的功效，幕藩體制的內容，也尚未建立以思想克服民眾的體制。換言之，幕府並沒有積極的實施民眾教化政策，儒學並沒有被納入幕藩的政治制度中。

　　德川家康雖然是武將出身，但生平喜愛閱讀漢籍，尤其重視儒家經典。因此，家康得天下之後，立即以儒家的政治思想為其治國的準則，起用了排佛論的朱子學者林羅山（1583-1657）為儒官，共商國事及研訂經國濟世的典章制度。羅山除了負責編纂史書，起草幕府的基本法的「武家諸法度」，與外交文書等幕府的文書公務

之外，也在江戶的邸內設置孔子廟，開始釋奠祭禮並教育門生弟子，然而諸多努力還僅限於私人營為。羅山的儒學雖然沒有對幕府的基本政策發揮極大影響力，但是可以認定，此時正是江戶初期，復興漢文學的轉捩點。除此之外，羅山曾師事武山禪僧的藤原惺窩（1561-1619），學問體系完全繼承了五山詩僧宋學的傳統，醉心朱熹的理學，以發揚朱子學為己任。

家康之後，德川幕府在近世的統治者大名子弟的教育面上，儒學是受到獎勵的。有幾位也是追求儒學的朱子學為基礎，以確定自己政治上仁政、明君的美名；以十七世紀為例，即是水戶藩的德川光圀，岡山藩的池田光政、會津藩的保科正之等。特別是在池田光政（1609-82）時，作為藩內政治改革的一環，光政在領內設置了學校，校內設置了孔子廟、講壇及寄宿舍社等建設；並允許武士及民眾入學，對於施行基礎文字學習的教育不遺餘力。觀看光政的諸多善政，可以清楚知道，其立志於儒學的政治理念，完全是以推廣大眾的儒學教育為志向。

不只儒學，此時期的重大事業，還有歷史學；林家與水戶的德川家，帶領許多史官進行編修史書。從林羅山開始的修史，由林家的林守勝、林春齋、林春信等官學三代執筆，於1670年（寬文10）上呈德川幕府。歷時二十六年，排除了各種艱難，最終在林家的堅持不懈，與幕府的全力支援之下，編纂而成並得以留存於世。《本朝通鑑》在修史體例、修史文字、史觀史論等面相，都替之後的史書，提供了很好的參考；後世評價此書，認為是引導近世史學，由萌芽走向繁榮的經典之作。

而且，光圀也專注於修史，在1699年（元祿12）完成了本紀、列傳的一部分。之後也持續修史，1906（明治39）終於完成了，包含志、表，共三百九十七卷的《大日本史》。如此漫長又大

規模的文化事業，追根究柢還是必須仰賴儒學者，堅持實證性的歷史調查；本著科學性歷史研究的精神，札實地替後代奠立典範。之後六代的家宣、七代的家繼兩位將軍的時代，其輔臣的歷史學家新井白石（1657-1725），更是推行文治主義政策，創下優秀的業績。新井的著作《讀史余論》，是日本歷史上，最初以合理的時代區分，從神代的故事到人間的歷史，提出合理解釋的創作。

綜觀江戶時代，我們可以歸納幾個時期，來觀看儒學的普及，與所設置的教育設施：

一、享保期—幕府將儒者林羅山子孫的家塾—昌平黌列入保護。亦即，尊崇儒學的將軍綱吉（1646-1709），將孔子廟和羅山家塾移址、擴充，給予經濟上的援助；將軍也親自參列釋奠祭禮，並聆聽經書講義。但是，如此尊崇儒學的態度，還只是將軍綱吉的個人意思，僅僅只是來自欲成為一位德君，而施行的德政而已，實際上在綱吉任內，也尚無儒學制度化的構想。之後，到了將軍吉宗（1684-1751）時，則命令儒者於昌平黌定期講釋經書，亦獎勵幕臣和庶民聽講。吉宗對儒學積極的策略，一直到幕府結束為止，總共維持了一百數十年之久；這番積極的作法，奠定了對武士和庶民的教化，可說是確實提升了全民的教育程度。

不只如此，吉宗充分認識到儒學具備的政治意義，也確實地將其運用到政治上。學者指出，吉宗在思想上，是受到荻生徂徠（1666-1728）的影響，徂徠強烈地批判朱子學，主張經世安民的教育，視儒學是秩序化、統合人間社會的方法之一。吉宗不只重視武士教育，也深感普及民間教育的重要性，因而設立了兒童文字學習塾的「習字塾」和「寺子屋」等。或許，對吉宗而言，民眾教化既是教育政策，同時也是可以利用於政治的方法；不但深具思想統合的作用，可以貫徹以君主為中心的教化構想。也就是說，幕府以

儒學作爲教化社會的工具，學習儒學就是幕府動員的政策之一。

　　二、寬政期－十八世紀末，幕府將軍的松平定信（1758-1829）實行了有名的「寬政改革」。雖然改革的內容，大部分是針對農經的改革，但是從儒學的制度化，以及知識的再生產的觀點來看，被許多學者認定是劃時代的創舉。其中，最明顯的就是政治改革理念，採行了朱子學，而且設立幕府直轄的學校，正式以朱子學爲官學；並且規定圍繞學問、教育和政治等級結構，實施的制度直至明治維新爲止。至此，完成了近世日本將儒學制度化的實際作爲，吾人可以認定，這就是日本近代國民教化，以及教育制度的雛型。

　　「寬政改革」的內容中，在儒學上所做的異動，就是除去昌平黌的私有性格，將其列入幕府直營化政策的一環。1790 年（寬政2），幕府正式頒布了「異學之令」，將朱子學列爲「正學」，正式排除朱子學之外的學問體系；並且藉由「異學之令」將昌平黌裡的幕臣，完全以朱子學爲依歸。「異學之令」是寬政期學政理念的象徵，將朱子學定爲「正學」後，也將昌平黌改稱爲「昌平坂學問所」，獎勵幕臣（武士）入學學問所，完成學校的直營化。

　　不過，幕臣的入學並非強制性入學，也允許藩士或浪人武士入學，而且可以寄宿。之後，書生寮出身的儒者，被指派爲各藩藩校教員的情況越來越多，此舉相對也保障了，武士在知識體系中的地位，在知識活動的前提下，奠定了朱子學的基石；幕府的學問所，也定位成一種中央性的學府。以上，有關學校的經營和設備等諸多設計，完全是由中央統籌處理，藉著儒學的應用，相對呈現出儒學者的社會配置。

　　幕府因爲推動了「異學之令」，制定「昌平坂學問所」之後，開始掌管人事權和管理權，並且全面擴充設備和制訂學規與職制，

安排幕府的官僚擔任學校的職員，使得體制與學問直營化並行，自此學問和教育成為新型的體制。也在禁令下達之後的二年後，幕府正式規定在學問所內，舉辦春、秋兩次的定期考試，開始了學問測驗；測驗是針對十五歲以上的幕臣子弟，所進行的學術考試，而且規定每三年實施一次。

綜合以上資料，因為都是幕府所制定的標準取捨，可以判斷「異學之令」就是一種「學統論」政策，完全就是幕府根據社會教化所施行的政策而已。以朱子學做為正統性的道德規範的同時，朱子學強調的只是倫理治學的新方法與順序而已；說是異學，也並非完全否定，其他實務性的知識，或是專門技術的學習仍然是被獎勵的。這個事實，從之後醫學、天文學、本草學等，實用學的興起，可以得到驗證。

現實中，「寬政改革」所提出的背景，就是日本商品經濟發展，沉重年貢和商業高利貸下，導致農民負擔過大，農民棄地而出走，致使大片土地荒蕪，陷入農、經失調的狀況。農地的不耕，不但讓領主經濟陷入危機，也導致武士階層兩極分化嚴重；上級武士債台高築，官場腐敗問題屢見不鮮。社會欲待改革的問題已經迫在眉梢，如此狀況下，其他儒學者提出看法，認為社會的改革，已經無法單純以徂徠所言的法律或制度可以治平而已，而是必須藉由以人心為對象的道德教化來完成。現實上，寬政期政治的走向，其重點在於，摸索如何克服面臨解體危機的社會秩序之對策，而「異學之令」正是被選為對策的意識形態政策。

四、元祿時代的町人文化

江戶時代始於 1603 年（慶長 8），終於 1868 年（明治元），是日本封建時代最後一個時期。文化的中心，由鄉村轉向城市的時候；從鄉村遷入城市的人們，掌握著大量金錢，卻沒有身分地位，這些人被稱爲新興市民階層，日語稱爲「町人」。爲了擺脫由鄉野帶來的土著之氣，「町人」開始狂熱地追求城市的時髦和高尚的生活，因此造就了城市市井文化的興盛。

歷史上，每個時期的文化，都有一種象徵性的意義。平安時代（794-1192）的文化根基在宮廷貴族手中，中世時代（1338-1573）文化的根基，則轉移到武士官邸和寺院，那麼江戶時代的市井文化，根基又在哪裡呢？日本歷史進入近世之後，完全進入一個庶民主導的社會；江戶時代的文化，根基就是在「遊里」，也就是庶民娛樂的場所。在日本的傳統教化下，這樣的地方被稱爲「惡所」，卻是江戶時代引領時向潮流的發源地。因此，江戶時代的時尚文化，也常常被稱爲「戀之花」或是「美之草」。

在「遊里」工作的女人被稱爲「遊女」，他們遵照江戶時期的審美觀，被施以嚴格的訓練，成爲當時江戶城裡最有人氣，也最受歡迎的女性。時代正在改變，社會經濟流通，新興城市發達下，大批「町人」湧入遊里。在價值觀大大改變之下，人們縱情聲色，肆意揮霍的生活方式，遊蕩徘徊在整個江戶城；人們一方面逃避現實，心情上也是爲了擺脫束縛，追求另一層次新鮮的愛情觀。相對於此，一直站在時代尖端，主導社會的貴族和武士階級逐漸沒落，已經失去昔日的風華；曾經以武士或僧侶主導的社會文化，已經逆轉被市井文化取代。

　　社會的轉變，很快在江戶時代的市井小說和戲曲中，得到了充分的驗證；並且演變成一種新的風潮，累積成為日本文化的一部分，流傳至今。雖然江戶時代已經結束一百多年，但是作為封建社會的最後一個時代，呈現的文學和藝術，對照當時的社會型態，呈現出日本文化嶄新的部分，還是值得世人再三回顧。五代將軍綱吉（1646-1709）執政的元祿年間，就是「元祿文化」發展的高峰時期。

　　因為民眾力量興起，開始出現以大阪新城市為中心，追求人間性的町人文學；這一時期的文學，貫穿著現實主義的批判精神，主要成就是小說、俳句和戲曲。稱為「浮世草子」的小說文體，是由《御伽草子》和《假名草子》發展而來，大阪商人井原西鶴（1642-93），開創了這種新形式，也是此一時期的代表作家。如同這種小說，以當代社會生活之意，與「浮世」的命名一樣，完全是以町人生活的真實社會作為題材。

　　井原西鶴生活在真實的世界中，藉著自己的人生經驗，描繪了浮世的生活狀態，寫下著名的小說《浮世草子》；浮世意味著沉沉浮浮享樂的生活觀，非常貼切地描繪了一代男性的事情。而且，西鶴以商人的視線，非常真實地在小說中，刻畫出市民的心理。西鶴因為生活在民間，認為人的創意與努力，比傳統的權威更重要，肯定町人的欲望與愛情的同時，也嘲笑武士的道德；小說中描繪著人間專著的享樂、營利和蓄財的活動。西鶴以大膽的筆法，描繪人們對物慾與性慾的追求，陸續出版了《好色一代男》、《好色五人女》、《日本永代藏》、《世間胸算用》等作品；非常誠實地，反映了當時市民社會生活的樣態，成為寫實的「町人文學」。

　　《好色一代男》一如書名，極盡情色描寫之能事，內容漫溢著感官的刺激。西鶴敏銳地刻畫的人物性格細膩入微，情節精彩生

動，風土物態亦有細緻卓逸的描寫；無論以情色小說或是通俗小說論之，都是非常優秀的佳作，如此的寫實作風，對日本後世的文學創作，留下相當深遠的影響。之後，西鶴眼看生活在四周的町人生活，又陸續描繪充滿愛欲的町人生活的《日本永代藏》，其他還有描寫武家生活事態的，就是《武道傳來記》；西鶴更出版了許多，關於京都的書店・八文字屋，稱為《八文字屋本》的浮世草子作品，以娛樂性的氛圍，受到大眾的歡迎。

此時還有俳諧，俳諧連歌屬於連歌的一種，以滑稽為特色，獨立成俳句的方式。德川時代初期，松永貞德（1571-1653）將和歌、連歌中不用的「俳言」納入俳句，俳言指的就是俗語和漢語；與大阪歌人西山宗因（1605-82）的歌風一樣，對應社會自由的作為，呈現出自由豁達的氛圍，稱為貞門派。相對於重視古典素養的貞門派，松尾芭蕉（1644-94）興起了以自由為特色的發展，開創了芭蕉風俳諧。不管語言或是內容，都打破傳統的制約，將俳諧推向高雅的藝術境界；而且讓首句單獨使用，成了由十七字音組成的短歌，廣泛流傳於民間。

芭蕉的作品特徵，呈現出非常自然閑靜的情緒，面對自然顯露出不禁意的哀怨；作品中也流露出，看遍世界已坦然平淡的心境。現實中的芭蕉，確實是透過獨居的生活，與旅行的見聞，留下許多引人矚目的俳諧紀行文。為了創作誹諧，芭蕉曾遊歷各地，深入體驗生活，創作出「古池蛙躍入水聲」般有名的詩句；並且寫下《奧州小路》等誹文，帶俳句味的散文紀行，和《猿蓑》等大量俳句集。1689 年（元祿 2），芭蕉離開江戶巡迴東北地方，留下有名的《奧之細道》作品，內容充滿了孤寂思想的氛圍，以及人對自然的歸屬感，作品至今仍然備受海內外讀者廣泛的閱讀。

　　其他，日本戲劇發展出「人形淨琉璃」，屬於一種木偶說唱戲。古來民間就有木偶劇的藝術，後來由於使用新的「三味線」類似三弦琴的樂器，與「淨琉璃」相結合，產生了木偶劇與說唱故事，發展成為「人形淨琉璃」。元祿之後，逐漸形成這種民間藝術，由大阪農民出身的說唱藝人竹本義太夫（1651-1714），創作出特殊表現力的樂曲「義太夫小調」；經過多方嘗試後，為說唱表演帶來新意，「義太夫節」成為淨瑠璃的代表性曲調。之後，又有戲曲作家近松門左衛門（1653-1724），寫出了許多優秀的說唱腳本，如《國姓爺合戰》、《曾根崎心中》等，創作者在經過各方面的嘗試之後，將這種藝術推向極盛。後來因為歌舞伎的發展，才逐漸沒落。

　　十八世紀末，大阪植村文樂軒劇團，更是復興使用了，義太夫小調演唱淨琉璃的木偶劇，門下弟子也在 1872 年（明治 5）創辦了「文樂座」。從此，此古典藝術淨琉璃木偶劇，以「文樂」之名流傳至今。到了元祿年間，「歌舞伎」，已從原來以舞蹈為主的民間藝術，發展成舞蹈戲劇。隨著歌舞伎的流行，同時也出現了轟動一時的名演員，譬如：京都的扳田藤十郎（1647-1709）和江戶的市川團十郎（1660-1704）。近松門左衛門常為他們寫腳本，之後配上了「淨瑤璃」和「長四」等樂曲，融合了舞蹈、音樂、戲劇、繪畫成為一種綜合藝術。

　　表演的劇場也從原來簡易流動的舞台，發展成為設有樓座包廂的大型劇場，成為都市市民的文化娛樂場所。相傳出雲阿國在 1603 年（慶長 8）春天，來到京都表演歌舞伎舞蹈，被認為是歌舞伎的起源，一開始只是固定地點演出；在歌舞伎發祥地盛行四百年，持續演出歌舞伎，演變成目前京都四条河原町的南座，可以說是日本最古老、且擁有歷史與傳統的劇場。

　　因爲經濟行爲旺盛，民眾生活提升，消費水準自然提高，因此產生了各式各樣的工藝品。工藝美術產生了一種色彩鮮艷、圖案抽象的新風格。大概從安土桃山時代到江戶時代初期（1596-1643）的十七世紀前後，活躍於京都的町繪師，由京都商人出身的俵屋宗達（生年不詳），和下一代的尾形光琳（1658-1716）開創了，深受商人喜愛的色彩華麗的金色裝飾畫，完全取代了，本來爲幕府和宮廷服務的狩野、土佐兩派御用畫。譬如：光琳的代表作就有《燕子花圖屛風》和《紅白梅圖屛風》等。

　　此外，尾形光琳及其弟尾形乾山合創的彩瓷；柿右衛門（1590-1660）學習中國的「紅繪法」，創造出「伊萬里燒」的彩色瓷器；京都商人阿彌光悅（1558-1637）始作、尾形光琳加以完成的優美的泥金畫漆器；京都宮崎友禪齋（1654-1736）所創始的絢麗多彩的友禪印花綢等，都是在這個時期，發展出來的工藝美術品。建築仍繼承桃山時代豪華的色彩，如日光的東照宮就是壯麗廟式建築的典型，屬於德川家康的家靈廟。京都的桂離宮和修學院離宮，則屬於幽雅的茶室建築，爲上層武士和豪商專用；民間則流行武家書齋型的舊建築樣式，並出現了歌舞伎劇場等大型建築物。

　　此時，日本也發展出科學技術。時代的發展下，人們的思想，完全從迷信和咒術中解放出來，通過實踐的方法，對自然加深了認識；這個時期的自然科學，講究的是合理精神，自然科學完全是實踐、探索的總結。此時，日本儒學者已開始去除中國宋代以來，以醫學中陰陽五行來說明生病原因的唯心主義偏向，轉向提倡「親身嘗試」的實證方法。此務實的作法，發展到後期，更是結合了西方「蘭學」的精神，發展出一片令人讚嘆的學問之林。

第八章

江戶後期的文化

一、朱子學的性格與影響

　　儒學傳入日本，歷經了幾個時期，到了近世日本儒學，重點就在朱子學。日本朱子學的原理，完全發揮了朱熹的「格物窮理」思想，注重「即物思維」；具有這種實務特性的日本朱子學，在日本近代化過程中，發揮了極大的作用。朱熹（1130-1200）的思想，主要包括理氣論、格物致知論和人性二元論；理氣論是攸關世界的本體論，朱熹認爲，天地萬物都由理和氣構成，理是世界的本源，氣是鑄成萬物的質料。講求「格物致知」的根本，是朱熹對周遭事物的基本認識，意義在於窮究萬物之理，直至其極。

　　關於人性的探討，朱熹將人的本性，視爲人性天命；也認爲氣質之性則是天命之性，完全受後天學問教養薰染所發生的變化。依照朱熹的想法，就是「天命之性」與「氣質之性」，稱爲人性二元論，這也是朱熹理學思想的重要依據。朱子學的本質，主張通過理性來控制自己，也就是說以自己的理性力量，將自己的精神活動，特別是感情和意志的活動，引領朝往正確的方向，屬於一種知性主義。另外，朱子學也強調每個人，必須在道德上成爲出色的人，非常強調個人主義色彩的論點。

　　中國歷史上，宋代開闢了異於唐代貴族政治的模式，傾向一般庶民也可以通過科舉考試，成爲官吏的道路，構成了社會平等的條件，這是朱子學出現的時代背景。宋末元初，中國國內戰事不斷，爲了逃避戰亂中國的禪僧陸續來到日本。來日後，他們受到了幕府的歡迎而定居，禪僧的到來，也爲日本帶入了中國的佛典和佛道；早期的朱子學，便是作爲佛教的輔助思想而傳入日本。當時，佛教還占據著日本思想的主流，朱子學主張通過古典中，平順易懂的「四書」來學習儒學，建立此基礎後，再學習真正的「五經」學

問，呈現出一種治學的順序。

十六世紀後，朱子學成爲中、日、韓三國共同的思想文化，演變成東亞地區的思想主流，影響極爲廣泛而深遠。從朱子學在日本、韓國的傳播與影響來看，無論是日本還是韓國，對引進中國朱子學與吸收其精髓，並非單純的移植而已，而是根據所在區域社會的實際狀況，與其傳統文化相融合。如果說基於人的平等性，來思考個人的自主生活方式，是朱子學一大特色的話，那麼可以確定，當時的日本，確實存在著接受朱子學的社會環境。

明清時代，朱子學被尊爲「官學」；所謂「官學」指的是，成爲任命官吏的科舉考試標準的學問，因而知識分子都必須學習朱子學。進入近世，德川幕府也採用了朱子學，成爲正式的官學；透過儒學的吸收，朱子學不管對日本教育層面，或是政治層面，也都產生了很大的影響，透過民間與官方的催導下，這就是朱子學可以在日本普及的理由。即便，江戶時期日本的思想，出現了百家爭鳴的局面，但是朱子學者在吸取各種學說的基礎上，仍然清楚地架構起自己的主張。

藤原惺窩是一名僧侶，他的哲學思想來自朱熹，惺窩把「理」看作是宇宙的唯一根源，也視其他天道、人性以及仁、義、禮、智等都是理；藤原將朱子學的理論發揮到極致，被稱爲日本朱子學的開祖。惺窩最先以儒學者的身分提倡朱子學，認爲儒教和佛教同等重要；其徒弟林羅山（1583-1657）亦信奉儒教，對朱子學興趣頗深；當時藤原惺窩與林羅山均在幕府講學，二人積極傳播朱子學。尤其，在1843（天保14）林羅山完成了德川家的正史《德川實記》之後，幕府正式錄用羅山，更加襯托出朱子學的地位。

貝原益軒（1630-1714）更是繼承了朱熹「格物窮理」的合理因素，將窮理精神與經驗科學相結合，賦予朱子學「理」的範疇，

更是黏合了經驗合理主義的色彩。除了儒學思想的研究之外，益
軒與農學家宮崎安貞（1623-97）關係甚好，兩人一起研究中國農
學、本草學著作，明顯是將朱子學的合理主義，發揮在科學的方法
上。近世日本思想史著名的學者源了圓（1920-2020），也認為日
本朱子學重視「即物思維」經驗價值出發，圍繞自然、科學等現
實問題，尋求自然中的實理；由此形成了日本民族講究實用的民族
性，以及提倡實証科學的良好風氣。

　　德川幕府成立之後，朱子學思想，在幕府政治、經濟發展的
要求下，發展出嶄新的格局。新井白石（1657-1725）也將朱子學
的格物致知的「理」，與西方科學技藝之「理」結合，配合東西方
的方法，運用於日本文獻學上；並以合理、實證的態度，在廣泛的
領域內發表自己的見解。除了執念朱子學的理念之外，特別致力於
對日本史的論述。首先，白石於 1702 年（元祿 15），編錄《藩翰
譜》一書，按譜系敘述了各大名家的事蹟，作為對家宣進講方案的
總結；並集錄諸大名三百三十七家的由來和事績，一邊對政治的得
失加上評論，一邊說明德川家康稱霸的由來。

　　1712 年（正德 2），白石又著作了《讀史餘論》，內容記述
著許多知識人，於元祿文化繁盛之後，跳出「天道不變」的束縛，
開始思索日本整個武家時代的變化過程。白石借鑑了中國史學，
有關時代劃分的方法，最終創作出對整個日本歷史進行分期的《讀
史餘論》。其他，《古史通》則是試圖，對古代神話進行合理的解
釋，並且探究其中所含的歷史情況。白石的歷史研究，也被用於解
決幕政面臨問題的引證。

　　總之，朱子學在幕府之初，尚未成為官學的地位，以思想或
是政治上的考量，朱子學都有不適合的側面。「法得以破理，理卻
不足以破法」的單純思考，顯現出朱子學一切以「理」為中心的原

則，與德川時期設置「威武」的政治標準是不相容的。但是，廣泛
世俗化的年代，儒教規範現世秩序的層面上，得到很高的評價。雖
然，惺窩和羅山都是以朱子學的角度出發，與其說限定於朱子學，
不如說他們是以儒學，對抗佛教的意識是比較明顯的。

　　一直以來，日本在學習朱子學的基礎上，結合日本的國情和文
化底蘊，形成日本獨有的朱子學的理論體系和教育模式。朱熹強調
「父當慈、子當孝、君當仁、臣當敬，此乃義也」；從今天的角度
回顧，朱熹的主張與明治時期的教育方針是一致的。可以看到的就
是，日本的現代國民教育，將儒學的人倫道德理念作爲基礎，基於
「仁、義、禮、智、信」強調尊老愛幼、孝順父母、禮讓誠信，形
成了近代思想價值觀念。

　　換言之，朱子學者就是以儒家的倫理，運用在政治的教育統
合上。排論等級的上下，對上者必須持之以敬，就是自然之理；這
與日本統治者強調的正統性，臣民要絕對臣服於統治者的觀念也不
謀而合。日本儒學者，努力應用其中心思想，走入政治領域，逐
漸成爲支撐幕府政治體制的意識形態，就此朱子學在江戶時期達到
全盛。

二、古學的興起與國學的成立

　　朱子學之外，日本也出現了「古學」，與朱子學派對立。歷史
進程中，日本儒學的全盛時期到完全的日本化，其程序大概是：朱
子學先擺脫了，作爲禪宗附庸的地位而獨立發展，然後才進一步逐
漸成爲，幕府統治的官方意識形態。

　　元祿時代，商人階級經濟力量逐漸壯大，日本社會養成一種追
求享受奢侈的風氣，關心教養、學問的態度，形成庶民文化風潮的

同時，也帶動了古學和國學興起。此時，群起批判朱子學，古學主張回到孟子，國學則是以《古事記》日本的古典爲標準；兩者都否定朱子學的空談，極力通過考證的方法，來闡述自己的觀點。可以說，考證方法的應用，確立了日本近代學問治學的方法。

古學一詞，是綜合山鹿素行的「聖學」、伊藤仁齋（1627-1705）的「古義學」、荻生徂徠（1666-1728）的「古文辭學」這三者的總稱。三人的共通點，都呼籲從古典原文，去詮釋日本真正的思想，主張應該捨棄對儒學古典的所有詮釋，回歸到日本古典原文。可以說，日本古學派就是從朱子學中解放出來，打著復古漢學的旗幟，提倡實踐的道德。

早在 1665 年（寬文 5），古學派的始祖山鹿素行（1622-85），著作《聖教要錄》之際，就大肆批判孔子以後的宋儒爲異端，批評宋程朱等道學爲陽儒陰異端，主張回歸孔子之前的儒學，並自命是繼孔子之後的道統真傳。山鹿也極力汲取了中國儒家思想的養分，對日本的武士道精神，進行了全面的回顧。素行的士道論從其著作中，可以一窺其二；《聖教要錄》及《山鹿語類》中，對於朱子學的「本然之性」或「無極而太極」般理的思考中，帶著佛教性傾向的因素提出強烈批判。

素行也是一位眾所皆知的兵學者，首先替武士訂出一個標準，主張武士身負的責任，應該爲了御家，而放棄自我主觀的行爲。對於素行而言，「格物致知」並非追究像「無極而太極」般的形而上學的理，應該是切身實踐日常生活的「條理」；因此認識「條理」，依其自我生活的實踐和行動的道義，才是維持武士至高身分的內容。1669 年（寬文 9），素行寫出《中朝事實》一書，主張日本的政教文化和中國是同等級，對於夷狄防衛的軍事面和皇統的連續，則是優於中國的看法。素行主張日本爲世界中心的思想，無

疑也是主張皇統是從神代開始，從未斷絕的思考；一舉提出皇統一貫性的問題意識，延續到日後的日本型華夷論的討論。

至於，徂徠的思想，也是打破了當時程朱理學，在日本的主導地位。在程朱理學的思想體系中，認為德川幕府的封建制度符合由神創立的「理」；徂徠則指出「理」並非神創，而是由聖人建立的。但是，徂徠也強調，政治與道德必須分開；主張以實證的科學態度治學，反對朱子學派的空談性，堅持學習歷史或面對事實才是正道。徂徠看出幕藩體制的危機，在《政談》一書中，徂徠說出改革幕藩政治，才是匡時救世的要務；甚至指出改革必先研究古文辭、闡明古代典章制度，然後通過將軍的作為，重建先王之道的封建秩序。

伊藤仁齋則著作《論語古義》的注釋書七卷，透過註解《論語》而重新解釋孔子思想，進而反對朱子學。不同於朱子學主張有德者能治國的理念，仁齋認為可以脫離政治來樹立道德，以「人情」講解道德，明確地將道德從政治體系中抽離，主張道德應該是世人應該擁有的本質。與山鹿素行相同，仁齋亦提倡回歸聖人之學。甚至，仁齋追本溯源，考證古典經書，突破傳統認知，持一家之見，是仁齋樹立古學論說的根本所在。

仁齋的治學，不單純專注於訓詁詞章，甚至將「明人倫」的道德主張，作為學問的目的。這是將道德與學問緊密結合，意在強調學問與道德的整體性，不能有所缺失或偏廢。應該說，仁齋的「學」蘊含了較為豐富的內容，強調無須拘泥於讀書作文的形式，而是應該落實於日常生活相關的具體行動，主張實踐、親躬力行，才是獲得學問的必要方法。

仁齋講學於民間，學而不仕，一生以道德作為學的終極目標，始終恪守本分，志向堅毅。仁齋也認為加強德性，則必須反求諸

己，也必須通過實踐得以體現。談及仁齋的學問，無師傳的自學是其特點。雖然山鹿素行、荻生徂徠也都是如此，但是仁齋的學問思想，比起山鹿素行更有系統；而徂徠學問的建立晚於仁齋，雖然與仁齋學不存在師承關係，但因為拜讀「語孟字義」，在古學意識上，也回應了仁齋的理念。仁齋在古學的開創過程中，以平民儒者的姿態，高舉著鮮明的道德旗幟，致力鑽研學問及其發展。既在學術上勇於挑戰宋學，開創了不同於以往的新領域；又以民間講學的方式，在學術的發展和對世人的教化上，開創了更勝一籌的新格局。

隨著社會結構的變化，不管是生活、文化或科技，都呈現出新氣象。在幕府保護下，長期影響著武士和平民的儒家思想，也開始從內部產生了批判與改造的徵候，此時出現的陽明學的學者，同樣也是反朱子學說。首先，儒者中江藤樹（1608-48）批評朱子的「知先於行」思想流於空洞虛無，堅持主張王陽明的「知行合一」學說。藤樹晚年閱讀陽明書，體驗了行的真實意義，頓悟之下進而放棄武士身分，轉身投身教育。之後，其弟子熊澤蕃山（1619-91），主張「經世濟民」的思想，在1687年（貞享4）的著作《大學或問》中，提到「取堯舜之道，發明時處位」的論述為眾人所知。

書中因為反對幕府參觀交代制的浪費，主張武士移居農村地方實行農兵制，此舉觸怒幕府及藩主，因而被幽禁數十年。但熊澤蕃山執意參考古聖人的堯‧舜之道，提及為學的目地是「立足於因應時、處、位，且必須變通的立場，使天下獲得道義之途」。處於任何時間和位子，都必須講求變通的方法，也是藤樹傳授給弟子的方法。甚至，體會陽明學主軸「致良知」的意思，藤樹也認為必須去除私慾，心中必須持有誠意，才是待人之道。

　　國學派則繼承了古學派的復古主義精神，但是把重點轉向日本古文學與神學。此學派在中世紀研究日本古典和歌的基礎上，力求從宋明理學、佛教道德和中國傳統文學形式中解放，恢復日本古文學所獨具的本性，發揚了真實的大和情感。被稱為「國學始祖」的契沖（1640-1701），從1669年（寬文9）開始的十年之間，一直在和泉致力於古典研究。契沖精研並注釋古代和歌集成的《萬葉集》，主張根據日本古語的原義，排斥從來儒佛道德觀對和歌的解釋，真正確立了日本國學的方法。幾乎是，到江戶時代中期之後，日本國學才真正發展，契沖之後的荷田春滿（1669-1736）、賀茂真淵（1697-1769）、本居宣長（1730-1801）、平田篤胤（1776-1843）等，四人被稱為國學四大家。

　　三十七歲時，真淵拜師於荷田春滿門下，開始對儒學進行了強烈的批判。真淵提倡「日本精神」，其哲學性的思考，呈現在《國意考》的著作中。此「國意」被解釋為皇國精神，真淵為了考究和闡明皇國的精神而書寫的；主要是從日本古典《萬葉集》的研究中，體會出古道觀思想的結晶。同時，真淵為了反駁太宰春台（1680-1747）的《辨道書》，批評國學者褊狹的日本崇拜的思想，與春台及徂徠的中華崇拜思想是對立的。

　　真淵的思想，確實遠離了儒教意識，奠立個人確立日本精神哲學的本意。還是主張透過《萬葉集》等日本的古典，強調研究古代日本人思想的重要；他也尊重古代和歌的古風，強調必須重新面對日本的古典，表彰古代日本人的真純的精神。真淵也否定注重人為君臣關係的朱子學，認為確立古道學中，自然的心情及態度才是本來的初衷。也有學者指出，太注重日本精神的結果，賀茂真淵的「日本精神」，後來演化成為日本對外擴張的軍國主義哲學根據。

後期的本居宣長，更是排斥外來之學，宣長學說的核心是《古事記》的研究，提倡「神之道」爲其主要特色。宣長在《古事記傳》的總論，以及《直毗靈》、《玉串》等著作中，對「神之道」進行了說明；認爲那是由伊奘諾、伊奘冉兩神所開創，由天照大神所繼承的道。換言之，宣長認爲那是日本國土生成的原理，也是日本國家成立的基礎。雖然，隨著時代的變遷，政治制度會發生變化，但諸多變化也都是神的意圖。而且，宣長的《古事記傳》完全是從文獻學角度，對《古事記》進行細微研究的成果；通過對古典文獻的研究，試圖探尋，在儒教與佛教尚未傳入日本之前，日本人的原始思想模式。

宣長之所以棄離儒教與佛教，也是希望排除，所謂儒教與佛教中，內含封建道德與人生觀，希望從封建壓迫中解放人性。透過《古事記》或是《延喜式》，賦予古代神歷史性，使其秩序化，以此基準才得以確立日本的國學。同時，宣長將國學者們解釋的古代日本文化，當做正道加以推崇，極力排斥外國文化的態度，此一傾向到平田篤胤時達到極致。此時，國學已經不只是單純的學問而已，已經成爲徹底的天皇主義，形成一種排外主義的理論基礎。

平田篤胤繼本居宣長後，以國學爲正統的思考，繼承了日本國學前三人的志向；他極力排斥佛學，雖然也排斥儒學，但不如排佛那般強烈，強力提倡復古神道。篤胤對古道的闡釋，認爲《古道大意》，就是爲人必須知曉人之道；而且人之道是有順序的，首先知其父母然後上追祖先，以及對國體的認識。篤胤的理論，猶如《禮記》的〈大學〉篇中：「古之欲明明德於天下者，先治其國。欲治其國者，先齊其家。欲齊其家者，先修其身。欲修其身者，先正其心。」也就是與「修身齊家治國平天下」，其道理是連續而緊密的。因而篤胤也強調天地開闢的由來，不可不讀《日本書紀》與

《古事記》，讀古典而知曉道者，稱爲古道學。

　　大致上，平田篤胤極力宣揚日本主義，平田國學還成了日後攘夷倒幕運動的思想支柱。其思想體系中，雖然也融入中國思想，主要還是認爲日本是萬國的祖國。平田著有《古史徵開題記》，此書是一部古史傳，書中極力推崇純神道，推崇「日本精神」。可以說，國學者反動的日本精神與哲學，所指的就是復古神道，其代表有爲復古國學做準備的荷田春滿，國學開拓者的賀茂真淵、本居宣長，以及集大成者的平田篤胤。

　　雖然，日本近代的國學家們，否認了之前的國學，究其原因，當然是因爲日本儒學演化的過程，已經融入了外來的佛學、儒學的思想。從經書傳入日本開始，到國學的生成，無論是幾位國學家在探索國學的誕生，還是從真淵及其後的宣長身上，爲了確認國學所做出的努力；這些思想演變的過程中，都還是無法抹拭，其內容與儒教的關聯。

　　即便，對日本而言儒學是一種外來文化，但也是自古以來，即與日本的國體與國民性相融合，幾千年的融合之下，已然成爲日本傳統中，不可分割的一部分。江戶之後，西方文化排山倒海般地傳入日本，現世情況的嚴峻下，不管是儒學或是國學，都必須回歸日本古代的原理，其中間的關係，相對也變得比較複雜。

三、美術與工藝

　　元祿時期，以美人或演員、相撲等爲題材，描繪庶人生活爲題材的浮世版畫開始出現。浮世繪的誕生和江戶時代町人，也就是居住在城市的商人，與工商業者所擁有的文化是密不可分的。由於幕府實施「參觀交代」（輪流晉謁制）產生了大筆開銷，大名只好向

商人借貸，金融經濟逐漸發展，商業漸漸興盛，孕育了豐富多彩的町人文化，浮世繪正是在這樣的時代背景下應運而生。

　　浮世繪包含了手繪畫，在國外被稱「日本的版畫」，也是目前享譽國際的日本藝術。木版畫最初是被當作佛教經典的印刷技術，以插畫技術從中國傳入日本。1660 年（萬治 3）左右，這種技術不再只用於插畫，開始用於單張繪畫。初期的木版畫被稱作「墨摺繪」，單純用和紙與墨，創作出來的黑白版畫。漸漸地，帶色彩的版畫受到歡迎，畫師開始用毛筆蘸著「丹」，使用硫磺和水銀的化合物上色，出現的彩色版畫，就是「丹繪」，此時已經順應社會要求不斷改良，技術也逐漸創新。

　　浮世繪創始人菱川師宣（1618-94），是最早以春宮圖的形式繪畫的畫師，因此使得「浮世繪」多了一些情色色彩；「浮世」此名稱的由來，也是因為當時都描繪歌舞伎和花街柳巷的風俗。其特點是以木版印刷，因為大量生產，價錢自然便宜。師宣的代表作《回頭美人》，以畫美女而聞名的尚有鈴木春信（1725-70），開始創作附有顏色的錦畫，其他先後出現鳥居清長（1752-1815）和喜多川歌麿（1753-1806）等畫師。在世界美術藝術品中，浮世繪呈現出特異的色調與風姿，歷經三百餘年，影響深及歐亞各地，至今仍具崇高的藝術價值。

　　到了十八世紀中葉，由於歌舞伎的流行、木版技術的進步以及浮世畫，深受大眾的歡迎，春信更進一步創造出彩色印刷的浮世繪—錦繪的木板畫。同時，也出現了從紅花中，提取的染料進行著色的「紅繪」和用黑漆著色的「漆繪」。到了十八世紀中葉，兩色印刷成為普遍的畫法，同時有三色印刷技術創作版畫的工藝師，於是出現了具有劃時代意義的「紅摺繪」。春信最初製作的多色印刷木版畫，是一種被稱作「繪曆」的日曆。畫在日曆上，帶有中性而

纖細苗條的人物，以及用凹版或凸版不著色印刷，甚至創作出浮雕效果的技法，都令人讚嘆不已。

之後，喜多川歌磨開始描繪女性臉部，也就是臉部特寫的半身胸像，堪稱是「大首繪」的創始人。喜多川對處於社會底層的歌舞伎、大阪貧妓充滿同情，並且以纖細高雅的筆觸繪製了，許多頭部的美人畫；竭力藉著臉部的表情，探究女性內心深處的特有美感，代表作品有《江戶寬政年間三美人》。「大首繪」的手法，在當時廣受歡迎和應用，描繪舞台演員的特質，也受到「大首繪」的影響。其中東洲齋寫樂（生年不詳）單憑以相擬畫，因其風格鮮明的人物肖像畫，與異常短暫的創作活動廣為人知。寫樂的浮世繪大半是演員畫，相當於現在紅牌藝人的肖像畫、海報。短暫時間內，留下一百四十點寫實性的畫作；畫中大膽的構圖，非常忠實地描繪出演員的個性，其代表作有《大谷鬼次的奴江戶兵衛》與《市川鰕藏》等作品。

進入化政期之後，繼承美人畫與演員畫像的就是風景畫。因為當時社會開始流行旅行，其代表的畫作，就是歌川廣眾（1797-1858）與葛飾北齋（1760-1849）；尤其廣眾於 1833 年（天保 4）完成《東海道五十三次》的大型畫作，就是旅行東海道的見聞記錄。據說是花了一年的時間所完成的作品，作畫的動機，也是因為看到北齋的《富嶽三十六景》所得到的靈感。北齋以浮世草子的插畫師著名，九十年的畫師生涯中，留下許多著名的插畫與美人畫，尤其《富嶽三十六景》中，因為描繪富士山而聞名海內外。

繼繪曆之後，浮世繪也開始應用於日常生活中，畫界開始製作具體用途的浮世繪。因為江戶時代商業已經非常興盛，尤其到了江戶末期，餐飲店、百貨的前身的和服店，已經開始利用浮世繪進行宣傳。歌川廣重（1797-1858）的浮世繪上，就畫有和服屋大丸（現

在的大丸百貨）。綜合浮世繪木刻，大致有兩種形式：「繪本」和「一枚繪」。「一枚繪」即單幅的創作木刻，目的就是讓賞畫的空間擴大，畫工也更精細。「繪本」即是插圖畫本，在江戶初期是以古典小說的插圖為開端，後來陸續出現通俗的插圖讀物；直到萬治年間，隨著市民小說的產生，這種木刻繪本更加迅速發展。甚至後來報紙雜誌出現之後，也應用於版面的插圖上，民間畫師菱川師宣就是這種「繪本」的創始人。

浮世繪之外，新的繪畫技術也傳進日本。當下，適逢蘭學興盛的時期，方便取得海外新技術之際，發明摩擦發電機的平賀源內（1728-80），自修習得洋畫和銅版畫的技巧，以模仿西洋婦女畫成了洋畫的《西洋婦人圖》而聞名。1783 年（天明 3）源內師學於司馬江漢，開始創作銅版畫，也開創了遠近法的繪畫技巧；其中以鏡片觀物開創了眼鏡畫，《不忍池圖》就是其作品。其他，利用遠近法的技巧，在日本畫上留下作品的，還有亞歐堂田善（1748-1822），其代表作就是《紙本著色淺間山圖》。

本來，寫生畫是融合了明、清以來的寫實技法；到了圓山應舉（1733-95）時，更是進一步融入了，西洋畫中的遠近技巧和陰暗技法，將日本畫提升更高的境界。應舉利用西方遠近技法，創作出的代表作，就是《雪松圖屏風》。甚至，松村吳春（1752-1811）也先後跟應舉、與謝蕪村（1716-84）學習畫法，受到兩人的影響，完成了代表作《柳鷹群禽圖屏風》，呈現出輕妙灑脫的畫風。除此之外，從事文學的文人和學者等，即便本職不是畫家，也創作畫作，稱之為文人畫，在幕末時期成為一種風潮。估計是受到明末南畫的影響，其中蘭學者的渡邊崋山（1793-1841）就是以畫家而出名，其畫風充分地採用了西洋的畫法。當時，有名的畫作，包括《鷹見泉石像》與《寒林群鴨圖》等創世之作。

四、「蘭學」的發展與革新思想的展開

　　1543 年（天文 12），一艘葡萄牙船第一次漂流到九州的種子島，爲日本帶來了鐵炮，史稱「鐵炮傳來」事件，這是日本與西方最早的接觸。緊接著，1549 年（天文 18）西班牙傳教士前來日本傳播天主教，當時幾位大名改信天主教；雖然在安土桃山時代，也有不少基督教的傳教士前往日本傳教，但是江戶幕府成立後，不久就頒布了「禁教令」。面對幕府的禁教令，在九州地方爆發了島原之亂，就在第三代將軍德川家光的統治下，日本頒布了鎖國政策。

　　作爲「禁教政策」的一環，江戶幕府一開始採取的禁書制度極爲嚴格。所謂禁書，就是只允許中文書寫的印刷，宣傳基督教教義的書籍一律禁止；不只書籍禁止傳入，也不允許貿易。歷史上，自 1633 年（寬永 10），頒布鎖國令開始，直到 1854 年（安政元）美國海軍軍官培里率艦叩關爲止，日本實施鎖國政策。鎖國雖是江戶時代施行的外交政策，卻也並非完全中止與外國的接觸，仍允許與特定對象進行交流；包括在長崎出島與荷蘭人進行貿易，在長崎與中國的明清，亦有貿易來往。此外，對馬藩與朝鮮、薩摩藩、琉球以及松前藩和蝦夷也有貿易往來。

　　十七世紀初，繼西、葡之後，透過荷蘭人傳入的「蘭學」，日本人開始大規模地吸收西方的現代化知識，開啓了日本現代化的旅程。基於財政的需要，德川吉宗獎勵實學，開洋書之禁，派人學習荷語及自然科學。大致上，日本爲了掌握西方科學技術，知識階級努力學習荷蘭語文，當時他們把西方科學技術統稱爲「蘭學」，廣義的解釋爲西洋學術，又簡稱「洋學」。1692 年（元祿 5），幕府在長崎奉行下，設有書物改役一職，專司調查境外傳來的書籍，基督教內容的書籍，完全禁止輸入。關於禁書的種類，目前以《御

禁書目錄》所記錄的最具備真實性，此書現藏於長崎縣立圖書館。

　　當時，雖然實施鎖國政策及禁書令，唯獨漢譯洋書，仍然暢通無阻地輸入日本，因此日本陷入一個半封閉的社會，對當時的中、日貿易產生很大影響。到了將軍德川吉宗手中，解除基督教書之外的洋書，以及漢譯洋書的輸入禁令後；許多與西方自然科學有關的洋書，與漢譯書籍仍然不斷傳入；大大豐富了當時的儒教實學，與作為技術學和經驗科學的內涵，確實為日後實學的發展，奠定了篤實深厚的基礎。

　　解禁後，先後傳入日本的書籍，包括《歷算全書》、《新寫譯本歷算全書》、《西洋新法曆書》、《同文算指》、《職方外記》、《交友論》、《堅瓠瓜集》、《西湖志》、《天學初函》等等，器物篇則有《幾何原本》、《勾股義》等。1717 年（享保2），德川吉宗收入荷語版的《動物圖說》等書，吉宗年少時與民間有接觸的經驗，個性比較積極靈活，他很清楚知道西方醫藥書籍的附圖非常精密。

　　顯然，日本在德川吉宗時期，徹底地結束了，對「形而上」學問的探討，改以客觀的經驗主義和實證主義，將注意力轉向經世濟民之學。以技術學和經驗科學為特色的實學，成為幕府和諸藩殖產興業、加強自己權力的有力手段；實學的方法孕含著實用性、實證性、合理性、以及批判性的邏輯性質，至此「蘭學」開始受到民間的重視。由於「蘭學」的快速發展，促使日本全國上下，廣泛地接受了西方的現代化知識，扎實地培養了批判封建的思考，以及西方實證主義研究方法。

　　「蘭學」一開始是從翻譯的工作著手，當時幕府儒官青木昆陽（1698-1769）和醫師野呂元丈（1693-1761）奉吉宗之命學習荷蘭語，分別撰寫、翻譯了《和蘭文譯》、《和蘭文字略考》和日本

洋說本草學書《阿蘭陀本草和解》等著作，這些基本資料，為日後「蘭學」的發展，奠定了語言知識的基礎。此後，更多人開始學習荷蘭語，1783 年（天明 3）大槻玄澤（1757-1827）所著的《蘭學階梯》，讓學習者有更多的選擇。大槻玄澤曾進入杉田玄白的門下學習荷蘭醫學，以及前原野澤門下學習荷蘭語；之後出仕仙台伊達家，創辦私塾「芝蘭堂」，並且培育出橋本宗吉（1763-1836）、稻村三伯（1758-1811）、山村才助（1770-1807）等多位優秀的門生。

　　幾乎在 1804-1818 年間（文化元－文政元），許多蘭學者受幕府之令，開始從事天文方面的工作，以及百科詞典的翻譯工作，首先出版的就是《厚生新篇》一書。此書由乾坤二冊共二十五章組成，乾卷簡單說明蘭學的理論和興隆的情形；坤卷則各分為：文字、數量、配韻、比音、修學、訓詁、轉釋、譯辭、譯章、釋義、類語、成語、助語、點例、書籍、學訓等分別進行略述。此書是針對荷蘭語入門者而編集的教材，以目前的視角看，雖然內容尚嫌不足，但是已經將荷蘭語法體系化，讓世人可以找到語源利用，可以廣泛且普遍地學習，方便於世人學習荷蘭語。不斷翻譯荷蘭語書籍，不僅提供外來新知識，亦提供了更多語言學習的條件。

　　因為，支配階級深感封建社會的不足，幕府積極投入精神，利用西洋的近代科學和技術，企圖補強其中的缺失；上方對於蘭學積極投入的態度，也大大影響了當代知識分子的學習。綜觀「蘭學」的內容，可說範圍廣大宏偉，研究對象亦涉及眾多面相，但是大致上可以系統化，分為以下的四個研究領域：1. 創立荷蘭語的學會與語言學的研究；2. 醫學、天文學、物理學、化學等自然科學；3. 地理測量術、制鐵、炮術等技術學門；4. 西洋史、世界地理、外國情況等人文科學。

作爲實學一部分的醫學，很快地有了新的進展。日本的醫療，
早在鎌倉時期，藉著佛教僧侶由中國傳入，但是日本醫學的真正
發達，則是到了室町‧戰國時代才開始；進入桃山時代後，適逢
中國金‧元時代的李東垣和朱丹西等人，傳入李朱醫學一派，透
過日本醫者田代三喜（1465-1537）繼承擴大，在門生曲直瀨道三
（1507-94）的手中集大成。曲直瀨將醫學從佛學中獨立出來，在
京都創立了「啓迪院」的醫學校；當時所主張的理論，認爲醫學就
是增進體力，以防止病原侵入。其理念頗具前衛性，即便今日也都
還適用，因此門生遍布全國，被稱爲醫聖。

江戶中期之後，因爲古學的興起，醫學也傾向研究古代爲主
的論點，對李‧朱醫學一派提出異論；出現了以漢代張仲景所著古
書《傷寒論》爲基礎的新派醫學。對《傷寒論》傾注全力研究的，
就是名古屋玄醫（1628-96）一派。名古屋是一位凡事都必須排除
與事實不合的實證主義者，極力倡導回到張仲景《傷寒論》的古醫
方，起而反對李‧朱醫學，遂成爲古方派之祖。

自1720年（享保5）起，醫學典籍紛紛從荷蘭傳入，並翻譯
成日文。在當時日本醫界還是以漢學爲主的現況下，因爲蘭學醫學
理論的傳入，兩派學者之間還發生激烈爭議。但是，西洋醫術的精
確性，還是引起眾人的注意，遂而帶動一連串實驗和解剖的風潮，
並有許多新醫書出版。結果，幕府醫官野呂元丈，於1750年（寬
延3）寫成《阿蘭陀本草和解》十二卷；日本實驗醫學先驅者山
脇東洋（1705-62），更是通過人體解剖的經驗匡正了舊說，並於
1754年（寶曆4）出版《藏志》一書。尤其，山脇發現解剖的結
果，與荷蘭解剖學書內容一致時，更加極力推廣論證實踐經驗的必
要性。

　　青木昆陽也進一步研究荷語，出版了《荷蘭文字略考》。1774
年（安永 3），青木的弟子西醫前野良澤（1723-1803）和杉田玄
白（1734-1817），又根據解剖屍體的經驗，翻譯荷譯德國《解體
新書》附圖譜共五卷，內容與當下為止的漢醫學迥然的不同，自然
引起國內很大的震撼，堪稱日本科學史上的一大革新。1793 年（寬
政 5）宇田川玄隨（1755-97）的著作《西說內科選要》出版。此
書是日本首部關於內科的荷蘭醫書，促進了內科領域的研究。其他
醫藥學、植物學方面的譯著也相繼問世，這些譯作的出版，奠立了
日本近代醫學的根基。

　　由於早期的「蘭學」，除了翻譯之外，主要以醫學為主，所以
最初的譯作，也大多是醫學方面的內容。其中，值得一提的是華岡
青洲（1760-1835），青洲是當時有名的外科醫生，其治學的信條
是「內外合一，活物窮理」。年輕時專研麻醉的藥方，1804 年（文
化元）施行了，世界上首次套用在割除乳癌手術的全身麻醉。這項
手術結合了，中藥的藥理與西方手術的技術，比起 1846 年（弘化
3）西洋學者霍勒斯・威爾士（Horace Wells，1815-48）與威廉・T・
G・莫頓（William T.G.Morton，1819-68）套用乙醚完成全身麻醉
的時間，足足早了四十年。

　　藥學者平賀源內（1728-79）遊歷長崎後，努力鑽研科學，致
力於種植甘蔗、藥草、製糖的實驗，也研究荷蘭的制陶術。平賀主
張唯物主義的方法，捨棄空談的務實態度，也替日本近代科學奠
立了良好的基礎。其他天文學方面，長崎的譯員本木良永（1735-
94），1774 年（永安 3）完成《天地二球用法》一書，介紹了西方
哥白尼的地動說。很快地，1811 年（文化 8），幕府接受天文學
者高橋景保的建議，在江戶設立洋書翻譯局，促使荷語學者仙台藩
臣大槻玄澤等人，翻譯出《日用百科辭書》，可以視為是明治時期

之前，國內翻譯的最大成就。

除了實務的技術之外，其他貢獻就是蘭學教育。1823 年（文政 6），荷商館醫官德國科學家西博爾德（P・F・von Soebold，1796-1866），不但到長崎市外設立診所，又設置學塾，教授天文、地理、曆法、醫學等科目，培養出高野長英（1804-50）、小關三英（1787-1839）等多數的洋學者。蘭醫緒方洪庵（1810-63）遊學長崎後，於 1838 年（天保 9）回到大坂行醫，還開設「適適齋」學塾，簡稱適塾或稱緒方塾而著名，前後入門弟子超過千人以上，是當時日本首屈一指的蘭學塾，到了 1931 年（昭和 6）發展成大阪帝國大學。洪庵行醫診療之餘，也積極從事教育和著述等工作，幕末和明治初期許多志士，如大村益次郎、橋本左內、福澤渝吉等都出於門下。1849 年（嘉永 2），緒方著有《病學通論》，是日本首次出版探討病理學的專門書籍。

鎖國期間，除了荷蘭的學問之外，也有來自中國天主教教士編的漢籍研究；還包括了西方天主教學術，「蘭學」成為西方學術研究的總稱。幕府開國之後，其他歐美各國陸續進來日本，直到幕府開港之後，單純的荷蘭學正式替代包括了英法等系統的學問，統稱為「洋學」。當時，日本與出島的荷蘭商館之間，監管荷蘭事務的是翻譯人員的「荷蘭通譯」，通過與荷蘭人的接觸，逐漸學習到西方文化，成為「蘭學」傳入日本的媒介。新井白石（1657-1725），也是因為曾透過對潛入日本的義大利傳教士的審訊與接觸，就近了解西方人的思考；也透過傳教士的描繪，初步接觸了日本以外的西方世界。早在 1713 年（正德 3）和 1715 年（正德 5），先後寫了《采覽異言》及《西洋紀聞》兩書，內容記載了關於幾大洲的風俗、地理等內容。書中肯定西方實證科學技術的態度，主張應將與天主教分開，確定了應該吸收西方科學技術的價值。一般認為，新

井雖是一位儒學者，卻可以開放性地，接受西方科學的態度，更是廣泛影響了日本人對西學的態度。

「蘭學」未傳入日本之前，日本僅有漢醫學，和醫學早在奈良時代以前，已經從中國傳入漢醫方的同時，也傳入了本草書；奈良時代雖然透過遣唐使，將本草學傳入日本，701 年（大寶元）開始設定本草教習所和藥園，但是本草學在日本沒有持續很久。十世紀初，深江輔仁（生平未詳）編集《本草和名》上、下卷，內容列舉了一千多種藥物，對中國藥物加以日本名的鑑定。之後，貝原益軒的《大和本草》十六卷，書中內容更是收取藥材一千三百六十六種，許多內容是經過益軒自己的觀察後確認，這也是本書的特色；另外小野蘭山（1729-1810）的《本草綱目啓蒙》四十八卷，是當時集植物知識之大成。

德川吉宗時，任命野呂元丈爲醫官，於 1704 年（寶永元）開始學習「蘭學」，也將荷蘭醫用植物書，翻譯成日文，開始記述西洋本草的相關知識，替日本植物志的近代化奠定基礎。伊藤圭介（1803-1901）的《泰西本草名疏》則是一部開創性的著作，此書也爲日本開啓了，實踐與構想自然研究的新方法。之後，宇田川榕庵（1798-1846）將本草學和洋本草學，逐漸融合起來，從而創作出岩崎灌園（1786-1842）的《本草圖譜》和飯沼慾齋（1782-1865）的《草木圖說》；書中採用林奈分類系統，取代日本傳統方法，分類描繪了一千兩百多種植物，也爲日本奠立了系統性的植物學。

繼新井白石的《西洋記聞》《采覽異言》兩本地理書後，深深影響了日本人的西洋觀。之後，西川如見（1648-1724）著有《華夷通商考》此書是日本第一部的世界地理書，從亞洲的朝鮮‧琉球‧台灣到東南亞，以及西洋諸國爲止的記錄，整個日本人的視野隨之擴大。1648 年（慶安元）則有樋口權右衛門著《規矩元法》，

此書是日本最早的歐洲式測量技術的著作。村井昌弘（1693-1759）則於1733年（享保18）進一步寫出《量地指南》，及1754（寶曆4）《量地指南後編》等著作。伊能忠敬（1745-1818），也在1812年（文化9）使用測量器，費時二十年測繪完成了《大日本沿海輿地全圖》一書，這是日本第一本地圖書，內容幾乎接近了今日的科學水平，相對造就了日本測量術的成就。

　　其他自然科學，志築家第八代的長崎荷語翻譯家志築忠雄（1760-1806），致力於荷蘭語和天文學研究，是最早正式研究荷蘭語法的日本人。在完成首次系統性地分析荷語文法後，1798年（寬政10）翻譯了拉丁文版的物理學典籍而成爲《曆象新書》，內容是關於牛頓力學的知識。志築甚至創造了一些科學辭彙，有些更沿用至今，譬如：現今所使用的「重力」、「引力」、「離心力」及「質心」等用語。另一位蘭學家帆足萬里（1778-1852），除了著作《入學新論》，闡述其儒學觀之外，也通過一本日荷字典學成荷語，於1810年（文化7）出版了一本物理學手冊名爲《窮理通》八卷，被認爲是江戶時期，劃時代的自然科學文獻。

　　到了1840年（天保11），由於東亞形勢發生變化，蘭學的性質也隨之大大改變。因爲中、英鴉片戰爭（1839-42），清帝國吞下敗果，使得鄰近日本的當政者，開始感到軍備改革的重要性，當下「蘭學」的翻譯文化研究重心，便轉移到軍事科學。因爲，高島秋帆（1798-1866），通曉西洋軍事，通過荷蘭人學習了最新的西洋炮術；後來還私費收集槍炮，以增進對炮術的研究，是日本近代制炮技術始祖。鴉片戰爭爆發後，高島秋帆（1798-1866）向幕府呈上《天保上書》，呼籲幕府實現火炮的近代化，以防備歐美的入侵。幕府老中水野忠邦（1794-1851），也對鴉片戰爭做過仔細的分析，認識到日本在軍事、經濟和政治改革的必要性。因此，重用

高島秋帆以傳授西洋炮術，表明幕府決心進行軍備的西化，這也是水野忠邦倡導「天保改革」的重要內容之一。

以上綜觀整個「蘭學」的發展，雖然日本歷經鎖國的階段，也還是透過海外貿易唯一的窗口長崎，傳入許多新式知識技術。這些新知識的傳播，關係著日本在鎖國時期，讓日本免於與西方科學隔絕的命運；也透過蘭學者的努力，日本得以建立初步的科學基礎。世人對「蘭學」普遍接受的態度，以及蘭學者所建立的現代化知識，這種相互作用循環的開放態度，更加說明了自 1854 年（安政元）日本開國後，得以迅速現代化的重大原因。

雖然，日本「蘭學」的發展，後來逐漸涉及日本對外開放的政治問題。傳統與現代之間的拉扯，之間所延生的問題，終於到十八世紀末，幕府開始大力鎮壓蘭學者，先後製造「寬政異學之禁」、「西博爾德事件」和「蠻社之獄」等彈壓事件，促使「蠻學者流一時大為畏縮，蠻學頓時衰退」。隨著十九世紀中葉江戶幕府的改革，重新實行門戶開放後，來日外國人日漸增多，荷蘭語以外的外國語也開始傳入日本；「蘭學」逐步擴大成為「洋學」，範圍已經不限於荷蘭學。進入明治時代，政府派遣許多學生到西方留學，並雇用大量外籍講師來日，向知識階級傳授新知識或擔任顧問，促使日本迅速成為現代化的國家。

「蘭學」之所以能在鎖國政策下，在日本國內成為一種新思潮，存在著深刻的歷史根源。「蘭學」從興起、普及到百花齊放繁榮的過程，亦不單是「西學東漸」而已，且深深關係著，日本社會內部成熟發展，所散發出全民求知慾望的結果。本來，江戶時期許多蘭學者都是儒學者，處於社會的開放，從一開始的接觸，到開始否定傳統的封建意識形態；進一步藉著學習西方現代化知識，更加體認到鎖國的劣處，如此漸進式地改變，可以說是那一世代知識分

子的覺醒。可以說，日本知識階級，期待與外國平等交往的同時，創造出現代化的知識體系，嘗試爲國家尋找出路；蘭學家爲鎖國體制下的日本，孕育出了現代化的新風氣，「蘭學」所發展的過程，也印證了日本現代化前史的重要性。

第九章

邁向文明的旅程

一、社會變動中的日本文化

　　雖說，江戶時代的洋學者放棄了，哲學和社會思想領域的研究，積極朝著實踐性原理前進，但是也並非純然地放棄封建的倫理。畢竟幾千年學問的薰陶，不是那麼容易說放棄就可以放棄。現實的考量下，勿寧說是重新面對一種嶄新的方式；那就是在封建制度上，加諸以洋學的精神爲補強效果。

　　近世（江戶時代）和近代（明治時代）之間，多少存在著橫溝。譬如：如前文所提，批判傳統的李朱醫學的思辨性所成立的古醫方，強調「親試實驗」，重視親身體驗，進而實施了人體解剖。即便華岡青洲在麻醉的手術上成功；但是明治的新學，並非止於這些古醫方的延長線上，而是以更先進的方法前進。即使，我們接受日本在近代晚期，對許多現代文化和思想的獨特推動力的存在，即使設想一種獨特的日本現代性，作爲其延伸也並非不可能；但是日本現代性的完成，實際上是建立在來自西方的壓力及吸收西方思想之上。

　　現實中，因爲鴉片戰爭清國的敗北，海防問題一舉被日本知識分子，提上檯面討論。中國歷史上，將鴉片戰爭視爲近代史的起點，日本則是從天保改革，到締結日美通商條約；也就是幕末開始的動亂，到英國對日本的侵略爲止，就是日本政治一連串危機的開始。對於這個海防問題，一般我們會想到水戶學，但是寬政改革中，從林家私塾切離出的昌平版學問所，聚集了尾藤二洲（1747-1813）等人，各藩也允許武士在此學習，聚集了許多優秀的人才。

　　佐藤一齋（1772-1859），是一位同時治學朱子學與陽明學而聞名的儒者，在一齋的指導下，不只朱子學連陽明學的儒生，都聚集於門下。著作的四本語錄《言志四錄》是爲代表著作，不僅在

幕末時期，成爲武士們的愛讀之書；當時非常積極討論海防論的，就是昌平版學問所。一齋持著寬廣的視野，收了許多門生，包括佐久間象山（1811-64）、橫井小楠（1809-69）等人，培養的多位門生，之後也多活躍於幕末維新時期。1841 年，真田幸貫（1791-1852）獲得德川幕府信任命爲「老中」，負責統領全國政務，此時佐久間象山接受真田的委派，開始負責海防事務。也在此時，鴉片戰爭清帝國戰敗的消息傳到日本，一直以來中華帝國，帶給日本知識分子那份刻骨銘心的憧憬，在一夕之間崩潰，同時捲上心頭的就是外敵兵臨城下之感。研究鴉片戰爭之後的局勢，學習荷蘭語、西洋兵學、砲術等西方學問，變成了當務之急。

　　一樣在昌平版學問所的佐久間象山，則是日本江戶幕府末期思想家、兵法家，以主張「公武合體」和「開國論」而聞名。「東洋的道德，西洋的藝」是象山的名言，藝就是技術；其意義就是以封建倫理爲主體的立場，採長補短地運用自然科學的方法，就是一種西學東用的典型思考。當時，爲了學習西方軍事知識，佐久間象山追隨江川太郎左衛門（1801-55）學習西方炮術。1839 年（天保10），象山在江戶神田開設「象山書院」，將自己所學傳授給學生，勝海舟、吉田松陰和坂本龍馬等人，就是在當時拜師於門下。

　　面對海防問題，佐久間寫給友人的信函中指出：「要是日本人一定會強化國力，全力加強海岸的防禦體制。」這也是佐久間意識到，日本即將面臨一場前未所有的挑戰，所產生的危機感。佐久間曾經深入研究《海國圖志》，從而撰寫了《海防八策》。內容包括在沿岸要地設置炮台，停止對荷蘭出口銅，集中用於國內鑄炮；製造不遜於西方的大船，以鞏固海防等諸多思考。甚至必須嚴選並加強管理海運的相關人員，集中資源培養擁有海外造船技術的海軍人才，而且必須在全國廣設學校，實現全民教育；主張國家要獎懲分

明，立信於民，或是不問出身，廣納賢才等多方面的政策。《海防八策》，最後雖然沒有被德川幕府採納，但是象山的思想，卻啓發了不少知識分子，開始認真思考國家的未來。

　　1853 年（嘉永 6），美國海軍將領培里（Matthew Calbraith Perry，1794-1858）率領艦隊抵達日本「叩關」，此爲歷史有名的「黑船事件」。此時，象山考慮日本爲對應時局，遂以《論時務十策》上呈「老中」的阿部正弘（1819-57）。1854 年（安政元），因爲吉田松陰密謀出航美國，導致佐久間象山受到連累被捕下獄，直至 1862 年（文久 2）才獲釋。出獄後，他謁見幕府將軍德川家茂（1846-66），正式提出「開國」和「公武合體」的主張。1864 年（元治元）8 月 12 日，佐久間象山被屬於「攘夷派」的「幕末四人斬」之一的河上彥齋（1834-72）暗殺。（京都三条的高瀨川前有其紀念碑）

　　幾乎，同期在昌平版學問所學習的橫井小楠（1809-69），也在 1860 年（萬延元）著作的《國是三論》中，提出日本要避免重蹈清朝之覆轍，就必須要開國、殖產興業及學習西方的科技和政治制度。小楠的著作，從《夷虜應接大意》到《國是三論》，其書寫的動機非常清楚，不斷提醒幕府必須求新求變的必要性，果然是受到魏源（1794-1857）《海國圖志》的影響。《海國圖志》就是魏源以鴉片戰爭爲警戒，編寫出清朝必走的對策，與當時的日本必須維新的理由，的確有些相似之處。

　　小楠《國是三論》的具體內容，就是極力主張開國、殖產興業，學習西方科技和政治制度，應該以富國強兵改革獲得成功的論者。尤其在閱讀清末魏源（1794-1857）的《海國圖志》後，極力主張日本應逐步且警惕地打開國門，切莫重蹈清國被西方強迫打開國門的覆轍。基於對儒學的深刻認識，小楠也認爲日本缺乏單一國

教，國內存在缺乏國體的問題，此番思想最後也爲明治時期，確立
國家神道信仰奠定基礎。

二、「明六社」及其文明開化思想

　　1853 年（嘉永 6），美國培里來航，無法抵抗的德川幕府，
最後在下田設立駐日領事館，訂立了「日美修好條約」，正式結束
了二百多年的鎖國政策。緊接著，幕府和各國又陸續訂定了：日
蘭、日露、日英、日法等修好條約。諸多不平等的待遇，引發國內
百姓的不滿和反感，朝廷發生了「安政大獄」；雖然經過彈壓，幕
府深知當下的體制，已經無法持續。與諸外國訂定的條約，不只是
政治與經濟面的開國，異國的學問和科技等也如潮水般不斷湧入國
內；很快地從荷蘭語進展到英語的學習，在接觸西方現代化思想的
同時，更加啓蒙了日本人。

　　咸臨丸是日本遠渡太平洋的第一隻船艦，軍艦操練所的教授
就是勝海舟，當時隨行擔任翻譯的是福澤諭吉；福澤歸國後立即擔
任幕府指派的翻譯工作，一年後又擔任幕府遣歐使節的翻譯派往歐
洲。以當時幕府的立場而言，接納外來的文明或文化的態度並不積
極；直到 1862 年（文久 2）時，才派了十五名海外留學生，出航
目的地就是荷蘭。其中，十一人是專注於海軍戰術，二人是醫學、
另外就是西周和津田真道的法學；到了 1866 年（慶應 2），福澤
率領的派英使節團裡，還有中村正直。進入明治時期之後，政府擴
大了海外文書調查機關，新政府幾乎承用了，幕末以來國內優秀知
識分子。

　　當時，森有禮（1847-89）在美任職期滿，回國後擔任外務大
臣，雖說是政府繁重的工作，卻在思想啓蒙運動上，投入很大的精

力。他以自己在美國的經驗，勸說一些思想、立場相同的知識分子和官員組成啓蒙社團。這些有國外經驗的知識青年，組織了很多學術團體相互切磋學問，並對外舉辦公開演講，將現代化思想傳授給大眾，藉以影響社會。就在 1873 年 7 月（明治 6），經過有志者的互相聯絡，森有禮發起成立了日本歷史上，第一個合法研究西方民主思想的學術團体「明六社」。

　　這個深具啓蒙性質的思想團體，因爲發起的這一年，就是明治 6 年，因而取名爲「明六社」；發起者的森有禮爲首任社長，中心會員有福澤諭吉、西周、津田真道、加藤弘之、中村正直、西村茂樹等人，皆爲兼備漢學修養和西洋現代知識的知識分子。會員不但引進西方的哲學、政治、法律、歷史、教育等思想，以「開啓民智」和「文明開化」爲己任；通過機關雜誌《明六雜誌》傳播西方先進的思想。除了發表大量影響深遠的相關論文之外，也翻譯出版了二十多部介紹民主、共和、自由、平等、法思想的西方著作。「明六社」的努力，開啓了一代人心，在日本新思想的啓蒙上，發揮很大的影響力。

　　「明六社」的諸位知識分子當中，影響力最大的首推福澤諭吉（1834-1901），明治初年，福澤對社會造成最大影響的學說，首推《勸學篇》和《文明論之概略》。九州中津藩下級武士家出身的福澤，終身批判封建制度；《福翁自傳》中，寫出對封建世襲制度的心情，這也是福澤終身志於學問的原因。福澤受教於傳統的漢學，曾經學習荷蘭語和英語，基於屢次前往西方的親身經驗；受到英國功利主義的影響，提出尊重個人和國家獨立的重要性。《西洋事情》也是根據福澤親身所見所聞的撰寫，是介紹歐美事務的先驅之作。1868 年（明治元），福澤致力於打破封建式的教育，設立了慶應塾，這是慶應大學的前身，終其一生致力於培養人才而

努力。

《勸學篇》初編於 1872 年（明治 5）出版，完成於 1876 年（明治 9），全書共有十七編，各印二十萬部，可見此書流傳之廣影響之巨。其中，書的開頭「天不生人上之人，也不生人下之人」，是廣爲流傳的名句；福澤充分說明了，人類與生俱來平等自由的概念。福澤勉勵知識分子不能獨善其身，必須爲民服務，做出有貢獻的事業。同時，根據社會契約論，福澤提出人民是國家主人的論點，也號召日本國民必須捨身衛國，讓日本文明可以趕上其他國家。福澤主張的學問，也並非爲了學問的學問，不是學問至上主義；福澤主張的重點是「學問就是要活用，沒有活用的學問等同於無學」。以啓蒙爲目的書寫的《勸學篇》中，福澤說明了國家與民眾之間的關係，主張「政府就是人民的代言，必須從事國民所需要的工作」。換言之，政府必須保護文明開化的進程，但是實踐的主體就是國民。而且，福澤也說明，國民的身分必須是個人，無須公職人物；諸多以民爲主流的思考，完全來自其個人的西洋經驗。

1875 年（明治 8）刊行的《文明論之概略》，則與《勸學篇》的內容非常不同，完全著重於闡述文明的涵義。依照福澤的認識，文明的概念和文化的概念是相近的；書的冒頭處說明了，「文明論就是議論人精神發達的過程」。書中明白分出世界各國的文明等級，亦比較了日本和西方各國文明的等級，福澤認爲歷史是順著野蠻、半開化與文明的順序發展的。依照福澤的說法，文明進步的理論來自於人類的智、德；文明終究是由人類智德進步與否來決定，福澤也同意「國家的治亂興廢，完全是和一般的智德是相關的」。

而且，福澤所思考文明的主要條件之一，就是個人必須擁有獨立的思想；文明不是靠外表成形的，而是必須個人持有的氣度，必須是依靠獨立思考成形的，無法僅靠外在的力量。福澤不斷在書中

強調，相信人類進步的根源，主要在於智與德。但是，他也進一步說明，所有公德與公智，必須完全排除個人的部分，全心全意放在公的立場來思考。《文明論之概略》書中，也強調市民個體改造社會的重要性，主張以文明史觀代替治亂勸懲的儒家史觀；對福澤而言，相信人類進步的理念，完全根源於絕對的觀念論。

「明六社」的成員，絕大部分曾替幕府辦事，大部分在維新之前，都已經有出洋的經驗；進入明治時期之後，追求新知識已成為時代的趨勢，更是致力於引進國外的新思想。初期引用西方的知識，一直接翻譯西方著作，另外就是在西洋思想的啟發下，書寫適合當下日本國情的論著。就是這樣狀況下，1862 年（文久 2），在蕃書調所工作的西周（1829-97），和津田真道（1829-1903）、榎本武揚（1836-1908）一起留學荷蘭，跟隨西蒙・菲塞林（Simon Vissering ，1865-1937）學習法學、康德哲學、經濟學、國際法等。1865 年（慶應元）西周返國後，隨即任命於開成所教授，向幕府提出翻譯菲塞林的講義為日文，津田則翻譯國法學；之後各別翻譯了《萬國公法》和《泰希國國法論》，兩書的出版可以說就是兩人留學的成果。

終其一生，西周都出任明治政府的官方職位，但是也一生關心日本哲學的發展；西周的哲學觀，主要來自法國孔德（Isidore Marie Auguste François Xavier Comte，1798-1857）的實證主義。1870 年（明治 3）西周在自宅，開啟私塾「育英舍」，積極教育下一代；也花了兩年的時間，提出「百學連環」的理論，主張「將兒童放入學問中來教育」。其講義的內容，不管政治學或是數學等，各式各樣的學問分野的概要。西周在私塾所講授的講義錄，到了昭和年間出版成書，就是西周系統化介紹了西方的知識體系內容。

　　《百學連環》的總論中，西周認爲理論，就是觀察、知識的總結，並非只是考察和假設的表面而已；理論之所以成形，存在著外在的經驗，靠著五感經驗才得以接受完成，而實踐就是理論達到內面反省的結果。西周也強調，不管是「學」還是「術」，都必須有觀察和實踐；觀察就是窮極萬物之理，實踐則是針對不同技藝窮及其理。重要的是，西周在書中清楚標示出演繹概念，指出如果確實把握演繹概念的話，當然不得不將事物的根據視爲前提，這也是西周治學的順序。

　　在《百學連環》書中，西周更是嘗試將學問放置於合適的位置，區別普通學和特殊學的差異。譬如：以基礎爲根本的普通學，就是歷史學、地理學、文章學和數學等；特殊學則是心理上學和物理上學兩類，前者是神理學、哲學、法學、經濟學和統計學等，物理學則包括格物學、天文學、化學等。任何分野必須具備正確的用語，西周將翻譯哲學用語的方法，利用在其他學科的翻譯上，許多用語也沿用至今。對於西周而言，傾力於諸學體系的統一固然重要，但是他也持續在摸索找尋答案，到底「人是甚麼？」的問題，這是西周摸索人間學一個重要的出發點。

　　1873 年（明治 6）完成的著作《生性發蘊》，雖然提出人是由生理學和心理學等因素所構成的論點，至於構成統一要素的問題，並沒有在書中說明。此問題的延續就是 1874 年（明治 7）出刊的《百一新論》。全書用對話的方式書寫，徹底提出人治的根本就是法的概念，將人引導向善的方向之要則在於教育；區別理解「法」與「教」之後，自然呈現甚麼樣的兩種道理的疑問。至於倫理思想上，西周提出獨特的「人生三寶說」；認爲健康、知識、財富三者乃是人生三寶，追求此三寶是人生最大的幸福，道德也是建立三寶之根本。世人應該尊重三寶，驅除三禍鬼（疾病、愚痴、

貧乏），人類在追求三寶過程中，帶動他人也實現三寶，屬於一種
「三寶福祉說」。西周這種功利主義的倫理觀，與封建社會的存天
理，滅人欲的禁慾主義是相對的，也為日本資本主義，提供了發展
的理論基礎。

　　比起哲學的領域，法學領域的範圍則比較侷限；加藤弘之
（1836-1916）的法學，僅限於國家學，或是政治學的範圍而已。
1861 年（文久元）寫下《隣草》一書，當時並沒有正式出版，但
是手抄本在世間廣為流傳。書中，第一次導入立憲君主制和議會主
義；所謂上下分權就是立憲君主制，萬民同權則是共和制的說法。
此般言論，對當時的日本社會投下震撼彈，強烈喚起日本民眾對政
治的關心，這也是加藤對當時明治人的啓蒙。

　　之後，加藤弘之陸續撰寫了《立憲政體略》、《真政大意》
和《國體新論》等著作，介紹傳播「天賦人權論」，主張民權、平
等的啓蒙思想，支持政府的開明政策。加藤弘之與福澤諭吉極力主
張，實現國家外交的獨立自主，打破封建的身分制度，提高全體人
民成為國家主體的意識。從 1870 年（明治 3）所出版的《真政大
意》書中，指出立憲政體的國家，一定必須聽取公議輿論來制定憲
法，國家的要務有三，必須保障臣民的生命、權力和私有等。加藤
完全站在人民的角度思考，主張支配者的任務，就是必須為了人民
的安寧而奉獻，不可以為了自身的利益而壓榨百姓。

　　1875 年（明治 8）出版的《國體新論》，更是進一步確立了，
社會契約的思想。書中強調「對於國家而言，要以人民為要，特別
必須將人民的安寧和幸福作為目標，君主或國家更是必須，以完成
此等目的而存在的」；加藤更指出國家的組織，頂多只是人世間的
現象而已，必須排除不合理的現況，以祈求人民的安寧幸福為主要
需求。加藤這種以民為主的言論，無非也是批評了，本居宣長及平

田篤胤等國學論者「天皇爲神」的說法。

從人皆生而平等的天賦人權思想出發，延生出人擁有基本自由的理念，自然也包含著信仰自由、言論自由等項目。但是，加藤也強調自由不可亂用，譬如違反道德和公共的平和，或是損毀人民的安寧和幸福時，政府有介入維護的權力。新時代的新改變，對當時明治初期的日本人而言，儒教已經逐漸失去說服力，已經缺少精神上和道德上的支柱，同時政府對佛教也持著反對的態度。再怎麼說，政治的改革都是燃眉之急的前提下，日本人似乎已經失去精神性和道德性的基盤。也在此時，當時首相的伊藤博文（1841-1909）等人，擔心日本社會受到極端歐化主義的影響，也考慮如何再建日本道德。

活躍於「明六社」的西村茂樹（1828-1902），也於 1874 年（明治 7）在《明六雜誌》上，發表了〈修身治國非二途論〉一文，提出「修身乃治國之本」的言論。西村茂樹提倡以儒學爲基礎，以西學爲輔對國民施行教育；而且主張政教合一，不同於西周的政教分離論。西村承認儒家的天定論思想，並且讚美舊制度、舊風俗，擁護士族特權，反對廢止帶刀和男女平權等，認爲一切皆天定，這也是西村的哲學觀。

到了 1887 年（明治 20），西村總結了前兩年的演講，發表了《日本道德論》，書中提到「天理」，也就是「天地的真理」，是從儒學與西歐哲學中所導出的理論；西村認爲日本道德的理論基礎在於兩個「世教」，就是舊式儒學與西方哲學，強烈批抨了政府及社會一邊倒的歐化主義。的確，直至幕末爲止，規定日本道德的就是儒學，西村認爲「儒教欲廢之而不可得，尤其是論孟學庸四者……世界尙無此善良之教訓」。確實，一開始日本文化發展的過程，儒學就確立了日本國民精神的重要部分。但是，西村也強調，

儒學有其保守復古的缺點，對應新社會的需要，必須吸收西學近代道德思想加以補充，才能提高對國民的道德教育，這也是西村提出中西學並用的折衷辦法。

其他，在明治啓蒙思想家中，同樣活躍於「明六社」，能與福澤諭吉相匹敵的，深具社會影響力的就是中村正直。明治初期，西方各國傳入現代化的知識，當下知識分子陸續翻譯成書。當時最流行的「明治三書」，據說發行量均超過百萬冊；所謂「明治三書」指的就是福澤諭吉的《西洋事情》、中村正直（1832-91）翻譯的《西國立志編》與內田正雄（1839-76）的《輿地志略》。正直與當時很多知識分子有相同的閱歷，自幼學習漢學，精通儒家經典，蘭學，後轉而學英文。1866年（慶應2）赴英留學，歸國後任藩學靜岡學問所教授，在「明六社」期間，致力於啓蒙思想的宣傳。翻譯有《西國立志編》和《自由之理》等西洋著作。1875年（明治8）4月在《明六雜誌》上，發表〈論支那不可侮、不該侮〉的文章，論述不應蔑視中國的理由。他認為，中國「發明有用器具甚多，非本邦所能及」，甚至，中村認爲「倘若支那學歐美，其見識或將超過歐美」，顯然中村也是肯定儒學的核心價值。

中村雖然承認西方文明的先進性，但是仍然認爲傳統的東方文明，在本質上與西方現代文明不乏一致性。中村認爲，欲求兩者在價值與論理上的共同點，試圖由此建立，超越時代與地域差異的世界性普遍的價值與倫理。看似不如福澤徹底批判東西方的論點，也與西村茂樹的折衷主義不同；中村對東西方的認識與批判，都未涉及本質的分析，僅以類比的方法認定相異處。以儒學教育出發的中村，始終認爲「道」或「理」，有時稱之爲「聖賢之神」或「聖人之教」。他也曾說「道」是天下公共之物，也是事物自然之理。其學說中，顯現出儒學的中庸之道，他主張對儒學諸學派，應該堅

持求同捨異的態度，即所謂「聖人之立教，本合眾異而爲大同」的說法。

「大同」是中村的中心思想，同時反對分門徑宗，自相鬩墻的作法；認爲只有超越學派門戶的「大同之見」，才是真正的聖人之道，也才是儒家的精隨所在，強烈表達了一種求同的思維。心存儒家中庸的想法，相信普遍精神存在的態度，也表現在中村對西方文明寬容的態度上。在他個人的學習上，始終以漢學和蘭學並立，甚至在擔任昌平黌教師時，又開始學習英語。他在爲英、漢、荷三語對照辭典所寫的序文〈穆理宋韻府鈔敍〉中指出，時勢已變化，古來不相通的國度和文化，今已緊密相接；因此中村也相信，內涵的聖賢之道，應是萬國皆同的普遍原理。爲了維護普遍精神原理的前提之下，主張應該「取彼之長、補己之短」，就是將洋學之技藝置於儒道的普遍性上來運作。

除了宣傳新式思想之外，教育也是一大重點。明治初期傳播新知識的三大私塾，就是福澤諭吉的「慶應義塾」、中村正直的「同人社」和近藤真琴（1831-86）的「攻玉社」。雖然同樣是傳播西學的啓蒙家，但是福澤與中村留給世人的印象不同，兩人回應西方文明的方式也是大相逕庭。除了《勸學篇》與《文明論概略》的兩篇有系統的論著之外，福澤也回應了，西方文明衝擊的不同模式與時代應有的適應性。福澤諭吉認爲「文明可以說是人類智德的進步」，不僅將文明分類，認爲尙處於半開化階段的日本及中國等，應向已進入文明階段的歐美各國學習。福澤強力主張必須向西方學習，這也是日後提出「脫亞論」的依據。

歷史上，對「明六社」的評價，主要是處於維新的年代，西方之學就是日本學習的樣本，「明六社」積極引進西方的哲學、政治、法律、歷史、教育等思想，以「開啓民智」及「文明開化」爲

己任，啓蒙了日本的新世代。那一代的知識分子，通過其機關刊物
《明六雜誌》傳播西方先進思想，發表了大量西方新思想相關的論
文；並且也翻譯出版了二十多部介紹民主、共和、自由、平等、法
治思想的西方書籍。諸多的努力，啓蒙了新一代，在日本新思想的
傳播上，他們的確是功不可沒。雖然後來《明六雜誌》被日本政府
查封，許多成員的思想也發生變化，但是在新世代的轉型期，無非
替日本播下了自由、平等、法治的種子；在啓蒙的同時，他們也將
擺脫淪爲歐美列強殖民地的危機視爲己命。

三、「神佛分離令」下的國家神道化

　　1868 年（明治元）3 月 14 日，明治天皇政府以宣誓的形式，
發布了所謂《五条誓文》。《五条誓文》，不是一般的政府文件，
而是明治天皇政府施政的綱領和新政的規範。在宣布《五条誓文》
的同時，明治政府又在人民群眾前，發布了「五榜揭示」。初始，
爲了固守儒教的道德，和德川幕府一樣，懼怕基督教危害日本的風
俗習慣，明治政府因而禁止了基督教。之後，受到西方列強的抗
議，政府指導者深深體悟到，宗教自由是絕對必要的；很快地，於
1873 年（明治 6）默認了基督教的存在。

　　明治政府以神道爲國教，以國家主導的神社祭祀，廢掉了自古
以來持續的社家神職；改派由政府專職的祭司主導祭祀的工作，連
神社祭儀的模式，也由政府規定辦理。明顯地，神道國教化並非只
是政治的問題而已，更是由全國的復古神道系的活動家，大規模擴
展；國家神道也並非禮遇神社，而是排除神社所擁有的宗教性，甚
至制定神格，都是將神社列入國家格局內的考量。換言之，明治政
府規定國家神道體制的最大目的，無非就是透過神社，規範國家民

族意識，企圖教化人民是爲其核心思考。

　　本來，明治時代之前，神、佛是非常相似及接近。日本神社中，佛教的僧侶和神道的神職是共有的存在，世人認爲神、佛是同尊，一直以來是持著神佛混淆的心情下祭拜。明治政府爲了區分神道教與佛教，政府於 1868 年（明治元）頒布「神佛分離令」之後，禁止神社中的佛僧擔任別當之職，把還俗叫做「歸正」，又命令「宮門跡」還俗復飾，在政府八省之外設神祇宮。「神佛分離令」並非只是特定的一條法令，而是經過數度的通達和布告之後，基本上就是從神社排除佛教要素的意圖。

　　之後，1869 年（明治 2）9 月，又設置宣教使擔任宣布大教，賦予宣揚皇統神聖、皇道至上的神道教之重任，1870 年正月下達宣布大教的詔書，明確政教合一的制度。神佛分離的制度下，大部分由政府規劃期制度，命各地的知事、參事親自擔任宣布大教之職，如果是由官員以外的人掌握宣教職務，則根據他的人品任爲參事或「屬准席」。

　　1871 年（明治 4），明治政府學習奈良時代的延喜制度，開始整備全國的神社；設立有官幣社、國幣社等制度。各自分爲三級，並依照歷史的血緣和皇室的關係，決定其社格。更在此等級之下，設有府縣社、鄉社、村社和無格社等各個等級。隔年，更是設立了特別制度，將功於國家之人，設立祭神的特別官幣社。其中，創建東京九段的東京招魂社，以及祭祀明治維新時，明治政府周邊犧牲的人，之後改名成爲靖國神社。甚至，直到今天也祭祀著，西南戰爭以來，遭遇國難或是戰爭犧牲的人。

　　同年 8 月，明治政府廢掉神祇官，改設神祇省，並且斷絕政治與佛教的關係。隔年，8 月之後，又廢除僧位僧官，把所屬不明的宗教也全部廢除。至此之後，僧侶只是一般的職業，政府命令他們

稱姓氏；並且解除官府關於食肉、帶妻、蓄髮的禁令。同時，廢除
關於女人結界的制度，允許各地隨便合併寺院，除總本山之處，廢
除一切無施主、無住持的寺院，禁止僧尼托缽，一度還曾經禁止火
葬。如此作為之下，百姓在各縣市任意毀壞寺院，引起全國性的廢
佛運動。

　　1884 年（明治 17）8 月，政府更是下令廢除教導職，規定委
派神道教、佛教各派管長的文件；這樣各宗才規定了宗法、寺法，
這是各宗設置管長的開始。自宗法、寺法制定以後，各宗的制度也
大體完備；從各宗各派的宗制、寺法來看，法規文字的優美且制度
的完善，表面上似乎已經達到盡善盡美的程度，唯獨實施上卻存在
種種問題。

　　我們可以很清楚的知道，明治政府頒布「神佛分離令」，期待
的就是，希望神道國教化，包括僧侶在內，可以對天皇有敬意。而
且，冀求神葬祭的普及，在東京的谷中、染井、和青山等地，設有
神葬祭墓地。神社的祭祀完全以國家主導，祭祀的儀式也是完全由
神職主持。神道的國教化，完全否定了已經深入庶民生活中所有的
佛教；這種忽略神社的宗教性，利用神社設定為國家政策一環的制
度，當然是和現實不合，很難圓滿達成。

　　1906 年（明治 39），政府更是頒布了「神社合祀令」。自古
以來，日本國內就是一村一社的模式，除此之外還存在著氏族或小
地域信仰祭拜的神祀，幾乎都和地域居民有密切的關係，信仰也是
深根柢固。神社合祀令的目的，就是希望沒有財產的小社或祀，可
以和大社祀合併。但是，對於信仰已經深根柢固的地域，一時之間
也無法說合併就合併；可以說政府的「神社合祀令」，是完全無視
民間信仰的實態。

四、學制的頒布和歐美思想的普及

　　明治維新之前，各藩已經實施許多不同的教育制度。觀看各藩之間的教育水準，內容雖然不盡相同，但是文治主義下，各藩積極廣設藩校，提供藩內的教育和武道的修練場。甚至，好學的大名，更是獎勵教育，花了許多心血，培養政治的可用之才；根據統計，到幕末為止，全國設校達到二百五十所之多。當時，最有名的學校機構，包括鹿兒島的「造士館」、熊本的「時習館」、福岡的「修猷館」與高知的「教授館」等。其他，庶民教育機關則以「寺子屋」為主，主要以武士、僧侶、神職和醫師充當教師，開放自宅讓學徒學習；這種機制直到幕末為止多達八千所，直到明治時期頒布學制後，直接轉變成小學校。

　　民間也有學者私設私塾，大力推廣教育，如：國學者本居宣長設置了「鈴屋」，弟子結束課業之後，回到自己的故鄉再自設私塾，知識不斷藉著教育設施傳播出去。另外，蘭學者緒方洪庵也設置「適塾」等，或是漢學者吉田松陰（1830-59）的「松下村塾」、陽明學者大鹽平八郎（1793-1837）的「洗心堂」等，各在各學派的領域為教育奉獻。大致而言，江戶時期的日本，在鎖國體制下，雖然經濟發展受到某些程度的阻礙；但是江戶長達兩百多年的承平時代，因為教育得到普及與發展，更加促使日本文化達到高度的成熟。

　　幕末教育的規模和水平，尤其受到西方傳入的「蘭學」，及傳入許多科技文化知識的影響；許多蘭學者廣設私塾，教育內容也由儒家的朱子學到兵工、醫學、近代自然科學知識等，可說範圍十分廣泛。隨著各地私塾的成立，民眾的識字率普遍提高，當下的日本，與同時代的西方其他國家相差不遠。幕末教育的發達，民智速

開的結果，不但加速了日本現代化的腳步，也是日後促進明治維新的一大推動力。

而且，在朱子學的影響之下，私塾所教導的內容也不再是空談，務實的教育方針，直接影響了教育的學風，自然也擴及社會成為一種風氣。不論是緒方的「適塾」，或是大槻的「芝蘭堂」等私塾，皆不論門第身分，廣泛地接受平民子弟的入學。雖然，德川幕府提倡學問，獎勵辦學的態度，多少也存著想利用朱子學，鞏固封建政權的本意；但是教育本來就是雙刃，新知識與技術的傳入，無形中帶動了批判的精神，普及教育所帶來的影響，似乎超過德川幕府原先所預期的。

十九世紀，英、法等主要資本主義國家的產業革命已經完成，科學技術和生產力都達到相當高的水準，此時日本還是封建幕藩体制末期。雖然，日本社會內部商品經濟逐漸擴大，但是內部資本主義的生產體系尚未完全建構。就在此時，日本受到西方列強殖民風潮的衝擊，西方產業革命所建立的生產線，急需藉東方市場來銷售，亞洲成為被收刮的稻場，當然日本也無法例外。外壓逼近，在民族危機的壓力下，具有先進思想的革新派武士，發動了王政復古，開始了一場波濤洶湧轟動國際的明治維新，完全開啓了日本現代化的道路。

本來，明治維新的三大方針就是「文明開化」、「殖產興業」和「富國強兵」。如果「富國強兵」是目的的話，「殖產興業」必然就是手段；而「文明開化」的人才培養，則是替前二項打基礎的作業。明治開國之初，百業待舉極需人才之際，教育就是培養人才，提供發展國家科技事業最重要之所能。換言之，對於當時的日本來說，引進先進的知識和科學技術，建立與「富國強兵」目標相近的基礎作業，培養發展資本主義經濟所需的人才，無一不是需要

靠教育來完成。顯然，教育無非就是日本實現現代化的關鍵所在。

維新之初，明治政權尚未完全穩固，百業待舉困難重重之際，日本的資本主義制度仍然處於草創階段。在這些千頭萬緒的改革大業中，明治維新的領導者，始終將教育擺在優先的位置；包括殖民地教育在內，超前規劃造就未來人才的偉大目標，可謂目光遠大。而現代學制的建立，確定就是明治維新改革中，堪稱是成就最大，影響最深遠的成果之一。

當時，被稱爲維新三傑之一的木戶孝允（1833-77），在戊辰戰爭尚未結束，新政府尚未站穩之際，已向新政府提出了教育建言書，強調「一般民眾知識之進步，文明各國規則之取捨，全國範圍內逐步興建學校，廣布教育，乃今日之一大急務」。之後，明治維新元老之一的伊藤博文（1841-1909），更是進一步向政府闡明，全國人民學習西方文明之必要性。基於這種認識，新政府首先整頓幕府時期的教育機構，恢復了幕末時期的醫學校、昌平學校等。更重要的工作是加強國家對教育機構的管理，建立中央集權式的教育管理體制；通過改革，確立近代化學制。

1869 年（明治 2），新政府委托津田真道、森有禮、加藤弘之等，深具資產階級思想的年輕洋學者，開始研討新教育政策。陸續草擬了《大學規則》和《中小學規則》。1871 年（明治 4）廢藩置縣後，政府設立文部省，成爲全國最高教育行政機關；同年9 月，在工部省創立了工學寮，這是日本規劃現代化科技教育的開端。也在 1872 年 9 月（明治 5），政府頒發《學制令》及《太政官有關學制之布告》。前者規劃了現代學制的教育藍圖；後者則全面闡述了新教育政策，等同是維新改革時期的教育宣言。

而且，維新大業急需人才，當學校規劃尚未完全之時，靠國內培養人才仍需時日；爲了解決人才需要的燃眉之急，新政府不但派

留學生到歐美學習，同時也聘請了外國專家到日本任教。很快地，1871 年（明治 4），政府派出岩倉使節團出使歐洲，選派留學生到英、美、法、德等國，前往西歐現代國家留學，也陸續在國內成立西式新學校。當時，到海外參觀訪問過的澀澤榮一，伊藤博文等人，深感女性教育的必要性，也成立了女子教育獎勵會。岩倉使節團中，有一部分為女學生，這些學生回國之後，都在日後的日本教育界留下許多貢獻；津田塾大學前身津田英學塾，創校者的津田梅子就是其中一位。

　　政府開始實施義務教育，將全國劃分為八個大學區，各設一所大學，大學區下設三十二個中學區，各有一間中學，中學區下設兩百一十個小學區，每個小學區設八所小學。總計全國有八所公立大學，兩百五十六所中學，四萬零八十所小學。政府更在 1890 年（明治 23），頒布「教育敕語」，灌輸孝道、忠君愛國等思想。其中，又特別強調「實學」的功利主義目的，這一時期日本學制的改革，為建立現代學校制度奠定了基礎，對推動日本現代教育的發展，起了一定的推動力量。更在 1899 年（明治 32），透過《實業學校令》的修正調整，完備了職業體系的教育。

　　新政府頒布《學制令》，堪稱是維新改革的重大事件。從頒布《學制令》開始，實質性地展開了大範圍的全國性教育改革。1903 年（明治 36）將小學校的教科書，設定為國定教科書，之後，政府頒布有關教育的法令，內容涉及小學到大學，從國民教育到技職教育、師範教育等的各種層級，甚至學校管理、教學內容、教科書編纂等，不但名目繁多，數量也浩大，與明治維新時期的其他改革項目相比，可說有過之而無不及。只是，明治政府重視教育，其重點目標還是著重於「教化」，也就是對人民加強精神統治的意圖。

　　尤其，1890 年（明治 23），所頒布的《教育勅語》，就是爲了加強全國人民的道德教育，強化中央集權的控制，也是日本現代教育的總綱領。其內容主要分爲三部分；1. 規劃日本教育的根基，源於傳統的忠君愛國的倫理道德思想；2. 指出日本倫理道德的具體綱目；3. 明確指出日本倫理道德條目的普遍意義，要求國民必須遵守。顯然，國家頒布《教育勅語》，強行將教育內容納入國家統管；加重了中央集權，與天皇制國家主義的色彩。換言之，頒布《教育勅語》的作用，主要喚醒民眾的民族意識，導入國家觀念，通過教育去學習西方文明與科技的新知識。

　　另外，吾人若從福澤諭吉的教育論來評斷，日本絕對是一個重視教育的國家。福澤諭吉是日本近代著名的啓蒙思想家、教育家，除了提出教育論之外，一生致力於日本的文明開化，積極宣傳資產階級的天賦人權。福澤認爲教育思想是文明開化的基礎，遂積極引入西方平等的概念，批判日本的封建意識形態，一生努力啓發民智，提高國民素質。日本的現代化，從明治維新起步，到資本主義工業化全面完成爲止，花不到半世紀的時間。其中重要的前二十年，就是引進西方先進國家的技術、文化，完整資本主義的社會制度；鞏固新政權的階段，也是著重於資本、人才、技術等方面，爲之後日本的發展，培養強力的基礎，後二十多年，才是實現資本主義工業化的階段。

　　日本從開始建立現代化學校體系，始終是配合現代化的需要，藉以完成國家所制定「富國強兵」的總目標。普及基本教育，提高全民皆教育的作法，確實提升了日本國家的實力。總之，教育發達推動了經濟的發展，而經濟發展中，也反向提出需求使學校制度更加完善；特別是在日本極力推動現代化的當時，更顯現出兩者間相互依存的關係。

第十章

「臣民」與「國民」的替換

一、「臣民像」與「國民像」的探尋

　　本章所論述的時間，大概是明治後期，明治二十年前後開始到日俄戰爭為止，此時是日本近代國家的確立期。換言之，此時的日本經過明治維新的改革，不論在政治、行政、裁判或是教育等諸制度上，都留下輝煌的業績。依照日清戰爭和日俄戰爭的勝利，日本成為一個對外領有殖民地的軍事大國，同時在思想、文學和美術的分野上，迎接了「明治文化」的開花期。

　　學者指出，701 年（大寶元），日本首部的律令法典整備完成，透過律令的條文內容，反映出朝廷中央最高存在的「國家意識」。到了 720 年（養老 4），為了強化朝廷統治的正當性，以及國家形成的由來，中央的大和政權，更是積極編纂了《日本書紀》。值得注意的是，中央政權在編纂國史的同時，也要求各地方領地主，針對各地的山川原野命名的由來、鄉土特產、特殊古老習慣的傳承等，編撰成地方的《風土記》。從諸多歷史書的編纂，清楚顯示出「地方分國」與「統合國家」的兩種不同層次的「國家」概念，早在古代日本就已經並行並存。

　　歷史上，日本從「國家意識」轉換成「國家認同」的三項重要事件；即是 1889 年（明治 22）頒布《大日本帝國憲法》，這是宣示作為國家存立之舉，其次就是 1890（明治 23）年頒布《教育勅語》，這是宣告作為國民教育的基本法，最後就是 1895 年（明治 28）甲午戰爭的獲勝。一般而言，完成憲法的制定，這是日本得以向海內外展示國家政體的基本結構與要件；而對內頒布《教育勅語》的意義，主要在於透過中央統合國民的意識，完成中央集權的憲法體制國家；至於甲午戰爭的獲勝，則象徵今後與「萬國對峙」，一雪被迫開國之恥的可能性，完全建構了國民自信心，足以

求取國家的開放與解脫。此三件大事，也是促使近代日本社會，足以能統合成「民族國家」之不可或缺的要件。

簡單來說，體制下制定的明治憲法，對外即代表明治立憲國家的完成。憲法發布當時，就包含皇室典範、議院法、眾議院選舉法、貴族院令、會計法等諸多內容，並非單純的單一憲法法典而已。也靠著憲法附屬法，以及施行後有如選舉法，與內閣官制般的重要法令的改正與制定；而且在宮中、元老、官僚制、政黨、軍部等，在國家機關的競合與提攜的過程中，所培養慣行的現實政治，或者是透過學說理論，充實立憲主義或民族主義的理論，都是靠帝國憲法才得以順利完成。

明治憲法中，非常清楚地制定了，各層級的責任義務。但是，直到 1877 年（明治 10），大量湧入現代西方思想，產生各種觀點，譬如：自由主義民權思想中，契約國家理論和國家憲法理論；以及福澤諭吉吸收了西方的社會契約論，提出要使國民和政府的力量相對均衡。這種均衡說，驗證了福澤獨特的政治理念，也反映出福澤是考慮日本的現況下所制定的內容，並非完全遵照西方的政治學說。國家在制定明治憲法的過程中，政府內部就轉向立憲政府，是否是國體的改變？的問題上進行了辯論。最後得到的結論就是，決定以立憲政府的立場，而不是國體的改變；此說法在伊藤博文的官方憲法解釋《憲法解釋》中，得到了明確的說明。

本來，樞密院的制憲會議上，當時任議長的總理大臣伊藤博文和文部大臣森有禮之間，針對「臣民權利義務」的字眼有激烈的爭論；而且，憲法制定者之間也對「臣民」的概念，持著搖擺不定的立場。大約從開國的 1867 年（慶應 3）開始，到 1884 年（明治17）之間，法令中對「臣民」或是「國民」的稱呼，始終有極大的區別。換言之，明治前期為止，法令上也是以「人民」為國家構成

的成員，確認「臣民」或是「國民」所存在的意識，至少到明治中期爲止，是這個時代特定的問題。

很快地，憲法公布的隔年，1890年（明治23），明治政府又公布了《教育勅語》。其文內容如下：「朕惟我皇祖皇宗，肇國宏遠，樹德深厚。我臣民，克忠克孝，億兆一心，世濟厥美。此我國體之精華，而教育之淵源亦實存乎此。爾臣民，孝于父母，友于兄弟，夫婦相和，朋友有信，恭儉持己，博愛大眾，修學習業，以啓發智能，成就德器。」從以上《教育勅語》的內容來看，完全可以看出，主要是以儒教爲中心的思想，以「家」爲基礎，延伸爲對天皇效忠的概念。換言之，從此可以理解成爲，依照家父長的家倫理，延伸對國家效忠的基本理念；此時天皇可以視爲國家中，有如父親般的存在。

有關教育內容的論述，早在1854年（安政元），思想家佐久間象山在獄中所著作的《省詧錄》就提出「東洋道德，西洋藝術，精粗不遺，表裡兼該（賅），因以澤民物、報國恩。」；認爲以東洋道德爲主體，並善用於西洋科技，才能使日本富強、抵禦西方列強。顯然，看似積極西化的明治政府，在制定重要的《教育勅語》上，各級意見還是偏向，以傳統的儒教教義爲中心，正是所謂的「和魂洋才」。顧名思義，「和魂」指的大和民族的精神，這是傳統儒教的思想，「洋才」便是西洋的科技。「和魂洋才」的思想，主要體現在社會和軍事上，這正是日本明治維新時期，內部的一個思想結構。

從社會面觀察，明治時代很多知識分子努力學習西方文化，公式場合以西式服裝打扮，私下卻也堅持穿著日本傳統服飾。軍事方面而言，則是爲了與西方各國並駕齊驅，日本軍隊以西式軍事訓練，但裝備仍然還是保留了武士刀。換言之，雖然明治政府將「富

國強兵」訂為西化的主要方向，「和魂洋才」的精神，便是鼓勵日本國民要積極學習西方文化，骨子裡同時也要求國民尊重儒家家長制的傳統倫理。

自 1868 年，明治政府成立以來，一路坎坎坷坷摸索西化的過程中，努力建構出日本的「國家意識」；中間也經過多項維新的改革，甲午戰爭的勝利，可說是促成日本「國家意識」正式成形的大事件。早在 1894 年（明治 27）甲午戰爭開戰之前，日、英之間訂立了「通商航海條約」；內容除了撤廢對日不平等條約中的「領事裁判權」之外，並同意調整日本關稅稅率。在順利得到英國為首的列強默認下，新政府巧妙地掌握國內的民心，在舉國一致支持對外戰爭的態勢下，不但戰勝清國，並且順利議和簽約。1895 年（明治 28）馬關條約的簽定，基本上明治政府已經促使民眾，對「國家」存在的意義產生信心，維新以來國民冀圖與「萬國對峙」的夙願，已經成功地踏出第一步。誠然，不只政府乃至民眾為止，「國民」意識已然達到一定的程度；日本已經順利完成國民國家的說法，在 1990 年代之後，社會對於「國民國家論」的評價，可以說是一致的。

因為日清戰爭的勝利，身為大元帥的天皇地位及權威性頓時上揚，同時固定了「臣民」的意識；戰爭解決了日本內在，存在「臣民」與「國民」兩詞之間的矛盾，更加融合彼此的概念，往新的「日本人」像的境界提升。但是，憑藉戰爭的勝利，「日本人」的意識又是如何滲透的呢？吾人思索其滲透深根的途徑，可以知道有兩個主要方向：首先是明治年間，知識分子所發行的報紙和雜誌，其次就是學校教育所疏導的思想。

早在日清戰爭之前，明治政府就已經開始灌輸「忠君愛國」的教育；即便殖民地台灣的公學校教科書中，理所當然也可以看到，

愛國教育的內容，這是政府統合國民的重要方式之一。其中，所憑的根據就是 1886 年（明治 19），森有禮制定諸學校令的「國家主義」的方針，也就是前文所介紹的《教育勅語》。可以說，明治政府在教育改革，建立近代學制的過程中，一開始即將封建皇道思想，放置於教育體系內，將教育安置於國家體制下，以配合「富國強兵」的國事。

《教育勅語》所架構的理想，既要可以掌握近代科學的知識，又必須是恪遵封建道德規範效忠帝國的「臣民」，顯見明治國家培養的是「臣民」，並非培養思想獨立的「國民」。帝國制定的《教育勅語》，是日本教育最高的立法根本，由思想教育確立了，封建軍國主義思想，以完成對教育的全面統治。教育事業的發展，雖然呈現了日本現代化的成果，但是教育的根本內容，並沒有隨著「富國強兵」的國家政策，而整肅成現代化式的內容。相反地，隨著國力的增強，教育卻越來越被軍國主義思想所支配，成爲天皇制政權對內維護專制統治，對外進行侵略擴張的重要工具。軍國體制下，日本教育的雙重性格，也催化成爲日本近代歷史發展的特殊作用。

二、明治青年們的主張

積極朝著「文明西化」前進的明治政府，經過幾番的努力，到了 1887 年（明治 20）前後，可以說迎接了一個嶄新的時代。明治時代開始，經過二十年的努力，已經展現許多具體的成果；在知識分子眼中，國家經過二十年的現代化的經營，實施的各項政策已經達到，可以重新思考下一步的階段。明治政府在建構「臣民」意識的當下，靠著在新聞和報紙，一群年輕世代的知識分子，向社會提出許多建言，希望可以藉著自己的言論影響大眾，摸索朝著架構

「新國民」的方向前進。

　　不只文學界是嶄新世代的開始，言論界也繼承了「明六社」時期的言論，陸續顯露出新思想。此時，明治二十年前後，所代表的思想社團就是「民友社」和「政教社」兩個代表性的思想結社。「民友社」有德富蘇峰（1863-1957）、竹越與三郎（1865-1950）、山路愛山（1865-1917）等人，「政教社」代表，則是志賀重昂（1863-1927）、三宅雪嶺（1860-1945）等人，幾乎都是1860年代的後起新秀。他們與明治初期，受到少許高等教育的知識分子不同，並非年輕時，就已經直接有海外的經驗，而是透過書籍或學校中的西洋教育充實自己。

　　新世代的知識分子中，首先露出光芒的就是德富蘇峰；蘇峰初期在熊本洋學校就學，之後轉往同志社英學校中退。竹越或是愛山等人，也都是一起活躍的一群，在求學過程都是屢經波折，但是皆是有志於言論界的年輕一代。蘇峰、竹越與愛山等人，同樣都是受洗的基督徒，對西洋社會精神道德的內涵，心中抱著很大的憧憬。另一方，「政教社」的志賀，則是札幌農學校畢業，三宅則是出身東京帝國大學，其他也以札幌農學校或帝大出身者占多數，幾乎都是公立最高學府出身的「學士」群。背景如此差異的兩派知識分子，已經無法單純用「進步主義」與「保守主義」的兩對立可以分類。觀其行為，兩派幾乎都不依照政府的指示行事，而是以自發性的角色，主張充實「國民」的涵養。

　　以蘇峰為中心的一群，在1887年（明治20）創立了《國民之友》與《國民新聞》等雜誌，提倡「平民主義」的「民友社」，首先在《國民之友》刊載了〈磋呼、誕生了國民之友〉的文章，正式宣告明治維新的一代已經結束。「民友社」也提倡「新日本的新人民」必須徹底實踐維新本來的目的，也就是根本性改革社會的任

務。雖然，蘇峰早期主張平民主義，甲午戰爭簽訂馬關條約之後，引發三國干涉之際，轉變爲皇室中心主義，成爲鼓吹對外侵略的國權主義者，其思想對當今日本右翼一派，仍然有很大的影響力。

另外，以志賀重昂、三宅雪嶺爲中心的「政教社」群，也創立了《日本人》雜誌，本來「政教社」，就是在 1887 年（明治 20）創立的國粹主義文化團體，一直以來就是反對政府的歐化主義，反對卑屈的外交及國內的彈壓政策，所創立的團體。志賀以〈「日本人」懷抱旨義的告白〉一文，刊載在 1888 年（明治 21）出刊的第二號；其內容所談論的，就是以「國粹主義」爲基本原理，呼籲「日本國民」必須團結。雖說如此，「政教社」所談論的「國粹」，也並非是單純的維持舊元素而已；他們深知日本國民期待改變，而要做出變化改良的話，必須在宗教、德育、教育、美術、政治、甚至是經濟上的生產制度等各方面，提出一定標準的改良。

幾乎這些新一派的知識分子，都是在幕末時代出生，跟隨著明治的年號成長，不但具備漢學的素養，而且也都接受了新式教育的薰陶。德富蘇峰對擁有這些特質的年輕一代，包括自己在內的一群，統稱爲「明治青年」，作爲區別主導明治維新形成新國家世代的「天寶老人」。大致說來，「民友社」和「政教社」的兩個思想團體，與「官」及「上流社會」等組織是大大不同；雙方同樣主張，形成國家的主體就是「國民」。憲法公布之後的 1889 年（明治 22），《日本人》即刊出「日本國民就是以明治 22 年出生」，提出國家的主體，就是所連結的集體意識而定的主張。

事實上，明治憲法的草案中，使用「國民」的概念，結果卻規定「臣民的權利」；「民友社」和「政教社」的兩社，一直以來都強調「國民」的概念，和明治政府的想法還是有落差的。也就是說，依照憲法所公佈的內容，日本成爲立憲君主國，如此的國家結

構，其構成員理當是「國民」。尤其，「政教社」的主張中，強調不管是「國家旨義」或許可以視爲一種民族主義，其他的「國粹旨義」等，都應該以國家爲中心的思考。因此，「政教社」也主張，在國內行使國家觀念的參政權的時機已經成熟，這也是重視「國民」權力的一種表徵。

其他，同樣有相同旨意的社團，就是陸羯南（1857-1907）所發行的《日本》報紙，羯南於1891年（明治 24）所發表的主著《近時政論考》的內容中，特別在政治面被受矚目，而且自稱爲「國民論派」。其中的言論不乏是「國民性的辯論……」或是「國民性統一」等字眼；幾乎前後期的明治青年的著力點，都已經傾向「國民」的立場。羯南所顯現出國民論派的思想，顯然就是繼承了西方重視的民族主義，對外是「特立的國民性」，對內則是「國民性統一」的政治立場。

如同報紙《日本》，特別選擇在憲法頒布的日期，作爲創刊的時日，羯南的國民主義，以認同立憲政體爲主的立場，這點和其他政論派也是相同的，陸羯南甚至明白地說出「確認國民論派可成爲立憲君主政體的好政體」。但是，羯南無法同意的就是，以頒布憲法和開設議會，就是達成了日本政治性課題的一般性的想法。《近時政論考》文中，明白指出「冀求以全體國民的力量，達成國家內部的富強進步，爲世界的文明盡一己之力，才是最終目的」。

大致而言，明治新青年的這種觀念性的改變，呈現出新世代與藩閥政府時期「臣民」的差異；許多資料也顯示，明治後期的《國民之友》和《日本人》的兩個思想社團，都對社會主義和社會問題，賦予極大的關心，其背後相似的元素，也正是對「國民」的新認知。他們不同意開設國會，就可以等同於達成政治性課題的看法中，隱藏著對日本政治的不滿。事實上，明治初期的國家議會，還

是停留在藩政時期的元素居多。但是，諸多意識的轉換，明顯地代表著，新舊世代的交替正在進行。

三、日清・日露戰爭期的思想

明治前期，經過諸多改革之後，面臨改變性的對外兩場戰爭，就是 1894 年（明治 27）的日清戰爭，與 1904 年（明治 37）的日俄戰爭。無疑的，日清戰爭的勝利，不只是天皇權威的提升，傳至民眾之間的「國民」意識，也是桿頭直上。大致而言，日本到了 1990 年代為止，「國民國家論」的思想，已經透過雜誌普遍傳至大眾的心裡。因為戰爭所滲透的「日本人」意識，大眾到底又接受了甚麼樣的訊息？是接下來的討論。

如同前文所敘述的，學校教育之外，社會上知識分子所創辦的雜誌或是報紙，所投稿刊載的種種內容，的確是大大影響了大眾的思想觀念。圍繞著朝鮮支配權的日、清兩國的對立，最終於 1894 年（明治 27）7 月，往戰爭的事態發展，8 月 1 日明治政府發布宣戰的詔告。可以說，日清戰爭是明治維新以來，第一次的對外戰爭，也是國家展示新成果的對外戰爭；帶給當時知識分子的思想，有許多深刻的影響。唯討論關於日清戰爭帶給日本知識分子的影響之前，或許吾人應該先看看維新之後，當時日本知識分子是以什麼態度看待清國的？

資料顯現出，當時日本對待清國的態度，呈現出複雜又矛盾的心情。清國從鴉片戰爭（1840-42）以來，不但面臨西方列強諸國長驅直入的險境，卻又依然維持專制體制；顯現的現狀及特徵，就是不論政治改革和國家現代化的強烈需求，仍然遵循其因循固陋的精神態度。可以說，因為爆發鴉片戰爭，西方列強進入極東，讓日

本產生兵臨城下的危機感。戰時外務大臣的陸奧宗光（1844-97）在戰後起草的著作《蹇蹇錄》中，定義日本為「西歐文明」的代表，清國則是「東亞的老套」；解釋日清戰爭的意義，就是西歐的新文明和東亞舊文明的衝突。如此的戰爭觀，也是當時多數日本知識分子，所共持的理論。

　　其他，福澤諭吉主編的《時事新報》的社論中，也視日清戰爭為「文明與野蠻的衝突」，並且將日本入歸類為「文明人道的保護者」。在福澤的認知中，清國和朝鮮就是因循固陋的舊時代國家；日本有如木造板屋般很容易被火蔓延，期待日本可以教化武力支持清國。一時之間，日本知識分子普遍認為，可以指導協助固陋舊時代的清國，使清國成為文明之國。亞洲政策的初期，日本知識分子確實是期待，兩國可以互相提攜，對抗西方列強的侵略。福澤諭吉著名的「脫亞論」，也就是在如此的氛圍下提出的。整個亞洲主義演變的過程，確實是乖離而矛盾的；但是福澤當下也強調戰爭的意圖，並非只是單獨日本一方的利益而已，戰爭不只是人與人，國與國之間的單純事態而已；最終目標是「以世界文明進步為目的」。

　　其他，指導基督教界的植村正久（1858-1925），將感想投稿於《福音新報》，提出希望國民可以，更加以情深高尚的情懷看待戰爭，並且言及日清戰爭真正的動機，就是新舊二樣的精神衝突。植村甚至強調這次的戰爭，就是大日本帝國，以開明進步的天職，向全世界表達的機會，明確地表達了支持戰爭的姿勢。顯然，日本知識分子的諸多言論中，多少帶著優越感；同時強調站立文明一方的日本的「臣民」與「國民」的自覺。

　　幾乎同時，德富蘇峰也在其著作《大日本膨脹論》書中，談到「國民」對外膨脹的必然性和必要性。蘇峰指出日清戰爭最大的戰利品，就是擁有「大日本國民的自信力」；雖然蘇峰也批判「大日

本膨脹」的現象，但是也相對性地斷言，因為具備「膨脹性日本」的性格，才能持有「國民性的性格」。此「膨脹」應該就是「自信」的意思吧！換言之，日清戰爭的最大目的，就是藉著戰爭讓日本國民有「自信」。最後蘇峰在書中提出，今後日本必須以「國民精神為基礎，經營世界」的境界，可以說這是蘇峰對國家與國民的期許。

身為新聞記者的德富蘇峰，開始在報紙和雜誌上，不斷傳達戰地的狀況讓日本民眾了解。期間，戰地報紙、其他作家的從軍日記等，許多文字的敘述都將日本形容成「東洋一大國」；字裡行間中顯示出，對中國或是朝鮮的侮蔑觀，文章內所表達，身為「日本人」的優越感也不言而喻。短時間內，社會對中國的觀感，比起之前已經大不相同；知識分子中也不乏反對對清國軍事侵略者，主張各民族之間，必須有起碼尊重的論者。「政教社」出身，之後成為京都帝國大學「支那學」泰斗的內藤湖南（1866-1934）就是其中的一人；內藤強調，日本和中國必須協力，振興東洋文化以抵抗西洋諸國的對抗，說明這是日本的天職。之後，內藤和陸羯南等，更是提倡列強分割中國時的「支那保全論」。

我們概觀明治後期的思想，對於「臣民」與「國民」的關鍵性認知上，直至日清與日俄的兩場戰爭為止，的確可以明顯描繪出「日本人像」確立的過程。雖然，看似確立了近代國家的編成原理，但是還是隱約可以看出分裂的樣貌。此時，日本浪漫主義詩人、評論家的北村透谷（1868-94），也是一位標準的明治青年，透谷針對當時戰爭下，忽略人類生命的思想傾向，鼓吹要重視人的內在生命力。同時，提倡文學不能僅僅滿足於觀察人的「內在生命」，而是要依據那種瞬間的靈感，形象化地展示出內在生命的極致。

日本文學評論家勝本清一郎（1899-1967），曾經針對北村透谷的文學，說出以下的評論：「幾度暴風雨過去，今後還要過去。在暴風雨的間隙，蒼穹深處有一點熟悉的星星總是在發光，那就是透谷。」明治文學中，《文學界》一直被稱爲是近代日本浪漫主義文學的大本營，1893 年（明治 26），創刊《文學界》雜誌的發起人，也正是浪漫主義詩人北村透谷。身爲基督徒的透谷，在其文學創作中，不斷探索神性與人性的對立，卻也對人性從未失望過，並給予了充分的肯定。在當時日本的社會條件下，北村始終扮演了一個反政治、反社會的角色；也就在北村自殺後，引起了《文學界》青年的轉變。

日清戰爭之後，日本從戰爭所得到的殖民地與賠款，促使日本的企業發展推向另一個勃興的境界。當時，日本產業以紡織業爲首，其他在鐵道、製鐵和機械業等，更是達到了令人矚目的發展。但是隨著勞動關係，所引起的社會問題也更加明顯，此時已經不是「國民」與「臣民」的階段可以論述而已。已經擴展到「階級」的勞動者、農民之間，爲了生活與權力而抗爭，社會主義的思想和運動，已經廣泛受到大眾的重視。

隨著工業化的進展，形成大資本企業的過程中，產生了許多的勞動者，讓社會大眾產生了許多違和感。就在 1897 年（明治 30）年，尾崎紅葉（1868-1903）的小說《金色夜叉》，刊載在《讀賣新聞》上，小說寫實地描寫了，世間有錢便萬能的價值觀，巧妙地反映著社會的實情。尾崎以華麗的文筆而聞名，在批判歐化主義的風潮中，其精緻的寫實手法，令人聯想起井原西鶴的風格。幾乎同一時期，當時新聞記者的尾崎行雄，也發表了「共和演說」警告政界拜金風潮的興盛。

　　日清戰爭後，隨著資本主義的盛行，社會產生了極大的貧富問題，相對性的差距所引起的衝突，普遍引起社會大眾的關心，彰顯了許多「社會問題」。因此，有識者開始嘗試「社會政策」或是「社會改良」的各種對策。1896 年（明治 29），開始以學者爲中心設立了社會政策學會，成員包括高野岩三郎（1871-1949）等人；隔年中村太八郎（1868-1935）和樽井藤吉（1850-1922）等人，也成立了社會問題研究會。緊接著 1898 年（明治 31），以西方社會主義的原理，延用於日本的社會主義研究會；各種社會問題相關研究會的設立，明顯可見知識分子對社會問題的關心。

　　1901 年（明治 34）安部磯雄（1865-1949）、幸德秋水（1871-1911）、片山潛（1859-1933）等人設立了社會民主黨；1903 年（明治 36）幸德和堺利彥（1871-1933）等人，組織了「平民社」，創立了《週刊平民新聞》。幾位社會主義者，創辦雜誌的目的，無非就是普及社會主義思想；在當時能堅持一貫的反對日俄戰爭立場，是非常特殊的存在。同時，「平民社」也大量談論了，有關日清戰爭之後，呈現出的社會問題，這是極端單純化的社會主義社團。1904 年（明治 37）幸德在其〈與露國社會黨書〉文中，提起「社會主義者眼中，是沒有人種和地域的差別，也沒有國族之差」的說法，甚至呼籲即使在日俄戰爭之下，兩國的勞動者和社會主義者，也應該團結。

　　此時，歐洲列強在帝國主義領土擴張的行動中，對於亞洲一員的日本，仍以「黃禍論」般的「人種」觀念視之。說起「黃禍論」的起源，可以想到的就是，在甲午戰爭後，以德國皇帝威廉二世（Kaiser Wilhelm II）爲代表的西方國家掀起了第一波「黃禍論」。日本知識分子留學德國的森鷗外（1862-1922），於 1903 年（明治 36）11 月 28，在早稻田大學發表了名爲「黃禍論梗概」

的課外講義時，談到「一般白種人對於日本人，持有猜疑厭惡心情」的概念。隔年，日俄戰爭開戰後，森鷗外更是發表了同名的著作《黃禍論梗概》一書，呼籲日俄戰爭的勝敗，攸關西方對日本的態度的說法；急切地將日本，立於亞洲之外的思考是很強烈的。

歷史上，普遍對兩場戰爭的觀感就是：日清戰爭是日本戰勝亞洲大國─清國的決定性戰爭，日俄戰爭的勝利則是讓日本站上世界的舞台，也終於讓西方承認日本是大國的事實。其中，三宅雪嶺在《明治思想小史》書中，回顧明治思想變遷時，表示日清戰爭的結果，即是「日本初打算當然是爲了形成自己的國家，擴大自己的眼界，對內或是對外，好壞都完成了日本長年的宿願」。針對這個問題，三宅更進一步主張「已經不是一個國家內的標準，屬於世界性的問題，必須放在世界的角度來詮釋；而且已經屬於世界上的人類，應該以如何的態度，來求取最大的幸福」。

很清楚地，對於當時的日本而言，戰爭不但是日本求取自己國家前途的途徑，也是自幕末以來，東方小國向世界宣告自己地位的一種手段。或許，日清戰爭以來，圍繞著「階級」和「人種」等問題的解釋，也讓本來圍繞在「臣民」和「國民」像的日本人，在對應國際情勢的改變之下，適度地加入新的視野。

四、明治時代的結束

延續日清戰爭之後，日本社會因爲產業革命的進步，確立了資本主義的面貌。隨著工業化的進展，產生大量的勞動者，形成大資本之後，貧富差距擴大，造成人們許多違和感。因爲日清戰爭後，隨著資本主義進行，產生的社會問題日趨嚴重。當然，這個「社會問題」也包括立憲政治的腐敗，機能不全也是原因之一。

　　歷史上，日俄戰爭對明治政府而言，是一個充滿艱辛創傷的過程。結束 1895 年日清戰局之後，馬上又逢日俄戰爭，既勞民且傷財的戰爭行為，讓日本陷入不管是軍事面，或是財政上都難以持續戰爭的窘況，戰局在 1905 年（明治 38）的奉天海戰勝利中結束；當時的俄國，也是因為國內發生的社會革命，同樣是面臨疲於奔命的窘況，日本受到此局勢的影響，迫使明治政府，必須提前思考和議的可能。

　　國內社會主義者公然地批判戰爭，另一方面因為戰爭而犧牲的國民，也因為講和條約中，並未得到預期的賠償，爆發出憤怒失望的心情。社會湧現的不滿情緒，終於在訂立條約的 9 月 5 日爆發，群眾聚集在日比谷公園，舉行反對講和的國民大會。因為警察的取締，導致人民發生暴動，後來民眾襲擊內務大臣官邸、國民新聞社、派出所等，與俄國關係深遠的日本正教會，也被當作發洩對象；全國的反對運動，在各地展開。很快地日本政府施行緊急戒嚴令，才終於平定暴動。

　　明治開國以來，第一次在街頭發生，民眾自主性的反對運動，明顯意味著社會已經呈現新的思想反動。大正民主主義思潮旗手的吉野作造，在《中央公論》的〈論民眾的示威運動〉一文中，也明白指出「日比谷事件」是「以民眾勢力在政治上出現，這是一種流行的傾向」。換言之，吉野所批評的，此番民眾運動的出現，已經屬於大正民主思潮下的一種政治現象，呈現出時代轉變的徵候。事實顯示，發生「日比谷事件」的隔年，以反對東京市街電車漲價為背景的反對運動，之後抗議的群眾也開始屢屢在街頭可見。

　　人民因為日俄戰爭的不滿，所噴發出令人矚目的動向，也不僅限於此。比起日俄戰爭前，圍繞著關於對國家和社會既成的秩序觀和價值觀，更可以捕捉到青年內在，已經產生懷疑及不安的內心

世界。這種改變隨著戰爭的進行，與每個人內心不滿急躁的情緒，已經逐漸遍布社會。如同社會主義者，對戰爭的批判，以及與反對講和的國民運動般；雖然尚未是那麼雄壯的程度，卻可以明顯感受到，明治人精神內在自我意識的萌芽。

日俄戰爭時，與謝野晶子呼喚在旅順的弟弟，必須平安歸來的詩中，公開道出了對國家引發戰爭的殘酷，以及對愛國心的質疑。顯然，軍國主義之下，這種個人情感的表白，從政治和國家體制內分離出來，清楚呈現出私領域的一種自我主張。對於戰爭勝利的心情，也顯示在當時諸多的文學作品中；不只是一種悲哀，還是煩悶、不滿的情緒。連貫了民間許多戰爭的情緒，開始對既成的權威、規範、理想和觀念的懷疑。文壇中，自然主義產生的氣運，就是在這種氛圍之下產生。

如果，我們可以將明治四十年前後的時間，視為日本自然主義運動最為活絡的時期。這個時期，民眾處於日俄戰爭勝利後的亢奮情緒中，急需要更多嶄新的、進步的事物，來繼續滋養私領域生活。大多數的日本文學作品，均如出一轍地寫出創世之作，譬如：1906 年（明治 39），島崎藤村自費出版的長篇小說《破戒》，與1907 年（明治 40）田山花袋的中篇小說《棉被》（蒲團）兩篇作品的問世，讓日本自然主義運動，在文壇如火如荼地展開。

無論社會主義論者，或是無政府主義者，當時的青年群幾乎都開始思索自身私領域世界的問題。1903 年（明治 36），青年藤村操在華嚴瀑布跳水自殺，被認為是當下年輕一代，將「煩悶」或是「懷疑」等情緒，一擁心頭的重大事件；此「為了思想而死」的意思，帶給社會很大的衝擊；因為思想問題而死，也代表著當下欲為了經營自我的思想，希望活出自我價值的時代已經來臨。

　　結果，明治政府在 1908 年（明治 41）10 月 14 日，以官報發表了《戊申詔書》。其目的主要是，糾正日俄戰爭後社會的混亂等；也規定今後國家發展中，國民必須遵守的道德等內容。藉由此詔書的頒布，國家也開始真正進入地方改革；頒布昭書似乎也是為了克服時代狀況，明治政府所做出最後的嘗試。兩年後的 1912 年，明治以四十五年的歲月，結束了一個既光輝又荊棘的時代。

第十一章

都市生活與大眾的思想

一、明治時期的生活文化

為了與西洋諸國交流，明治政府改變了自江戶以來使用的太陰曆，公布採用與世界各國多採用的太陽曆。1872 年（明治 5）11月，政府公告改曆的勒書，將 12 月 3 日改為明治六年的元旦。

生活中，除了改曆之外，新曆制定從週日到週六為七天的一周，週日休息、週六半天的模式，改變了傳統的休息日在每個月的一號和六號的制度。農家的作息一直都是以太陰曆為主，突然的改曆改變了庶民的生活習慣；正月過年變成一月的寒冬，正月之後大寒來臨，緊接著是立春等的節奏。對於四季分明的日本人而言，曆法的改變，無疑對庶民生活，會產生很大的變動；甚至目前為止，農家的作息還是採用太陰曆，至今為止俳諧的世界，也是沿用一年四季的區分。

明治開國之後，日本導入西方的制度和思想，影響了國人生活，逐漸轉變成為西洋風的生活方式，這種西化的風潮統稱為「文明開化」。不管是政府制度或是思想，甚至生活的面，無一不是受到西化的影響。首先，1869 年（明治 2），東京至橫濱之間的電信開通，發明了人力車；隔年開始使用腳踏車和鞋子，從武士的束髮改變成西方的髮式。到了 1872 年（明治 5）新橋到橫濱之間的火車開通，同年因為東京發生大火，政府藉機雇用外國人設計，興建了煉瓦造的新是建築，西式街道的建築成為西化的象徵。

雖說如此，西化的表象還只是停留在東京和橫濱的大都市，離開都市地域之後，居民仍然停留在江戶時期的生活模式，很難看出西化帶來的改變。文明開化的足跡，逐漸深化於庶民生活中，百姓生活的普遍西化，大概是要到 1882 年（明治 15）之後。當時，也有許多著作，特別形容明治開化的生活；大久保忠保（1791-

1848），以文明開化爲題，所編成的《開化新題歌集》，在 1878 年（明治 11）出版後；緊跟著 1880 年（明治 13），佐佐木弘綱（1828-91）也同樣以文明爲主題，出版了《明治開化和歌集》的入門書。一時之間相同內容的書陸續問世，其中，記載著當下流行的新語；譬如博覽會、瓦斯燈、鐵橋、汽船、相片等，也都是西方傳入的習慣和新用品名稱，帶給國民許多流行的新觀念。

明治初期，外來文化帶來的新用語或思想的介紹，當然就是靠媒體的宣傳與推廣。還沒有收音機或是報紙的時代，「瓦版」如同報紙的前身；也就是利用瓦片用毛筆書寫的方式，放置於公開的場所。江戶時代初期發生的「大坂夏之陣」，據說就是靠瓦版流傳，可以讓庶民很快得到情報；江戶時期，民間發生火災或是地震，甚至民間流傳的八卦謠言，甚至批判時政等，各式各樣的訊息都是靠瓦版來傳達。

1868 年（明治元），幕府末期洋學者柳河春三（1832-70），創立了《中外新聞》，這是日本首次發行的報紙，當時還是以小冊子的模式流傳。第一號所撰寫的內容，就是 1868 年 7 月上野戰爭的記事；記述新政府對抗幕臣編成的彰義隊的實況，因爲是報導官方的消息，因此得到政府的允許得以發行。1870 年（明治 3），日本在橫濱發行了《橫濱每日新聞》，與今日的報紙式比較接近；緊跟著是《東京日日新聞》和《郵便報知新聞》等；1874 年（明治 7）《讀賣新聞》創刊，其他日刊報紙也陸續發行。

報紙的內容，則是隨著需要而增加篇幅，另外也出版了猶如今天的週刊誌，稱爲小報紙；當時創刊時的設計，主要是一張色紙，附帶圖畫的版面，之後才發展成報導性的政治新聞。自由民權運動主張政府必須開設國會，以及其他民主政治活動活潑化之後，報紙也開始有許多討論。只是，明治政府擔心報紙帶給民眾的影響，很

快在 1875 年（明治 8），訂立「新聞紙條例」，與規定共同言論
的「讒謗律」，開始取締言論自由，之後新聞條例也陸續修正。

　　不只如此，文明開化也陸續展現在生活面，日本人的飯桌上，
開始有吃牛肉的習慣。本來，江戶時代爲止，佛教禁止殺生的思想
廣傳民間，一般人幾乎是不吃的牛肉；到了文明開化時期，受到居
住在日本國內西方人的影響，開始有吃牛肉的習慣，甚至不吃牛
肉，會被稱爲不文明的狀況，造成人民生活很大的影響。打破以往
佛教禁葷的習慣，肉店開始成爲文明人的象徵，各地紛紛開啓牛肉
料理店，鐵鍋內放入牛肉和長蔥的壽喜鍋也開始流行。

　　另一個流行就是現在飯桌上常見的咖哩。1863 年（文久 3），
現在日本人常吃的家庭料理的咖哩，第一次出現在日本人的飯桌
上。江戶幕府的遣歐使節三宅秀（1848-1938），在出使西方時，
看到印度人用手吃飯的習俗。咖哩料理的作法介紹，則是到了
1872 年（明治 5），假名垣魯文（1829-94）出版了《西洋料理通》
時，才有系統的介紹西洋料理。雖然，1871 年（明治 4）開始，
在北海道種植洋蔥，馬鈴薯也是到 1887 年（明治 20）左右才開始
普及，咖哩粉還是從西方輸入日本；直到 1915 年（大正 4），日
本國內才開始製作咖哩粉，之後咖哩料理開始廣泛的流行，成爲日
本的國民美食。

　　至於我們現在吃的麵包，有一種說法是，水戶藩時當作特別食
物開始製作，但是真正開始是在維新之後，開始製作乾麵包或是土
司麵包。1870 年（明治 3）東京的木村屋在銀座創業，創業者的
木村安兵衛（1817-89）仿照饅頭的作法加入紅豆餡，也將製成品
賣往軍隊，廣泛博得日本人的好評，因此開始普及。之後，發生全
國性的米騷動時，麵包曾經短暫地替代米成爲主食。

　　因爲追求西化，日本幕府末期就開始雇用外國人，帶進很多技術指導；建築就是一個很重要的部分，讓日本的建築技術突飛猛進。進入明治時期之後，政府也派學生前往西方學習各種技術；不管是縣廳或是教會等，以公共建設爲中心，雇用外國人設計，留下很多洋風建築。1888 年（明治 21），借助西方的經驗完成的皇居宮殿，就是一個結合和風與歐洲風的折衷建築，室內的裝潢則完全是西陣織，使用了日本的傳統工藝。

　　緊接著 1890 年（明治 23），位於淺草的凌雲閣完成；被稱爲「淺草十二層」的建築，成爲代表淺草的觀光建築。煉瓦造十層和第二層開始的木造結構，是日本最初的高層建築；第八層爲止是有電梯的設置，在當時是淺草附近的觀光聖地。另外，位於東京駿河台的東京復活大教堂（Orthodox Church in Japan），其中尼古拉聖堂，是在 1891 年（明治 24）由英國建築師喬賽亞‧康德（Josiah Conder，1852-1920），設計完成。康德在明治時期，以御雇外國人的身分前往日本工作，康德曾爲東京設計過許多公共建築物，包括明治時期西化爭議性的鹿鳴館建築。國內著名的建築師辰野金吾及片山東熊就是康德的學生，1914 年（大正 3），辰野金吾（1854-1919）所設計的東京車站建造完成，東京車站是八角塔南北座向的文藝復興煉瓦式的三樓建築。

　　金吾除了拜師康德學習建築之外，自己也留學英國，返國後投身建築學術界和實務界，成爲維新西化後，日本第一代建築師，對於日本近代的建築教育、建築設計有深厚影響。著名作品除了東京車站之外，其他有日本銀行京都支店、奈良飯店、大阪市中央公會堂等；其建築設計中，常見紅磚與灰白色系飾帶相間的工法，與像王冠一樣的塔樓與圓頂設計，被稱爲「辰野風格」或「辰野式」。因爲金吾的學生來台灣發展者甚多，設計許多台灣的官廳案例，對

日治時期台灣的建築也影響很大。

　　除了建築外，生活中需要的交通建設也是一個指標。明治政府爲了建立現代化的國家，不斷引進其他西方的現代化知識，整頓交通制度。首先在 1872 年（明治 5），開通了從品川到橫濱之間的鐵道，同年 9 月又延伸到新橋站；火車是英國製，一天之內往返九次，新橋到橫濱之間只需要五十三分，是當時速度很快的交通工具，增加許多生活上的便利。一開始，庶民對於鐵製交通工具在路上行走，帶著濃厚的好奇心；東海道各區域，因爲鐵道通過市町，產生許多爭議，尤其是政府在進行鐵道工事時，發生了許多土地爭議。

　　很快地，1881 年（明治 14），民營的「日本鐵道會社」也成立，鐵道會社首要之務，就是開通上野和熊谷之間，以及上野和青森間的交通。在全國各地，如北海道、關西、山陽、九州等區域，也陸續增設幾間鐵道公司；到了 1889 年（明治 22）時，民營的經營是以每日公里數，超過官營的程度持續成長。但是，明治政府在經過第一次的對外戰爭，日清和日俄戰爭時，強烈感受到鐵道運輸軍事用品的方便性；日俄戰爭之後，爲了維持更順暢的軍事運輸網和保持其機密性，遂將私設鐵道收歸國有。

　　其他海線的航路，連結青森和涵館之間的「青函航路」，1872 年（明治 5）開設郵件運送，隔年一般貨物的運輸也開始，到了 1985 年（昭和 60）青函隧道也開通，貫穿了北海道和本州之間的交通運輸。1910 年（明治 43），岡山縣宇野開設了宇野港，同時完成了連結宇野和四國高松之間的「宇高連絡航路」，連結了本州和四國之間的交通；直到 1988 年（昭和 63）3 月 13 日青函隧道完工通車，廢止連絡船爲止，擔任了本州與四國之間的交通任務。同日 JR 所屬的鐵道連絡船也結束營運，就此結束了八十年的

歷史。

其他，明治維新之後流行的就是相片的發明。史上第一片銀版相片，是在 1839 年（天保 10），由法國畫家的路易‧雅克‧曼德‧達蓋爾（Louis Jacques Mandé Daguerre，1787-1851）所發明。1841 年（天保 12），上野俊之丞（1790-1851）由荷蘭人手中取得照相機，後來獻給島津藩主的島津齊興。日本照相機是由上野俊之丞的兒子‧彥馬（1838-1904）和下岡蓮杖（1823-1914），兩人併稱是日本最早的攝影家。彥馬甚至曾經到戰地擔任攝影記者，也到長崎學習荷蘭語，在舍密研究所學習化學（幕末到明治時期稱化學為舍密）。

年輕時，彥馬自己獨學有關相片的相關知識，開發了相機，1862 年（文久 2）在長崎創業開設了日本第一家照相館。尤其在 1877 年（明治 10），當西南戰爭發生時，上野留下很好的相片記錄，之後陸續留下很多鮮明的戰事相片。彥馬被稱為日本最早的職業攝影師，替勝海舟、坂本龍本、高杉晉作等活躍於幕末的年輕志士；明治時代的高官、有名人士的肖像，很多都是在上野攝影局拍攝的，因此攝影也逐漸普及。

另一方面，下岡在江戶的島津邸看到照相機之後，開始立志學習攝影，跟美國的攝影家約翰‧威爾遜（John Wilson，1816-68）學習照相技巧，與彥馬可攝像館創立的同一年，也在橫濱開設照相館的「全樂館」。一開始，文明開化未深入民心，一般人以為照相會減低壽命，對機器照相敬而遠之，所以客人以外國人居多。文明開化期，來日本的外國人喜歡日本女性的照片，下岡雇用女性攝影，製作成浮世繪美人畫的相片。維新之後，作為文明的一個象徵，橫濱開始流行照相；但是尚未流行於民間，報紙用的相片大概是到明治末期才正式登場，之後才開始在觀光地販賣著色的相片，

當作名產禮物販賣。

二、大眾社會的成立

近代化的發展中，首先會想到的就是大都市的形成，從農業發展到工商業，人口變化的傾向。譬如：從明治維新開始歷經五十年的歲月，直至 1920 年（大正 9）爲止，日本幾個大城市的人口，發展成東京人口達到三百三十五萬、橫濱五十七萬、大阪一百七十六萬、京都七十萬、神戶六十四萬、名古屋六十一萬的大城市。關於人口構成數來看，1887 年（明治 20）相對於農業人口 74.5%，工業占 8.9%、交通業是 0.8%，到了 1927 年（昭和 2）農業 45.1% 工業已上升爲 22.1%，商業則是 13%，交通業 5%，農業人口達到將近 50%。可以說，以上的結構，完全是隨著資本主義的發展所帶動的變化；相對也帶動社會引起思想、風俗、生活方式等各式各樣的轉變。

近代都市的建築，皆以都市計畫爲依據，逐漸設計成合理樣式；其基本特徵就是將工場的區域，與居住區域清楚劃分開。相對於當下爲止的職、住一致的模式，近代都市結構，則很清楚劃分出學校、職場和商店等不同的機能場域。依照職、住分離著機能，通勤、通學、購物等，個人並不隸屬於某一場域，完全生活在屬於大眾生活的空間。有研究指出「大眾」的特徵，包括 1. 彼此各有不同特質 2. 並未有組織 3. 匿名等三種特質。這些特質顯現出，彼此無關及冷漠的特質，與鄉村農村的人情味結構相比，已經出現極大落差。

日本社會面臨大轉變中，社會上呈現大眾力量的時機，應該是 1905 年（明治 38），爲了反對日俄戰爭締結條約，群眾聚集於日

比谷發生了「日比谷事件」；自由聚集的群眾，並沒有特定的指導者，大眾所凝集的力量，著實發揮了極大的存在感。美國稱 1920年代是「狂亂的年代」，而狂亂的根源就是因為，大眾社會產生了各種摩登生活方式；譬如：棒球的流行、大眾雜誌的出版等。

　　同樣的現象也產生在日本，大都市的市民生活中，產生了許多大眾化生活方式；各家庭中開始大量使用電器、穿著洋服生活的民眾逐漸增加、瓦斯的供應，或是出現斷髮和裙子等現代化服飾；因為西洋料理的流行，飲食生活的面，很自然採取和洋折衷方式，也幾乎是同一時期，成立全國網路新聞。流行歌也是反映了，大眾無名的生活感，以及對社會的另一種認識；屬於群眾的共同愛好，會有一種鼓動煽情的作用，也因而可以稱為大眾文化。即便在戰時言論的彈壓之下，反諷的歌詞、塗鴉或是流言式的表現，即便批判崇拜天皇或是軍國體制的表現，也都可以一笑置之，舉凡這些表現都可以列為大眾文化的範圍。

　　也在二十世紀初頭，歐美出現了現代主義傾向的藝術運動，大概是第一次世界大戰以後，以 1920 年代為中心所傾心的前衛主義。相對於批判歐洲現代主義，以思想及藝術分野的「前衛」運動；日本的現代主義，比較希望將西歐的生活合理化。終究，戰爭過後，進入太平世界，人們從提升生活的目的中抽離，追求新的自我價值，成為核心的思考。當時，大約是大正末期開始到昭和初期，出現了象徵日本現代主義的「摩登女孩」；隨著現代化的進展，西歐的思想和文化滲透到日本社會。不只上流社會而已，流動社會中，隨著女性出外就學，以及外出工作的機會增加，女性的裝飾也以簡便機能性為主。

　　日本的摩登女孩，源自於西方的現代主義，與既成道德的女孩比較不同的是，其流行的裝扮，出現剪短髮、化濃妝、穿洋服的生

活樣態。普遍被認為是「破壞因襲的婦人道德，男女關係和生活樣式」等，追求流行和瞬間的快樂感，成為不關心政治和社會，欠缺思想性的一群。一時之間，廣告圖樣甚至文學作品中，也呈現摩登女孩的模樣；但是實際生活裡，卻也未必都是昂頭闊步的摩登少女女，頂多是銀座等摩登的街道，才可以目睹新都市的新風俗。

　　隨著日俄戰爭的進行，電影媒體也開始進入日本人的生活；為了宣傳和報導戰爭的狀況，開始在各地放映電影。甚至，進入明治四十年代，以淺草為中心的商業電影開始流行。種種媒體的流行之下，同時代的知識分子，也開始談論有關摩登女孩，另一方面以興趣為主，報導摩登女孩的雜誌也變得氾濫。如此狀況下，產生了「摩登時代」的共同認識，社會上有共鳴的女性，就打扮成摩登女孩的樣子。流行就是一種潮流的呈現，即便欠缺思想性，摩登女孩的流行，仍然象徵著當下女孩，追求自由的一顆跳躍的心情；同時也代表著日本女性的背後，一種欲跨越時代的心情正在蠢蠢欲動。這種流行也並非僅限於先覺者或是小團體，很自然地擴展到大範圍的女性。

　　而且摩登女孩的行動樣式，就是以物質主義或是享樂主義為傾向，否定精神主義、個人主義與現實主義。雖然，其中也不乏存有指導者意識，希望可以實現正義感的女性運動或革新思想；卻在1930年代之後，都被捲入翼贊體制內。現實中，也有糾彈摩登女孩現象的一群人，希望以國家權力糾正風俗規劃，但是把任何關於群眾的想法，解釋成反權力‧自治的萌芽，可能還是一種錯覺，現實中流行就是流行，必須正確把握其矛盾性和實質內涵。

三、傳統文化的諸向

　　日俄戰爭之後，日本的義務教育就學率超過 95%，本來在 1900 年（明治 33）僅僅還只有 2.9% 的中等教育就學率也達到 25%，甚至到 1925 年（大正 14）時，已經提升到 32.3%，隨著升學的熱潮，各地廣設高等學校。在教育的量和值都提升的年代，擴大文學讀者層的同時，也促使新文學的登場。

　　1914 年（大正 3）到 1923 年（大正 12）之間，日本國內創立了將近四百種雜誌，其中大概有將近一半是文學性。其中，「講談俱樂部」發行以來，陸續有《現代》和《婦人俱樂部》等雜誌的發刊，日本一躍成為一個雜誌王國，時事論壇的興盛，也引發了大眾文學的問世。明治初期的文學，延續了江戶時期的戲作，就是紙本和黃表紙等的庶民文學，其代表就是假名垣魯文和成島柳北（1837-84）所寫的文學作品。作品使用諷刺和挖苦的筆調，描繪了明治維新之後的眾生浮世像；作品中呼籲除棄舊時代舊社會的一切，介紹新事物和新思想的益處，彰顯了文明開化後鮮明的時代烙印。

　　明治二十年代開始，坪內消遙（1859-1935）摒棄了一直以來的文學觀，從勸人善惡的勸善懲惡的文學小說體，回歸到原來描寫人性的筆調。開始重視寫實的描寫，出版了小說《小說神髓》；其書寫的動機，來自於二葉亭四迷（1864-1909）的《浮雲》。《小說神髓》並非文語體，而是使用平常的話語體，依照言文一致體，尖銳地描寫人間的心理，是一本成功的小說。另外，反對歐化主義，重視江戶文學的文學團體，如創設「硯友社」的尾崎紅葉（1868-1903）在 1897 年（明治 30）在《讀賣新聞》上連載《金色夜叉》。紅葉的作品以華麗的文筆而聞名，在批判歐化主義的潮

流中，通過纖細的觀察及巧妙的描寫，其文字筆觸也令人聯想起井原西鶴的風格。

1889 年（明治 22），幸田露伴（1867-1947）以發表的小說《露珠圓圓》，登上日本文壇。與同時代的作家尾崎紅葉、坪內逍遙和森鷗外等人齊名，有「天才露伴」之稱。除了創作小說之外，露伴也是一位很有造詣的漢學家，思想上受佛教影響頗深；文學藝術繼承了元祿時代作家井原西鶴的長處；顯現出露伴創作的作品，始終主張文學作品要有東方精神和色彩。在同時代的作家中，露伴比較早察覺到，單純模仿西方的作法，將會給文學創作帶來不良影響，主張文學作品要有東方精神和色彩。同時，作品中非常注意民族特色，其作品經常以具有強烈個性和氣魄的男性主人公發聲，想像是以家長的立場，在敘述身邊的事物。

其他，日本近代文學的代表，其作品至今仍被海內外讀者廣為閱讀的作家，就是夏目漱石和森鷗外；以軍醫身分留學德國的森鷗外（1862-1922），留德期間受到叔本華（Arthur Schopenhauer, 1788-1860）與哈特曼（Karl Robert Eduard von Hartmann, 1842-1906）的影響，歸國後承繼古典浪漫主義的風格，以啟蒙家的姿態開始文學活動。不但翻譯西方多位著名作家的作品，同時創辦《柵草紙》等文學刊物，介紹西方美學理論，開展文藝批評，並致力於戲劇改良、詩歌革新活動，在日本近代文學上，產生很大的影響力。

1890 年（明治 23），森鷗外發表處女作《舞姬》，連同《泡沫記》和《信使》成為日本浪漫主義文學的先驅之作。《舞姬》的主人公是一個留學德國的日本青年官吏，為了追求個性解放和純潔的愛情，他曾愛上一個德國窮舞女，但礙於日本官僚制度和封建道德的壓力下，終於遺棄了她，釀成愛情悲劇。作品中主人翁的經

歷，很像鷗外自己的經驗，濃濃反映了鷗外個人個性解放的內心需求；面臨與社會現實的矛盾，最終卻與現實妥協，《舞姬》成爲日本近代文學初期的代表作品。

留學英國的夏目漱石（1867-1916），在日本近代文學史上，享有很高的地位，被稱爲「國民大作家」，與鷗外並稱明治二大文豪。他對東、西方的文學均有很高造詣，既是英文學者，又精於俳句、漢詩和書法。漱石小說中，擅長運用對句、迭句、幽默的語氣和新穎的形式。漱石對個人心理的精確細微的描寫，開創了後世私小說的風氣之先；其門下出了不少文人，芥川龍之介也曾受他提攜。倫敦留學的漱石，受到西方文化和思想的薰陶，其作品中也精細地，描繪出人間內面的思維；留下《吾輩是貓》、《三四郎》和《明暗》等偉大作品。

大致說來，日本純文學是以自然主義爲開端而成熟。從法國歸朝的島村報月（1871-1917）在 1906 年（明治 39）創刊了《早稻田文學》，主張蛻去虛構的成分，必須回歸作家自身的經驗。隔年，田山花袋（1871-1930）發表了《棉被》（蒲團），得到很高的評價。此時，自然主義的文風成爲主流，承續此文學的風潮的，陸續還有島崎藤村（1872-1943）、正宗白鳥（1879-1962）、德田秋聲（1871-1943）等人。其中藤村的《破戒》，描寫了部落出生地主人翁的生活方式，堪稱自然主義的代表作。進入大正時期之後，自然主義作家常以自己親身的經驗寫成私小說，逐漸成爲心境小說。

相對於自然主義者，呈現人道主義的作家則有武者小路實篤（1885-1976），志賀直哉（1883-1971）、有島武郎（1878-1923）都是白樺派的代表作家之一。本來依附在森鷗外所主宰的雜誌而發展，慢慢發展成耽美主義則有，北原白秋（1885-1942）、吉井勇

（1886-1960）等人；夏目漱石的門下的安倍能成（1883-1966）、和辻哲郎（1889-1960）等人，也確立了以理想主義的文風，展開了文學批評的活動。文學中，追究個人的藝術觀而言，白樺派就是一個方向；另外抓住昭和時期普羅大眾文學的特色，可以列舉的就是小林多喜二（1903-33）和德永直（1899-1958）活躍的全日本無產階級藝術連盟的世代。日本普羅文學的內容，大概是自然主義以來，最貼近寫實主義的色彩。

進入大正時期之後，正宗白鳥、武者小路實篤和谷崎潤一郎（1886-1965），除了小說家身分之外，同時以劇曲家活躍於劇場。之後，新劇將藝術至上主義混合了社會主義思潮，昭和時期之後，無產主義系的演劇和反左翼系分庭而立。新時代的轉換下，文學中展現女性崛起的意識，也是讓人矚目。從大逆事件到乃木將軍的尋死為止，代表著一個舊世代的結束，同時也是迎接新希望世代的開始。

雜誌《青鞜》和《白樺》的創刊，就是反映了新世代一個反動。白樺派是一群在學習院就學的青年，為了表達對院長乃木希典的反動，呈現個人對社會的自覺，有人格主義和民本主義的傾向。《青鞜》同樣也是一群良家夫人小姐，對於自己被冠以「良妻賢母」的一種反叛。創刊以來，對於女性切身貞操、墮胎、或是賣春等問題，提出相當熱烈的討論。活躍於《青鞜》的一群，即便是經濟沒有問題，仍然必須面對社會對女性的不公；基於女性的自覺，對社會的諸多問題認真的討論，也強烈主張女性必須自立，男女平等或是自由戀愛等，屬於新自由派的風格。

其他，猶如德富蘆花（1868-1927）的成名小說《不如歸》，描寫明治後期日本封建家庭制度下的親族關係，包含夫妻、婆媳、母子等，內容描寫了新舊道德、義理人情，甚至宗教信仰、傳染

病和家國戰爭，婦女歧視等議題。處於新舊社會的交替，傳統社會給予的枷鎖仍舊；《不如歸》提出的問題，已經不是日本獨有的問題，而是尚未擺脫封建桎梏的各國人民所共有的課題。蘆花透過真人故事影射在小說中，揭示了對於封建桎梏的批判與抗議。

　　至於小說與文學之外的和歌，和歌的俳諧承繼了江戶時期的傳統，迎接了明治時代的新歌風。江戶後期歌人香川景樹（1768-1843），和其門下所創立的桂園派，形成一大勢力。當時的趨勢就是，譬如在宮中舉行相關的事物，則會固定在御歌所舉辦，採用桂園派的門生；此歌風的習慣沿用到後來。同時，桂園派尊重《古今和歌集》優雅的歌風，以題詠為和歌的方式；其方式就是，賦予題目之後，依照題目發揮想像力為主。此時，文壇也出現主張改革的歌人正岡子規，子規的歌一直是以當下率真的心情來詠唱，不但批評了《古今和歌集》的歌風，進而也主張《萬葉集》的歌風；雖然桂園派並沒有遵從，但是明治之後的歌人，則大致改以同調尊之。

　　子規不認可《古今和歌集》，卻對《萬葉集》給予高度的評價，批評直至江戶時代為止，仍被格式束縛的和歌，並且為了革新和歌，組織了「根岸短歌會」。創設短歌雜誌的《馬醉木》。短歌是西洋詩風的新體詩所產生的，之後以此派為主的羅曼派的抒情主義為主，當時活躍於當代的詩人有：與謝野鐵幹（1873-1935）及夫人與謝野晶子（1878-1942）。子規同時也致力於改革俳諧的風格，其作風就是重視寫實性；不但批評了松尾芭蕉的俳句，認為欠缺純粹性，卻對當時不被看好的與謝蕪村（1716-84）給予很高的評價。

　　因為正岡子規患有咳血症，隨著病情加重，寫下了《仰臥漫錄》、《病床六尺》等作品；雖然身染重病，但作品中並沒有自暴自棄的感傷，反而是客觀勾畫了，臨死前自己的肉體和心靈狀況，

是一部激勵人心且感人的記錄，其價值至今仍歷久不衰。子規沒後，繼承子規的就是高浜虛子（1874-1959），認爲應保存俳句傳統的五七五調。同時，虛子主張應重視景物的客觀素描，著重季節感，而塑造出明亮的餘韻。但也因身爲守舊派，與曾爲好友的河東碧梧桐（1873-1937）激烈的對立。

其他，作家和詩人的作品也造成演劇的改革。演劇的分野，到江戶爲止，擔任演劇角色的就是歌舞劇，以大眾派性的現代劇興起的則有新派和新劇。新派爲了鼓舞自由民權運動，發生了演劇志士的內容，也被稱爲「壯士演劇」，相對於舊派的歌舞伎，很自然地被稱爲新派。其中，川上音二郎（1864-1911）因爲演出板垣退助在演說中，被刺殺的一劇「板垣君遭難實記」，因而聲名大噪，也被稱爲「新派劇之父」。受到新派劇的影響，日本的演劇界開始從歌舞伎中脫離，企圖往寫實性的現代劇更上一層樓。經過日清和日俄戰爭，大概到明治末期，日本迎接了新派劇的全盛時期。

新劇完全受到西方近代劇的影響，當時許多文學作品，被編成劇本上演，如「金色夜叉」、「婦系圖」和「瀑布的白系」等陸續被搬上舞台。同時，由小說家坪內逍遊與評論家島村抱月（1871-1918）等人，開始鼓舞興起創作現代性劇的運動。尤其，逍遊以莎士比亞的劇本，鼓吹新劇往新的方向，也和當下幾位劇場的演員，竭盡心力共同推動創立演劇研究所。莎士比亞有名的「哈姆雷特」（Hamlet）一劇，在日本上演的時間，大概也是同一時期，而且小山內薰（1881-1928）開始組織自由劇場，開始嘗試將西歐近代劇的翻譯，搬上演劇舞台。

四、大正民主思潮的本末

　　歷史上，明治時代四十四年的時間，歷經了維新變革，和兩次戰爭的波瀾的歲月。因爲大逆事件，幸德秋水被處死，衝擊尚未平息的當下，隔年明治天皇駕崩；大葬的當日，陸軍大將乃木希典（1849-1912）夫婦自殺的訊息，更讓日本人受到極大的衝擊。這是明治維新開始，歷經了對內、對外變革時代的結束。衝擊不但顯現在現實中，夏目漱石著名的小說《心》，主人翁的先生，也是在知道乃木殉死之後，自己也決定自殺。小說這樣的安排與描述，無非也是漱石自己內心所呈現的衝擊。

　　明治時代的最終日，也正是大正時代的開始，那也是戰爭結束，進入民主思潮的一個階段，更是日本實施普通選舉，一個希望年代的開始。政治氛圍而言，大眾支持吉野作造（1878-1933）指導的民本主義，明治以來反對藩閥的官僚政治的護憲運動，以及普通選舉運動也達到高潮。美濃部達吉（1873-1948）和上杉愼吉（1878-1929），是東京帝國大學兩位憲法學者，針對憲法中，天皇位置的問題展開激烈的論爭，也幾乎是同一時期。

　　美濃部主張國家爲法人，日本天皇只是國家行使統治權的機關，統治權乃屬國家權利，既非君主也非國民之權利。之後，分屬不同學派的佐佐木惣一（1878-1965）亦提倡天皇機關說，佐佐木主張主權者由天皇轉變爲國民，國家由君主國體變更爲民主國體。此學說在學界成爲通說，跟民本主義、內閣制慣例、政黨政治同爲大正民主的理論根據。大致上，1920 至 1930 年代前半（大正 9-昭和 5），天皇機關說乃是國家公認的憲法學說。另一方，上杉則主張天皇主權說，屬於君權學派。上杉的說法，對於超然內閣而言，是一種有利的主張。

　　第一次護憲運動，是求取議院內閣制度為主，對國民而言主要
訴求在「擁護憲政・打破閥族」的兩個面向。當時桂內閣因為無
法平息，百姓引發的街頭民眾運動，最後在 1913 年（大正 2）內
閣總辭。後繼的山本權兵衛（1852-1933）是海軍出身的政黨政治
家，閣僚大部分也都是從政友會成員任命。隔年的 3 月，因為海軍
的污職事件，很快下台。二度上台的大隈重信（18383-1922），
意圖將立憲同志會列入在野黨，圓滿地實施政黨營運。在大隈第二
期的任內，日本碰到第一次世界大戰，日本以對德參戰的名義，加
入日英同盟，也因而得到德國在山東半島的利益；甚至因為戰爭的
關係，日本提供遠在歐洲的戰場軍事用品，幾乎是坐收漁翁之利的
狀況下，讓日本得到許多商業利益。

　　因為市場的需要，大量製造工業製品，以及開發領域需要大
量高學歷的人才，因而促使社會產生上班階層；社會結構改變之
下，誕生許多事務族和白領階級。甚至，資本移動和育成產業的需
求下，在銀行工作的白領階層也大大增加。可以說，日本在大正年
間，正式從農業國家，轉型成為工業國家。資本主義發達的結果，
日本社會勞動階層，對自己的利益需求，自然相對提高。

　　相對於第一次護憲運動，主要是依照屬於中流階層以上的人，
所需求的政黨政治；第二次護憲運動則完全傾向，導入以政黨主導
的普通選舉制度為目的。綜觀當時日本國內的狀況，雖然已經形成
所謂的「憲政常道」，但是貪污事件以及政黨自己利益的鬥爭，不
擇手段的倒閣運動等，讓民眾普遍感到心灰意冷。政黨政治走到最
後，終於在金融恐慌發生之際，因為政黨的不協調，日本議會走上
衰退之路；議會政治的失調，也導致後來急進派及國家主義團體活
躍，大大影響了日本政治的民主化。

　　大正民主思潮的興起，也表現在文化的層面。相對於明治時期所要求的文明，到了大正時期，顯然要求的是屬於大眾民主和大眾文化的階段。1911 年（明治 44）的 8 月，夏目漱石在題為「現代日本的開化」的演講中，對於日本文化是自然化產生，或是機械急躁主義下的產物，提出了強烈的質疑。歷史上，日俄戰爭的結果，日本得以登上文明國的行列，這是明治外交努力的成果；但是政治的成就，未必可以原封不動地，呈現在現實文化的層面，也是一個不爭的事實。雖然我們談論大正文化，也可以列舉許多文化的象徵；但是文化的熟悉度，是否廣泛普遍於每個國民？仍然是一個普遍的疑問。

　　雖說如此，經過明治時期攝取的科學技術，以此為基礎進入大正時期，也孕育出日本獨創的思想和學問。西田幾多郎（1870-1945）的哲學思考就是一個典型的例子；西田重視主體性的思維，提出「純粹經驗」、「場所邏輯」、「絕對無」等哲學理論。甚至奠基於日本古代史的基礎，也誕生了柳田國男（1875-1962）的民俗學，那是奠基於日本古代的民間傳承，所開拓出的一門嶄新的學問。世人稱柳田是日本從事民俗學田野調查的第一人，柳田認為日本傳統的妖怪的傳承，與民眾的心理和信仰有著密切的關係，並且將妖怪研究，視為理解日本歷史和民族性格的方法之一。柳田的著作《遠野物語》書中，詳述天狗、河童、座敷童子、山男，使這些妖怪聲名大噪，讓世人深入了解日本地方的民俗。當時，日本並沒有民俗學的學問，透過柳田的田野調查，在二次大戰後將民俗學從「在野的」學問，變成大學殿堂裡，正式的研究科目，柳田被尊稱為日本民俗學之父。

　　其他，應用柳田的田野調查的方法，連結古代文學和神道研究的哲口信夫（1887-1953），則藉著沖繩的調查研究，探究了日本

古來信仰及神的本來樣態。另外，可以列舉的就是，白樺派出身的柳宗悅，柳調查全國各地的民藝和朝鮮的民藝，發掘民藝日常美的價值，1920 年代發起民藝運動，就是注重日本的在地性，所創造的獨創學問。柳提出的「日常美」，打破了自正倉院以來，傳統美的侷限，將美意識從上端提到民間；柳也出訪殖民地的台灣，將東亞民藝系列化。

　　前文所提的美濃部達吉之外，政治學的吉野作造，其著名的論點就是 1916 年（大正 5），發表在《中央公論》上，〈論憲政本意及其貫徹之途徑〉一文，爲大正民主運動提供了理論的依據。吉野主張民本主義，提倡建立在言論自由和普選上的政黨政治，也曾經批評帝國主義侵略政策。主張改革樞密院、貴族院、軍部等特權機構。可以說，吉野作造的民本主義迴避了，明治維新以來，日本國家主權的歸屬問題。

　　吉野的理論中，沒有直接對抗天皇制，而是通過對「國家在法理上屬於人民」與「國家主權活動的基本目標，在政治上屬於人民」的論點，來宣傳民本主義。吉野所提出的民本主義的思想，賦予大眾一種獨立的思考，這個獨立的思考，甚至也傳達給殖民地台灣的知識分子。其他，新聞記者的長谷川如是閑（1875-1969），在 1919 年（大正 8）創立了《我等》雜誌，以親近民眾的立場支援民本主義。

　　總結來看，大正民主運動可說是繼自由民權運動之後，在日本資產階級發展下，求諸於政治上的訴求；也是日本現代史上，又一次展現資產階級的民主主義運動。雖然大正時代的時間很短，但是也是日本現代化下，政治發展的一個重要階段，論起其功績，吾人可以歸納如下：此時代結束了，日本藩閥專制的統治，制訂了普選法，確立了政黨內閣制；所孕育的民主主義傳統，也成爲日本民主

運動中寶貴的精神財富。而且，在配合國際局勢的發展下，更是促進了日本資產階級民主化的發展。由上諸意義而言，確實爲戰後日益高漲的民主運動，創造出歷史的前提條件和可能性。

　　然而，大正民主運動確立的政黨內閣，還不是完全性的資產階級民主政治。歷史條件下，使得日本的政黨政治，與歐美資本主義國家的政黨政治根本無法相提並論。社會的發展與諸多討論，都未能從根本上，清除明治憲法政治體制中專制主義的因素；當下日本的政黨內閣制，仍然還是天皇制下的政黨內閣制，根本無法根絕日本軍部法西斯獨裁統治。第二次護憲運動之後，政黨政治的退後，反而使軍部等特權專制勢力無法有所壓制。種種不完備的因素，都爲二戰前政黨政治的崩潰，日本軍部法西斯專政崛起埋下了隱憂。

第十二章

民族的幻想

一、馬克思主義的展開與挫折

　　歷史家 E.H. 卡爾（E‧H‧Carr，1892-1982），在其 1939 年（昭和 14）發表的著作《危機的二十年》中，指出從 1919 到 1939 年（大正 8- 昭和 14）是危機的二十年。書中所提的問題意識，談到國際政治需要重整的議題；卡爾認為國際政治為了需要思考新的秩序，必須思考的就是權力和道義的兩種原理。

　　面臨此「危機」，當然日本也無法例外，因為卡爾所提到危機的二十年，也正是日本進入動盪的時期；同時也是日本面臨國際關係緊張的時刻，進入一個時代的重要「轉換期」。自明治時代以來，日本學習西方文明的態度，已成為社會的主流思考；但是從轉換到試圖尋找東洋‧日本的獨特價值的態度，在某些情況下是被迫的。馬克思主義的崛起就是其中的一環，不管是主動的，或是被強制的狀況，日本都是面臨了一個「轉換」迴路的當下。

　　日本馬克思主義的發展，可以說一開始，就面臨了國家天皇制的特殊限制。根據片山潛（1859-1933）的資料顯示，日本社會民主黨成立於 1902 年（明治 35）5 月，正好處在俄國社會民主黨成立的兩年後，與其第二次代表大會兩年前之間。日本社會民主黨成立的當天，《勞動世界》發了號外，刊登了這個新型工人政黨的綱領，據說東京以及地方上，一些有影響的報刊也競相轉載。但是，統治階級面臨這種轉變，顯得驚惶不安地，立即取消了這個綱領。

　　即便只是短暫的公開，此綱領的內涵，依然給予日本社會主義運動的發展，賦予巨大的推動力量；並在勞動群眾中，引發了廣泛的迴響。當時，面臨日本廣大的勞動階級所孕育的貧富問題，社會民主黨的宣言內，開宗明義地主張：「如何打破貧富的懸殊，實在可以看作是二十世紀的大問題」。顯然，日本社會主義者所強調的

就是，拯救當時日本占人口絕大多數的工人和佃農，所陷入了貧困
和無權的境地。

　　從今天的角度來看，社會民主黨的綱領中，所提出的八項原則
中，無疑都是非常「前衛性」的主張：其中談到人民享有平等的政
治權利、國家承擔一切教育費用，使人民可以平等地受到教育；另
外也談到禁止雇傭學齡期童工，禁止婦女從事有礙於道德和健康的
事業，主張實施普選法等內容。社會民主黨不僅提出了，日本勞動
群眾最實際且直接的要求，而且也描繪了國家未來的最高理想。尤
其，令人矚目的是，社會民主黨在其宣言中又提出聲明：黨既不提
倡過激思想，也不準備採取暴力手段。宣言中還告誡大眾，爲了實
現上述的理想和要求，只能走立憲主義的道路。

　　此宣言的發布，也間接宣告一項重要的事實，就是社會民主黨
將去除街頭式的革命方式。同時，強調爲了獲得普選權，首先必須
利用議會的舞台；走議會模式就是不走街頭革命，欲採取合理爭取
議會制度的權益。以傳統社會主義者所採取革命鬥爭的步調來看，
當時日本馬克思主義者，所起草的宣言主張，顯然與傳統馬克思主
義的風格是有落差的。雖然，以當時存在天皇制的現實來思考，兩
者關係一開始並非完全對立，完全是採取了合法爭權的態度。日本
社會主義者爲了維護工人的利益，爲了展開爭取普選權的鬥爭，期
待利用議會上的口號，力圖配合群眾當時的發展趨勢；並且希望把
工農群眾吸引到，與維護自身日常利益緊密結合的政治運動中來。
但是，片面宣傳議會方式，否定革命、否定奪取政權不可缺少的手
段，非但沒有融入馬克思主義的精神，也有可能無法完全取得，勞
工大眾的信任。

　　日俄戰爭以來，日本社會的動盪，很快地引起政府的注意。早
在 1900 年（明治 33），明治政府就已經頒布了，旨在鎮壓革命運

動的《治安警察法》。政府趁著社會民主黨立足未穩之際，就立即粉碎了，打著勞動群眾旗號，欲圖登上政治舞台的初步期待。政府的極端政策和作法，無疑讓日本社會民主主義思想體系，造成了極大的混亂，促使社會主義者內部，始終呈現意見分歧和不團結的現象。大概就是混亂社會中，不斷產生一股社會的新力量，與領導階層呈現了一個對立的現狀；日益逼近的戰爭情勢，所引起的社會不安，無疑進一步加深了，社會民主主義者與資產階級自由主義者之間的分歧。

1903 年（明治 36）11 月 15 日，《平民新聞》創刊，堪稱日本社會民主主義運動最先端的機關報；主編是幸德秋水（1871-1911）和堺利彥（1871-1933），他們擺脫了資產階級新聞的影響，採取了反戰的立場，主張自由、平等、博愛，而且提倡平民主義、社會主義、平和主義。直到 1911 年（明治 44）以前，社會主義者始終利用報紙，繼續推行傳統政策，爲了日後的普選而努力。同時，爲了爭取要求制訂工廠法，也持續進行了，反對市公車票價上漲等活動。

戰爭促使勞工階級的狀況進一步惡化，世間不滿的情緒日益高漲，工人罷工鬥爭逐日深化，甚至發展成暴動；尤其在煤礦部門的罷工，更是可以看到激烈的狀況。此時，俄國革命的消息，又頻頻傳入日本勞動階級的耳中，無疑是更替日本國內的勞工階級打入一劑強心針。1910 年 7 月（明治 43），政府對震驚全國的「大逆事件」進行審判，幸德秋水等人，以圖謀顛覆國家的罪名遭到起訴，幸德秋水等十二人被判絞刑，其他則處以終身監禁，此番結果無疑也是無產階級的一大挫敗。

最終，《社會新聞》也遭到官方的查封；至此日本社會民主主義者，完全失去了可以發言宣傳的機關報。緊接著，國內外發生了

大事；在寺內首相任內，日本在 1918-22 年間（大正 7-11），作
為協約國武裝干涉俄國內戰，日本出兵西伯利亞干涉俄國內戰，協
助白軍對抗布爾什維克紅軍的事件。隨著持續的西伯利亞戰事，大
量耗費國帑，每年的財政收入有一半以上，都投入戰役；工人、農
民和士兵等，無法忍耐極端貧困生活的煎熬，日本國內民眾對戰爭
的不滿情緒也日益高漲。此時，日本發生了全國性的「米騷動」。

其實，早在第一次世界大戰後，米價就已經達到高峰。社會
因為米價引發的通貨膨脹，造成大量消費品和房租價格飆升，都市
居民陸續出現不滿的情緒。政府非但無法解決現存的問題，反而因
為西伯利亞出兵需要軍糧，政府買斷了市場上的米，致使米價持續
高昂。1918 年（大正 7），富山縣一群婦女襲擊米商，消息傳開
之後，全國性的騷動事件接踵而至；歷時四十四天內，全國捲入此
暴動的群眾超過一千萬人，而且參加者都是無產階級。「米騷動」
是日本現代歷史上，影響範圍、組織規模和暴力程度，皆屬空前
的一次暴動。這也是政府在干預經濟，顯現出無能的結果，造成民
眾不滿的抗議，由農村擴散至城市，其嚴重程度導致寺內內閣直接
下台。可以說，此次的暴動，無疑也是勞動階級對官方的剝削與壓
迫，展現極大不滿的結果。

顯然，日本國內大部分人民的勞動條件，與生活條件正在日
益惡化的當下，又適逢蘇聯革命的英勇事蹟，不斷傳入國內，對比
之下的確給國內反政府的勞動階級造成莫大的鼓勵。早在 1912 年
（大正元），鈴木文治（1885-1946）創立的「友愛會」，到此時
已經日益壯大。其創立的宗旨，本來就是推動勞動階級的地位，以
及培育勞動組合為目的；隨著社會運動的進行，1919 年（大正 8）
「友愛會」改名為「日本勞動總同盟友愛會」，一改原來的家長
制，成為具備更激烈綱領的勞動群組合。到了 1920 年代之後，本

來勞資協調的方向，調整成為階級鬥爭主義的方針。

　　甚至，1922 年（大正 11）杉山元治郎（1885-1964）與賀川豐彥（1888-1960），共同組成了「日本農民組合」，工人運動的成長，與社會主義同盟的創立，組織上的成功，再再受到俄國十月革命的影響，帶給日本社會主義運動的發展，形成一股強烈的推動力量。一時之間，日本國內各種社會主義組織紛紛出現，並且也發行了各式各樣的雜誌。1924 年（大正 13），批判山川均（1880-1958）的「分離‧結合理論」運動論的福本和夫（1894-1983），從歐洲留學歸國，替日本的馬克思主義注入新血。

　　留學歐洲的福本所持的論點，與傳統的莫斯科理論有些不同，蘇聯革命之後，與莫斯科的正統馬克思主義分庭對抗的，就是義大利安東尼奧‧葛蘭西（Antonio Gramsci，1891-1937）與匈牙利的盧卡奇‧格奧爾格（György Lukács，1885-1971）等人；比較不同的是，主張重視社會主義變革中的每個主體。但是，日本馬克斯主義者對福本的關心，僅僅有如跟隨一種流行般，並未對其問題設定，做出深入的探討。直到 1927 年（昭和 2）7 月，共產國際的日本問題特別委員會，起草了「關於日本問題的決議」，即所謂「二七年綱領」，開始對山川主義與福本主義進行批判，福本也失去在黨內的影響力。1928 年（昭和 3）「三‧一五事件」時，福本和其他約一千六百名日共黨員同時被捕，在監獄十四年，戰時下的 1942 年（昭和 17），發表轉向聲明叛黨出獄。

　　大致而言，日本的馬克思主義者，遵循了歷史發展的一定模式，而且把握了 1920 年代的日本社會的現況，完全以日本天皇制為核心所發展；唯獨應該如何掌握變革的方向，仍然始終有爭論。1932 年（昭和 7），《日本資本主義發達史講座》成立，結集了當時野呂榮太郎（1900-34）、服部之總（1901-56）、羽仁五郎

（1901-83）、平野義太郎（1897-1980）、山田盛太郎（1897-1980）等日本馬克思主義的相關研究者，是專門對於馬克思主義的歷史、經濟、社會和文化等的綜合研究。

此「講座」是當時日本唯一以社會科學體系成立的社群，使用馬克思主義的方法，嘗試制度化地研究日本社會的綜合性研究；其中的發言討論，直至戰後為止，仍具有深刻的影響力。根據其研究，指出明治維新的改革並不完全，因為日本仍然處於，以封建地主制度為基礎的絕對主義國家階段，所以需要分階段進行改革；其順序就是先通過資產階級民主革命，推翻原來的專制主義，然後再進行社會主義革命，此論調也是當時共產黨的一般見解。另一方面，山川均的「勞農派」則認為，日本已經是近代資本主義國家，已具備地主制的近代性特質；也就是日本透過明治維新，已經達到資本民主主義的階段，有需要直接進行社會主義革命。世間對於此論爭的評價，承認此論爭真正面對了日本社會的真正問題，確實提高了日本社會科學的水準。

事實上，1930 年代之後，國家給予的壓力逐漸加強，社會主義者幾乎已經沒有活動的空間。尤其，1933（昭和 8），當時日本共產黨的最高幹部的佐野學（1892-1953）和鍋山貞親（1901-79），在獄中批判國際共產、承認天皇制，發表了〈告共同被告書〉，這是歷史上有名的佐野・鍋山的轉向聲明。兩人的轉向聲明，對於當時即使被逮捕，也不改立場的馬克斯主義者，無疑是一個很大的衝擊。對於許多追隨者而言，轉向是來自最高領導者的指示，終究是讓人失望，最後導致了日本共產黨的垮台。

即便如此，日本歷史上，馬克思主義的存在，從 1902 年（明治 35）日本社會民主黨的成立，曇花一現般的第一個勞動群眾的政黨開始，中間又歷經了針對馬克思主義研究的努力，直到佐

野・鍋山的轉向聲明發表爲止，其政治與學術上的意義都是不容忽視的。很清楚地，在國際共產興盛的年代，日本也有一群知識分子同樣注視到此問題；對於普羅大眾問題的關心，日本和世界處立於同一時代，並沒有缺席。

二、日本的回歸

「日本的回歸」的現象，大概就是「啓蒙和國粹」所牽扯出的問題意識，也就是歐化與回歸交互產生的現象。江戶末期、甚至明治開國以後，日本全國上下，都非常積極的以西歐爲模仿對象，進行現代化的過程，產生的歐化主義與傳統的日本主義，隱約開始了一段對立葛藤的過程。

日本近現代史的進程中，最大的特徵就是以歐化主義和民族主義交替而成的。因爲外壓引發徹底地認識歐化的本質，所激發的對抗，就是回歸的時間。歷史上，日本的反抗西化，大概有幾個時期：1. 明治維新的改革，之後經過日清和日俄的兩場戰爭；2. 第二期，大概是明治末期到大正時代開始左右；3. 第三期則是 1945 年到 1960 年左右（昭和 20-35），也就是戰後的階段。

其中，1887 年（明治 20）左右，日本在歐化主義之下，開始有不同的徵兆出現。這時候，因爲公布憲法、開設國會等，國家的建設告一段落的當下，開始給知識分子一種新的想法。許多帶有西方經驗，以及持有基督教思想的知識分子，對於 1920 年代爲止，西化所產生的隔離，開始提出許多批判。這些內容非常多樣化，無法完全以日本主義概括。有趣的是，這些論者，大部分都是接受過西方主義者；有許多的留學，或是以書本媒介的西方經驗，不但排斥以西洋爲中心的普遍主義，卻同時又持續學習西方知識，不斷在

吸取西方的經驗。無疑的，回歸的問題，對日本而言，攸關政治性社會的改變，同時也是思想文化的一大課題。

　　進入三十年代，最典型的「日本回歸」的例子，經常被世人提起的就是荻原朔太郎（1886-1942），在 1938 年（昭和 13）著作的《日本的回歸》的內容。在此，吾人列舉其中一節，來檢視其中的心情。「曾經我的內心描繪著『西洋的形象』，夢見海的那一邊烏托邦海市蜃樓，我的內心充滿了希望，胸中滿滿充斥著青春的熱情。但是海市蜃樓幻滅了的今天，我等居住真正的故鄉，是當我徘徊世界的各個角落回身，結果看到的還是祖國的日本。而且，這個故鄉幻滅了的西洋的形象，這個拙劣的樣子，汽車在跑，電車也在跑，所到之處都是俗氣醜惡的洋風建築。」。

　　詩人出身的荻原，經常以白話自由的詩體，以及率直地吐露愛情的風格震撼世人。以上短短的一節，不但將明治時期日本知識分子，初始嚮往西方文化的憧憬之情表露無遺；並且描述了明治末期，日本經過西化後的景象。日本知識分子跟隨國家腳步，歷經一番西方巡禮之後，驀然地回首，發現風光並非那麼美好，留下的終究還是只有故鄉而已。詩人在歷經歐化之後，面對故鄉的幻滅，漂泊過後的失望，完全溢於言表。這不只是日本近代抒情詩的一種類型而已，有這種幻滅的經驗，也並非只有詩人荻原而已，那是多數日本人的經驗，類似這種憧憬過後的幻滅之情，也經常可以在文學作品中看到。

　　處於三十年代的日本，早已經經歷了東方文明的洗禮，又接受了西洋衝擊，不斷地階段性刺激之後，終於形成一種混血的文化類型。終究，日本的轉向、日本的回歸，最終卻是因為戰爭因素，造成心理上很大的格差。日本的回歸屬於政治上的課題，同時也呈現日本文化的特殊現象。早在昭和十年代，從谷崎潤一郎和川端康

成的作品上，就明顯地可以讀到，擁護傳統日本文化的心情；這也是日本國家跟歐美列強對決，舉國上下全民一致對外的節骨點。文學界除了荻原之外，最典型的當屬保田與重郎爲主的日本浪漫派，思想界也有西田、和辻和九鬼等人，談論的重點，不外乎是皇國思想，或是國體思想等觀念。

　　戰前，和太宰治（1909-48）同列無賴派代表的坂口安吾（1906-55），在戰後1946年（昭和21）發表了隨筆《墮落論》，此書是坂口安吾的代表作；也是在二次世界大戰後，坂口在對於日本在二戰後，混亂社會的道德與價值觀所提出的評論。面對當時日本社會亂象，太宰治與坂口安吾都致力書寫人性的腐敗墮落，抵抗既定現實，比起太宰，顯然坂口是更加徹底。短短一百一十頁的文庫本，書中談墮落論；將日本列爲墮落的無用之國，左批天皇制，右貶日本的道德倫理，整本書回顧了日本的歷史及社會的狀況，道盡了坂口對國家失望，卻又冀望的複雜心情。

　　「我仍鍾情偉大的破壞。我雖然很怕炸彈或燒夷彈，內心卻因那狂暴的破壞力湧現強烈亢奮；不僅如此，當下對於人類的眷戀甚至比任何時候都要來得強烈。」。文章裡，可以看到坂口面對戰爭的破壞，陷入矛盾焦慮的心情；但是這個矛盾感，又內含一種難以說明的快感。這個快感，正是來自坂口內心的期待，可以破壞日本西化之後的狀況，讓日本得以重生的期待。坂口自問，「人，另外人的本來的面貌應該是甚麼？」，這也是坂口暗示，日本必須墮落，甚至燒毀過去西化的經驗，才有重生的機會，也才能重拾往日的道德倫理。坂口又進一步地吶喊，「日本國民諸君，我對諸君，日本人和日本本身應該墮落。日本和日本人不墮落是不行的。」。

　　如果戰後的日本不再擁有道德，戰後的日本可以在戰爭中看見生存的意義，戰後的日本可以脫離一切思想的枷鎖的話。那麼「墮

落」的日本就成爲了理想國，沒有道德的社會，才是真正的社會，墮落完全爲了救贖，成爲回歸本質的救贖。顯然，坂口講的墮落，其實是一種反面思考，而且存在去除日本傳統的道理，回歸日本傳統的美好道德，應該是坂口的本意。「只要天皇制繼續存在，只要這些歷史機制仍然糾纏日本人的觀念，且在日本人的觀念中運作，日本就無法指望人性可以真正的開花。」，文章中，也可以明顯看出，坂口對日本天皇制的觀感。

需要站在廢墟中重生，本來就是戰後日本的現況。坂口心中墮落的原點，也不是真正的墮落，可以說是坂口對日本或日本人的呼籲而已。這個呼籲，有如魯迅當年的吶喊；此時坂口說明「我雖然吶喊著「日本，墮落吧」，其中的真正用意應該也是完全相反的。因爲現今的日本，存有日本式的思維早已嚴重墮落沉淪，我們必須從這種充斥著封建餘毒詭計的「健全的道德」中墮落，赤裸裸地踏上真實的大地。我們必須從「健全的道德」中墮落，才能回歸成爲真正的人類。」。很清楚地，坂口對既定價值提出了深切的反省，「墮落」的本質，蘊含著認識那番對西方憧憬的破滅。

現實中，坂口安吾的文學世界，總是建立在「孤獨」的世界上，他虛構出來的美好日本，也都是屬於孤獨的，明知很難實踐，或是根本無法達成，坂口仍然反覆苦口婆心的不斷敘述；坂口安吾看似無賴且墮落，實際上他活得比眾人都清醒。文學或許就是他自我救贖的管道，因此他選擇創作，在文學的世界中找尋自己。即便，隱居在文學的世界中，坂口仍然在吶喊，呼籲日本的社會。《墮落論》普遍被認爲是，坂口安吾對於戰後日本社會的政論；不只如此，這也是日本在西化的過程中，坂口在面對傳統文化迷失中，站在敗戰1946年（昭和21）的迴點上，選擇回歸傳統的一種自我投射。《墮落論》中，隱含難以形容的「孤獨」感，也顯示出

身為作家的坂口，如何以他的文學觀，文化私觀，看待戰後的日本。

三、戰爭與知識分子

　　1931 年到 1945 年之間（昭和 6-20），日本發起了一連串的戰爭，日本歷史上稱為十五年戰爭。首先是滿州，再來是中國全境，接著是東南亞橫跨西太平洋整個區域的帝國戰爭；就在進入 1942 年（昭和 17）的中途島戰役之後，日本開始面臨了一連串的挫折，這就是一連串歷史的過程。

　　面臨那一場戰役，日本知識分子心中的糾結，從戰前持續到戰後，即便到今天還是有道不盡的複雜心情。戰後，武者小路實篤在回顧那一場戰爭時，一句「我被騙了」，道出了知識分子無可奈何的心境。但是，「被騙了」好似一種無知狀態下的受害者；是真的被騙了？還是希望是被騙了？平民百姓或許可以用「被騙了」一語帶過，唯獨知識分子的「被騙了」，顯然是含有許多複雜的成分與心理狀況。

　　歷史上，1930 年代，日本開始進行了「大東亞共榮圈」的構想。其思想源自於十九世紀末至二十世紀初，日本通過明治維新現代化而躋身世界列強，基於對抗西方列強的勢力，福澤諭吉提出有名的《脫亞論》。福澤認為日、中兩國是近鄰關係，而日本已經成功邁向現代化，但是中國仍然落後，故要幫助中國改善和建設，否則中國將會牽連日本，使日本也受到損害。由此推知，「大東亞共榮圈」思想的出現，起初還只是一種「將亞洲諸國從西方殖民者的手中解放出來」的主張。這類理想主義受到民眾普遍歡迎，也吸引了一部分亞洲國家的反殖民主義的獨立運動支持者。

　　很快地，隨著國內政局的變動，這個理想就遭到極端民族主義者利用，其中當然包括日本軍國主義者。日本以國家利益為藉口，發動了對東亞地區的擴張，其意識形態發展，累積了其遠因和近因。一開始，十九世紀先後發生朝鮮東學農民運動，以及日清戰爭；1920年代，關東大地震所導致的重大傷亡，以及之後因為經濟大蕭條，所造成的昭和金融恐慌，一連串的事態下，冀望對外獲取生存空間與資源，促使日本更加速進行大陸政策。

　　1930年代，日本發動滿洲事變，正式開始對外的軍事擴張。日本聲言將聯同滿洲國及中華民國三地接合，成為一個經濟聯合體特區，並且使用東南亞資源及南太平洋成為其軍事防線。1938年（昭和13），大日本帝國總理大臣近衛文麿（1891-1945）發表「第二次近衛聲明」，號召建立「大東亞新秩序」，欲樹立「日、滿、中三國相互提攜，建立政治、經濟、文化等方面互助連環的關係」，樹立以大日本帝國、東亞及東南亞「共存共榮的新秩序」為目標。

　　1940年（昭和15）7月近衛文麿內閣發表和宣傳，正式提出所謂「建設大東亞新秩序」的構想，即：日本與德國、義大利結盟，粉碎歐美列強對世界的統治，把亞洲從歐美的殖民統治下「解放」出來，在日本帝國「八紘一宇」的口號下，實現亞洲各民族共同繁榮的「大東亞共榮圈」，其實就是以天皇為首，統御其他國家的思考。大東亞戰爭的目的，就是要推翻大東亞的英、美隸屬化，主張「大東亞各國提攜完成大東亞戰爭，把大東亞從美英的束縛中解放出來，建設共存共榮、自主獨立、沒有人種差別的共榮圈，為確立世界的和平做貢獻。」。此時，日本所設立的「大東亞建設局」扮演了重要角色。

　　除此之外，石原莞爾（1889-1949）的「東亞聯盟論」，與近衛內閣的研究團的昭和研究會，包含了主張「東亞協同體」的尾崎秀實（1901-44）與康德研究的三木清（1897-1945）等知識分子，極力主張「東亞共同體論」，之後直接影響了近衛提出的「東亞新秩序聲明」的內涵。其中，說明東西對抗的連帶關係，以及日本在亞洲地位的各種主張。也在 1919 年（大正 8），北一輝（1883-1937）將編寫的《日本改造法案大綱》一書，私自出版之後，最後遭到政府頒布禁止販賣的處置。北一輝寫出關於改造日本社會結構的法律大綱草案，其中提出了每人擁有財富限額等，頗具爭議的觀點；全文充斥著武士道精神，與日本傳統文化的內容，此書被當時皇道派軍官奉為經典。1936 年（昭和 11），國內部分受北一輝思想影響的，日本陸軍少壯軍官發動了二・二六事件。之後，北一輝被冠以，二・二六事件的皇道派青年將校理論的指導者，被逮捕後受到軍法會議死刑的判決。

　　一般而言，日本超國家主義，指的是二十世紀初葉，以北一輝為首，帶有國家社會主義色彩的法西斯主義政治思潮與運動。學者評論北一輝的《國體論及純正社會主義》時，認為是階段性地將「社會主義本土化，國家主義社會主義化」的過程。同時，北一輝的主張是昭和超國家主義的源流，與明治時代的國家主義，是對立的一種思想。或許，日本國家主義的政府模式，與法西斯主義極為相似，但是與國家社會主義，卻未必有直接關係。

　　導致日本走上以國家主義為主的超國家主義，明顯是受到國家社會主義的影響；知識分子提出超國家主義，也是建立在理想的社會主義基礎上，又融合了一些國家社會主義的理念，完全是以國家為本位的思考。而且，從政治實踐方法論上看，國家社會主義是由政府自上而下推行的社會主義；而超國家主義，一方面希望天皇接

受他們的激進國家社會主義的理念，另一方面卻從低層發動事端，對政府施以改革的壓力，屬於一條單線的對撞體系。儘管最終日本沒有變成國家社會主義國家，而是進入類似於法西斯主義的日本民族主義；從這個結果來看，超國家主義四十年的努力，可說還是有些成就的。

同樣可以列舉的國家主義者，就是 1939 年（昭和 14），以第一暢銷書《日本二千六百年史》的作者大川周明（1886-1957）。1943 年（昭和 18），大川更是出版了《建設大東亞秩序》一書，書中也提倡大東亞共榮圈，同樣主張要改變歐美將亞洲變為殖民地、半殖民地的事實。為了對抗西洋文明的觀點，大川也顯示出對於伊斯蘭世界的關心；大川思想的根底，包含著「大日本帝國是上天所派下來的新世界的領導者」，故對全東亞的人民都有義務，應「救治那些飽受西歐民族虐待下的人們，絕不代替西歐民族奴役他們」的觀點。

大川也主張亞洲必須存有一致的精神，大川認為「儘管表面上差異甚遠，但在世界觀上，意即如何看待世界與人生，如何理解並藉事物，以及與此相應如何形成生活這些方面，亞細亞顯然存在著一致性」。以上看法，顯然和當時許多知識分子的論點是相同的；這是西方人種論之後，日本發展出極端自我民族的優越感，意識上的改變，連動地引起世論，自然也左右著政府的對外政策。

另一位，矢內原忠雄（1893-1961），則是一位研究殖民地經濟的學者，1920 年（大正 9）10 月，擔任東京帝大經濟部助教授時，奉命到歐美留學，在倫敦湯恩比館（Toynbee Hall）和倫敦政治經濟學院等機構就讀；在海外留學期間，矢內考察了西方帝國主義的殖民統治問題。矢內主要以社會科學立場，而非擴大日本帝國版圖或勢力的角度分析；同時本著基督教的精神，極力關懷殖民

地社會的壓迫與剝削，提倡讓被殖民者獲得更公平合理的待遇。1920 年（大正 9），受馬克斯學說的影響，對資本主義的發展，以及日本帝國主義的發展策略、殖民統治提出批判。最後，因為在其評論〈國家的理想〉時，提出了反戰思想，受到極大的攻擊，1937 年（昭和 12）辭去東京帝大的教職。

其他，身為國家主義的推手，無法漠視的就是田中智學（1861-1939）與國柱會所擔負的角色。田中智學是戰前日本的宗教家，之所以會提到田中，完全是因為他以日蓮主義的研究做為開端，開始提倡日本國體學。1923 年（大正 12），以日蓮主義和國體主義實施社會運動為目的，創立了立憲養正會，而且擔任第一任總裁。田中認為平常世間所指政體或是國格，與所意會的國體有所不同，所謂「國之精神」，意味著就是國之精神，也就是國之法之意。而且田中主張日本國體的要素，指的就是「五大要素」、「三綱基礎」與「八大原則」。

當初，田中舉出「日蓮主義」，即是從重視在家信仰的角度，重視日蓮宗的教團改革，之後以國家護持運動，超越佛教要素的色彩逐漸加深，將世界天皇中心的法華經信仰作為共同體，展開一種千年王國的思想。田中所主宰的國柱會，大大影響了當時主張世界最諸戰爭的石原莞爾，以及 1932 年（昭和 7）主導暗殺財界要人血盟事件的井上日召（1886-1967），以及日後的宮澤賢治（1896-1933）等人。1930 年（昭和 5）田中開始成立計畫，設立極端民族主義組織血盟團，1932 年（昭和 7）血盟團正式以殺害當時日本政經菁英為目標；血盟團在他的策畫下，進行了日本首相犬養毅等人的暗殺事件。

日本知識界，從 1930 年代開始，開始吹起了所謂「傳統回歸」的風潮。眾所皆知的，當時《文學界》的雜誌，就是當時左翼知識

分子的大本營；林房雄（1903-75）、小林秀雄（1902-83）、出
端康成（1899-1972）等人在 1933 年（昭和 8）所創刊的雜誌，舉
凡欲了解 1930 年代後半的意識形態，是日本文學界動向的一個指
標性雜誌。二戰期間日本學者開始討論現代性。早在 1941 年（昭
和 16）11 月 26 日，即太平洋戰爭爆發前十一天，主題是「世界
史的立場與日本」；隔年 3 月召開第二次座談會，主題是「東亞共
榮圈的倫理性與歷史性」；第三次座談會召開於「近代的超克」座
談會之後，主題則是「總力戰的哲學」。特別是在 1942 年（昭和
17）7 月，一批日本學者參加了，題爲「近代的超克」（超越現代）
的座談會，座談會的內容，也刊載在同年出版的《文學界》上。

　　當年與會者可分爲三類：具有浪漫派傾向的《文學界》成員、
日本京都學派的哲學研究者，以及與現代科學技術相關的學者等，
都是當時一流的知識分子。其中，《文學界》就是雜誌同人的龜井
勝一郎、林房雄、三好達治、中村光夫、河上徹太郎、小林秀雄，
音樂家諸井三郎，電影界人士津村秀夫，神學家吉滿義彥，哲學家
西谷啓治，歷史學家鈴木成高，科學哲學家下村寅太郎，物理學家
菊地正士。座談會主要探討，日本知識分子如何面對太平洋戰爭時
局，以及重建世界政治道德秩序的問題；整場座談會中，幾乎沒有
直接討論，戰爭該如何的問題。始終圍繞著，批判西方現代性文化
的危機與弊病，反省自明治維新以來，日本「文明開化」該走的現
代化道路；並思考東洋文化的重要性，主張以東洋精神文明克服，
與超越西洋物質文明的危機。

　　參加的多數論者，都認爲以前世界秩序的主導者是西方國家，
他們憑借啓蒙時代以來的科技優勢，獲得了君臨全球的政治優勢乃
至文化優勢；但這種觀念在文化上顯示出極大弊端，是造成近代危
機的根源。座談會中，下村寅太郎（1902-95）特別指出：「我們

所稱的現代是來自歐洲的，至少是成為今天要超克的問題。因此，如果說我們可以將超越現代，作為問題的話，那麼具體而言，就是與歐洲的現代對決」。顯然，由知識分子提出的問題意識，就本質而言，是主張要以日本代表的東洋精神，來超越西方文藝復興的理論。

這些討論的議題，屬於一種哲學思考的對話，顯示討論的內涵，確實具有一種世界哲學性的思考。事實上，自上世紀二十年代到三十年代，海德格爾哲學和德國法蘭克福社會批判理論的主旨，無疑就是對現代性和啟蒙理性的批判。而此次日本座談會的哲學主導，就是當時頗富盛名的京都學派。該學派與德國哲學，尤其是海德格爾哲學有著密切的傳承關係；不只如此，也提出要以「反抗意識」來面對西方思想。

在座談會中，京都學派學者西谷啓治（1900-90），則主張東洋精神的核心是「主體的無的宗教立場」。西谷窮其一生所追求的目標，即是「近代的超克」、「虛無主義的超克」，完全立基於禪的立場、空的哲學，透過虛無主義以超越虛無主義。也有學者提出，西谷此概念的生成，其根本直接脫胎於京都學派的西田幾多郎所主張「絕對無」的觀念。不只如此，學者也認為，這個座談會絕不止是一次純粹的哲學會議而已，其中潛在主旨和客觀效應，都意旨日本發動的戰爭。

日本的「現代」根本就是西方所帶來的，1941 年（昭和 16）12 月發起的太平洋戰爭，無疑就是日本對西方現代化的開戰，當下指出「超越現代」的意義，也正就是要超越西方。從京都學派的重要哲學家與史學家看來，這場戰爭的根本意義在於，不只是帶著一層濃重的倫理色彩，同時也深含自我文化批判的意識；主張日本在當今世界史上，應當擔負起文化使命和倫理的使命。這個信念恰

恰又是，京都學派在此期間召開的另一輪座談會的基本主題。

那一輪座談會共有三次，1941 年（昭和 16）橫跨到 1942 年（昭和 17）以「近代的超克」爲主題的會議爲止，無疑是依照東亞共榮圈的邏輯，強調日本需要承擔起，以東洋精神，拯救世界倫理的責任的說法。換言之，日本知識分子在反省自我文化應該何去何從的同時，也對西方物質文明進行了強烈的批判。此批判思想戰的本質，也就構成了之後，日本提倡「總力戰」的重理論根據。此番文化精神的意識，應該可以連結日本近現代史，做更深入的論證。

四、「大東亞戰爭」的思想史意義

「大東亞戰爭」在日本思想史上，到底具備甚麼意義？戰後七十八年後的今天，這個問題不只對日本，對亞洲各國也一樣，是一個值得深究的課題。東亞各國歷史上，對於戰爭的名稱是有紛歧的；日本稱十五年戰爭，指的是從 1931 年（昭和 6）到 1945 年（昭和 20）戰敗爲止的時間，1941 年（昭和 16）日本突襲珍珠港，則又稱爲太平洋戰爭或是珍珠港事件。連名稱都如此不統一的戰爭，無疑的日本是經歷了，每一個不同階段的思考。

思考「大東亞戰爭」思想的本質時，令人想起《大東亞戰爭肯定論》一書。此書是林房雄也在 1960 年代的著作，林曾經是著名的左派知識分子，1927 年（昭和 2），他與其他志同道合的作家，一起成立了「無產階級藝術家聯合會」。1930 年（昭和 5）林房雄又因爲替日本共產黨進行募捐活動而被捕，被關押在東京郊外的豐田監獄；之後在獄中發表「轉向」聲明，放棄過去的共產思想。本書即是戰後林房雄回顧前代歷史的總結，乍看之下的標題極

爲聳動，從字面上看，讓人不免懷疑是否是作者歌頌「大東亞共榮圈」、「八紘一宇」、「聖戰」等戰爭理想的著作。

　　事實上，林房雄真正想要論述的是，替敗戰二十年後的日本，找回一點日本歷史一貫的自信與尊嚴。資料顯示，當時日本國內對於第二次世界大戰的解讀方式有三種，分別是 1. 民主戰勝法西斯，即美國的「太平洋戰爭史觀」，2. 英美帝國主義與日德帝國主義相爭，即蘇聯的「帝國主義戰爭史觀」，3 日本帝國主義侵略中國，即中華人民共和國的「抗日戰爭史觀」。站在此三觀的基礎上，林房雄質疑國內對戰爭思考邏輯的矛盾，綜觀全書對戰爭責任並無否定之意。

　　《大東亞戰爭肯定論》的上卷，出版於 1964 年（昭和 39），隔年出版下卷，雖然出版部數不多，但是在當時的日本文化界仍然引起很大的迴響。雖然，《大東亞戰爭肯定論》一書，被出版界稱爲是「來自敗戰者的申辯與吶喊」；雖說是敗者，還是有權利說出自己的主張的。針對此書的內容，小林秀雄批評林房雄的言論，屬於一種「信口開河」；但是也不得不承認，承認林並非空言，而是秉著敏銳的直覺的發言，認爲其言論是有意義且珍貴的。這般評價，其實是互相矛盾的；事實上戰後書寫的書，在資料未完全的時代，被誤解的可能性是很高的。即便如此，2001 年（平成 13）復刊之時，販賣卻超過一萬部，顯示出此書的論述也是頗受重視的。

　　此書的重點，與其他論點的不同之處，在於林房雄將戰爭的起點，上追黑船事件之前的弘化年間；林覺得戰爭不是單純只發生在戰場上，更需要將其思想性萌生於人民心中。作者指出戰爭的時間，早在明治開始的五十年間，軍國主義教育的思想，就已經開始教化人民，一整個世代的孩童，隨時等待著戰爭的到來；只要戰爭一開始，全體國民就能合作。換言之，日本在戰爭上的準備，早就

從「思想」教育著手，思想教化早在戰爭未發生前就已經開始。綜觀，本書欲講述的，是從日本自身出發的歷史，即是建立「東亞百年戰爭」的史觀。

歷史上，談到「英法百年戰爭」，此「百年」的概念，應該是包含了，許多戰爭前後所產生的糾葛。此「百年」也是林房雄的核心概念，無論東亞各國如何看待這場戰爭，使用甚麼名稱；日本無法忽略的，僅僅只是自身歷史的脈絡。歷史是一連串的延續，思想史更是如此，諸多概念都是日本百年戰爭的一部分而已。顯然，林房雄談戰爭，無非是希望日本人，能夠看重自己歷史的史觀，重新肯定國家與自身的歷史。

換言之，林房雄談到「東亞百年戰爭」，就是日本長達百年抵抗「西力東漸」的歷史；但是起點既非薩英戰爭或馬關戰爭，也並非黑船事件。早在弘化年間，外國的船艦頻繁的出沒在日本海開始，當時的幕府與諸侯為提防外國船隻，在沿海興築砲台，雖然當時也有「攘夷論」的主張；但是隨著幕府啟動一連串的對應政策，明治政府標榜「富國強兵」的口號時，「東亞百年戰爭」就已經啟幕。

從這個角度思考，黑船事件只不過是東、西衝突的爆發點。一開始，薩英戰爭與下關戰爭，雖然都是以敗戰作為終結，但是日本於弘化年間，培養起來的戰爭意識，國家陸續養成的戰備技術，仍然維持了一定的國力，這也是足以讓日後日本，可以與西方延續關係的理由。比較重要的是，因為日本的戰敗，國內開國派取代了攘夷派成為主流。雖然兩派人馬的共同的目標，就是抵禦西力勢力，但是攘夷派與開國派的兩派鬥爭，不斷拉扯著兩方人馬的敏感神經。直至戰後，兩派力量的拉扯，也一直是日本政界內鬥的導火線。

　　明顯地，這個「大東亞戰爭」就是「東亞百年戰爭」的終結；而此「大東亞戰爭」，在文化思想的意義又是甚麼呢？近代以來，日本根本的心結，就是與西方的對決；日本思想的百年，舉凡西洋的思想、宗教、文學到藝術等，就是在西方壓倒性的影響之下，日本人思考應該如何創造自我文化的苦鬥過程。大多數的日本人，他們只是單純接受，由上而下的壓力所授與的西洋文明，對其「外部化」並不感到痛苦；但是大部分知識分子，則必需自我確定「內部化」的心靈歸處。換言之，知識分子在接受西洋文明的同時，也必須階段性的放棄傳統，這是一個心理葛藤的過程；即便是一點點，也必須將其「內發性」，當作精神上新的出發點。

　　這個百年思想流動的過程，「大東亞戰爭」代表著正是「東亞百年戰爭」的終結；其中舉辦那個惡名昭彰「近代的超克」座談會的目的，無疑就是日本人面對自我的一個總檢討，同時也是一個告別過去百年艱辛歷史的一個象徵性事件。「大東亞戰爭」的失敗，對日本人而言，不只是一個國際政治的結果，同時也是一個決定性的轉變，甚至摧毀了日本人內心深處的「內部化」因素。

　　只是，曾幾何時抵抗「西力東漸」的日本，與西方國家一樣，成為侵略他國的帝國主義國家呢？歷史上，幾乎每一個新興國家的民族主義，大都因為抵抗外國壓力而產生，國內的改革與自我解放達到某種程度，就會轉為擴張政策。雖然，日本在面對「大東亞戰爭」的過程，內部知識分子也有「主戰派」與「非戰派」的爭論；在民族主義的膨脹下，原本期盼著組成東亞聯盟共抗西方列強的日本，也漸漸由期盼東亞共榮的「王道精神」，質變為稱霸東亞的「霸道精神」。乖離的亞洲主義，由本來的東亞聯盟，經過幾番的改變，最後走上帝國主義之路；看來每在國家利益面對衝突的情況下，民族主義便會長出利牙，當民族主義的茁壯，超過無法承擔的

範圍，自然走上帝國主義的道路。

　　1964 年（昭和 39），《大東亞戰爭肯定論》出版的當下，當世人對「大東亞戰爭」的虛實，還停留在黑白兩立的當下，林房雄可以直接面對，也在世人對戰爭的概念，尚未明朗的環境下出版此書，有如書中林坦言「所有對戰爭的回顧者，精神都必須很強韌」的話語。顯然，林房雄是自覺地，藉著此書回顧了日本百年的歷史，對戰爭肯定論的心語，無疑留在初版下卷的後語中：「一國的復興，並非經濟的繁榮可以衡量。……他們在艱難的「東亞百年戰爭中，英勇戰鬥，爲了恢復日本人民的自豪與信心，期待奪回日本人的自信與自豪，本書在此作爲結束。」。

　　戰後，東亞各國對於日本歷史教育的批判始終不斷，日本國內本身也尚未總結出統一史觀，在這些紛擾不斷的氛圍中，身爲作家的林房雄，再一次回顧日本百年的歷史；對林而言，體驗戰爭的歷史與世人文字閱讀的歷史，絕對是無法相提必論的。而本書再一次的復刊，就是作家林房雄再一次呼籲，日本人應該對歷史認識的態度，這才是本書出版的文化史意義。

第十三章

戰後「民主主義」的世界

一、戰後的「民主主義」

1945 年（昭和 20）8 月 15 日，日本接受波斯坦宣言，通告全國的所謂「玉音放送」，就是天皇透過收音機的終戰通知。1941 年（昭和 16）12 月的偷襲珍珠灣開始的太平洋戰爭的敗北，其實就是宣告，從 1931 年（昭和 6）9 月的滿州事變以來，制霸整個亞洲的侵略戰爭的結束。

戰後，在日本展開的民主主義體系，包含思想、運動，甚至所有制度的基盤，完全是依存於占領軍的外來力量。1945 年（昭和 20）日本戰敗後，在駐日盟軍總司令道格拉斯‧麥克阿瑟（Douglas MacArthur，1880-1964）指示下，由日本國政府施行的一系列民主化、自由化改革等；日本戰後改革所指的，也就是戰後「民主主義」的內容。盡管如此，有關東京裁判、公職追放、憲法或法律的改癈、教育改革等，所有 GHQ 主導的民主化的過程，很快就被戰後的日本社會廣泛地接受。如此氛圍下，成立日本國憲法，象徵著對國民主權、基本人權的尊重、戰爭放棄等的基準。

但是，日本國內對於「民主主義」，又是如何反應呢？資料顯示，戰後民主主義的誕生，開始進行積極的言論活動，也就是被稱為戰前自由主義的知識分子。其中，包括和辻哲郎（1889-1960）、安倍能成（1883-1966）、小泉信三（1888-1966）、津田左右吉（1873-1961）等人；大概是以自由和平等權力為基礎的政治性，或在道德性的自由主義、大正主義中，可以確定自己思想的知識群。以上的知識分子，都擁有很高的西方人文學素養，而且一直和狂信的軍國主義者是保持距離的。有如津田般，雖然都是熱愛天皇，視其為最高原則；但是也一直確信，天皇是被軍國主義所利用，篤信天皇是以國家統一的象徵，偏離了原來的安穩方式而已。

　　理論上，戰後日本的民主主義，必須是建立在，對戰爭進行真
正反省的基礎上；但是與戰前自由主義者不同，不能將戰爭看作是
軍國主義一時的橫行而已，而是必須面對，是現代日本結構所帶來
一個必然的結果。而這個結構不經過徹底的改變是不行的，不能只
在舊體制上，加諸於現代化或是民主化而已；而是必須經過自體的
反省與改變，才有可能達到真正的民主。

　　但是，現代日本真正構造性的問題又是什麼呢？戰後日本的
思想家，羽仁五郎、井上清、遠山茂樹、中野重治、竹內好、加
藤周一、鶴見俊輔、丸山真男等，幾乎都是屬於馬克思主義和現代
主義一派。以上的知識分子，都以《中央公論》、《改造》、《世
界》、《思想的科學》等雜誌爲舞台，開始展開言論活動。其中，
戰後以談論民主主義的代表性思想家，除了丸山之外就是大塚久雄
（1907-96）。

　　丸山真男（1914-96）在南原繁（1889-1974）的門下，學習
政治思想史；一直以來日本從知性的傳統中，如何成長成現代性的
精神？阻礙其成長的原因是甚麼？這是丸山一直追根究柢的根本
性問題。不但發表其政治理論之外，丸山也對「民主主義」的本
質，提出根本性的說明，這也是政治學者丸山，對社會發出的啓蒙
言論。首先，丸山很含蓄地提出，民主主義發生的背景，強調民主
主義應該是在行動中意識到的產物，完成否定了日本傳統的身分
家世制度。丸山強調「在日本我們國民，缺少從自己的生活或是實
踐中，去締結制度的經驗」。以上的結論，道盡了日本文化的狹隘
性，同時也指出日本傳統給予日本人的束縛。

　　但是，日本開始使用「戰後民主主義」的名稱，明顯是在
1960 年代前後，也就是日本對抗美國安保鬥爭開始的時刻。現實
中，戰後美國給予日本的另一層「民主化」，這是讓日本被動性的

接受民主化；也可以說日本的民主化，根本就是美國給予的定義。1946 年（昭和 21），丸山真男刊載於五月號《世界》的〈超國家主義的論理和心理〉一文備受矚目。丸山在文中，揭示了戰後民主主義的方向性，指出將日本超國家主義等同於馬克思主義，或是等同於法西斯主義，捕捉這種從明治以來，天皇制國家原理的特質，可以將其解體，才是民主主義革命的目的。這是政治學者丸山對外的呼籲，「解體」指的應該就是解除天皇制的嚴肅課題。顯然，同樣的問題，許多知識分子也都談論到。

　　事實上，因為明治帝國成立以來，走過積極的西化，日本國內資本主義的生產力快速發展，轉變到後期，就是以帝國主義的模式快速地膨脹，但是如西歐的資本主義所獲得的社會性，或是精神的現代性，卻是非常不足的。換言之，明治帝國的西化運動，只是一個快速移接西方精華的過程，如同移植西方文化的花朵，沒有考慮根部的根本性移植；人文社會學科的移植，沒有經過融合消化，想要在日本本地，開出與西方相同的花，基本上是困難的。

　　的確，從社會內部結構來檢討的話，日本資本主義盛行的結果，農村仍然受到地主或小作人的支配，屬於一種半封建的關係支配；即便工廠也是現代的農使關係，受到以前的性格所支配。再怎麼說，仍然是古代家制度的嚴格支配下，個人人權尚未受到重視的時代。如此結構上，安然存在的就是，日本獨特的絕對天皇制。戰後民主主義如此的發展之下，這也就是日本的現代化，一直被批評為延遲，或是具備扭曲特性的理由吧！因此，丸山所言的超國家主義的倫理，很自然指向「日本軍國主義打上休止符的八月十五日，也同時是超國家主義全體崩盤，絕對性喪失，而開始以自由主義為主體的時刻，也正是日本國民命運新的開始。」

　　比起丸山，大塚久雄（1907-96）在學生時代就接受了內村鑑三的聖經講座，一生都是堅定的新教徒；他閱讀了偉伯（Max Weber，1864-1920）的理論，包括《新教倫理與資本主義精神》，與馬克思的社會理論形成張力，並試圖澄清日本的現代化應該的走向。大塚心中理想資本主義的典型，比較接近英國獨立經營的自營農，不同意一般所說的資本主義精神。因此，在《近代化的人間基礎》書中，大塚強調日本民眾應該有的特質，就是包括獨立、自由或勤勞等性格；只有擁有這些特質，才是日本經濟再造的基礎。

　　雖然，大塚比較是以經濟史學的角度，論述日本戰後應該行走的方向；但是不管是丸山或是大塚，兩人都同時強調了，戰後日本社會體制的問題。體制下的現代化或是民主化，都在強調製作「生產力」人間應有的特質。同時，大塚也強調必須與亞洲國家共存的重要性。顯然，大塚的討論，不只限於丸山所強調的，拋棄戰前帝國主義的特質，更加主張日本需要進一步與亞洲各民族共存。

　　因為對安保條約意見的不同，思想層面所受到的影響，也是非常的多樣化。除了安保議題致使政治化之外，1960年代開始，日本高度成長的經濟型社會已然成形。可以說，50年代後半開始的「大眾社會論爭」，就是以冷戰體制下的經濟性受益者的大眾為主，與擔任市民社會的大眾，是完全不同的性質。而且，這些大眾因為安保鬥爭的結果，對政治已經完全失去關心；如此的狀況，自然也持續產生了其他後續的問題。

二、六十年安保鬥爭

　　1949年（昭和24）毛澤東所率領的中國共產黨，獲得內戰的勝利，成立了中華人民共和國。1951年（昭和26）戰勝國與日本

簽署《對日和平條約》（Treaty of Peace with Japan，通稱「舊金山和約」），結束了聯合國的占領，實現了沖繩和小笠原以外，日本國土的獨立。同一時間，日、美兩國也締結了日美安全保障條約，簡稱安保條約。1950年代，在史達林（Stalin）認可下發生了朝鮮戰爭，韓戰就是朝鮮民主主義人民共和國政權與大韓民國政權之間的戰爭。

其中，北韓接受中華人民共和國和蘇聯等社會主義陣營的軍事支援，而南韓則受美、英兩國聯合軍的軍事支援，因此東、西兩陣營緊張情緒達到頂峰。此時，日本以戰後回歸國際社會為目的，加入西陣營的一員，整個情勢的走向，完全是美國所設定的極東軍事戰略的一環。換言之，以憲法體制化的民主主義的理念，進入1950年代之後，因為朝鮮戰爭確立了東亞的新秩序，在1960年代開始，引發國內的混亂。

1960年（昭和35），安保條約改訂的前後，日本國內發生贊否兩立的強烈討論。贊成的一派，所持的論點就是，為了對抗共產主義，處於美國的傘下，站在西陣營比較符合國家利益，如果放棄安保條約保持中立的話，只是讓共產主義利用而已。換言之，此端兩對立言論，就是所謂保守和革新兩種勢力，從正面的對決。1958年（昭和33）組成的憲法問題研究會的學者們，不但極力對抗岸內閣的憲法改正，也反對改正安保條約。甚至，與岸信介內閣的安保鬥爭中，丸山真男對兩千五百名聚集在教育會館的群眾發表演講，其中「一旦認同權力萬能，就等於否定了民主；這是我們眼前的選擇」，這句話明顯激勵了眾人，之後便出發前往日本國會抗爭。

大概，當時主要提出這些理論的中心人物就是丸山真男等世代，其他活動的學者，還包括社會學者的清水幾太郎（1907-

88）。其主張主要是，日本從安保體制中脫離，積極地採取中立政策，可以追求東、西兩陣營的和平共存的可能性。反對改正安保條約運動，與知識分子一起活動的則包括：社會黨、共產黨的兩個革新政黨，其他還有勞動組合、和平團體以及學生團體等，大規模的群眾抗議及動亂，於 1960 年（昭和 35）6 月達到高潮。幾乎每天都有數十萬的抗議者，包圍東京的國會大廈，全國各地也發生各種大規模抗議活動；最後在六十五萬人包圍國會的抗爭中，新安保條約自然成立。面對不斷升級的混亂局面，時任自民黨政府的岸信介內閣最後被迫總辭。

安保反對運動開始後，眾多知識分子和群眾，仍然打著打倒岸內閣，和擁護民主主義的口號持續抗爭。被稱為安保鬥爭的一連串政治事件，所提出戰後思想主要的分歧點，就是有關「和平與民主主義」的議題。通過這場鬥爭，戰後民主得以展現出非凡力量，敵視強加於日本國憲法的作法，各派力量希望以恢復性的方式修改憲法的願望，致使政治局勢變得死氣沉沉。事實也證明，戰後民主的理念，在使民主作為一種既定的內在因素方面，確實達到一定的成長。

但是，諸多現象也顯示出，戰後日本的民主主義，卻是在這種狀況下產生，僅僅只是這樣，也證明希望可以給予的時代已經結束。安保鬥爭的結果，帶給那一代曾經經驗過的知識分子，非常沉重的挫折。一時之間，來自急進派的學生群的批評聲此起彼伏，認為運動的領導層強調廣泛的政治團結，導致在決定性的狀況下，因而失去戰鬥力。批判持續進行下，社會黨和共產黨指導的運動，因為矮化了大眾能量，因此主張必須以更戰鬥性的組織和理論持續前進。當時，知識分子也因為如此的批判，導致立場的分裂。

　　當時許多日本知識分子，紛紛地說出對安保鬥爭的失望，許多急進的行動派，甚至投向共產黨。吉本隆明（1924-2012）甚至認為，丸山等人的所謂民主也不過是「進步的啟蒙」，甚至是一種「偽民主」，不可能自由不拘地，獨立於共產黨和其他當局。顯然，戰後的民主主義，受到了來自其內部嚴厲苛刻的批判。事實上，也不僅如此，安保鬥爭之所以成為戰後的分歧點，現實中眾人論斷天下國家大事的時刻已然過去；隨著安保鬥爭的結束，關心國家意識的風潮也隨之退去。知識分子的理想和理念，可以傳達到眾人心中的時刻，也僅限於安保鬥爭為止。

　　很明顯的，如安保鬥爭這般空前的經驗，經過新一代的思考與經驗，也賦予日本民主主義一種嶄新的課題。與其論述理論性的民主主義，還不如從日常生活中，檢視日本的政治意識。其中，沖繩問題也是一個無法迴避的議題；但是一般人關心的重點，已經不局限於大眾議題，失望之下變成重視私生活，才是更重要的問題點；如何從生活中的人際關係，與自然和勞動，甚至大眾議題等，如何做一種協調之後，完整締造真正的民主主義，才是新一代重要的課題。

三、試煉中的民主主義

　　接任因為安保鬥爭，而退位的岸內閣的就是池田內閣，上任之初就發表了「國民所得倍增計畫」。50 年代後半開始的經濟成長，因此而快速的進長；到了 70 年代，更是迎接了經濟高度飛躍的時刻。因為高度的經濟成長，人們的生活也開始發生巨大的改變。經濟富裕所帶來的生活便利等，也是前所未有的狀況；只要勤勉工作，就可以得到生活的保障的觀念，也逐漸滲透到人們的心中。此

時，60 年代的安保鬥爭的氛圍逐漸遠離，人們已經不太不關心政治的議題。

　　將市町的小企業，轉變成世界知曉的大企業，其經營者所列舉「PHP」（Peace Happiness through Prosperity）等，依照松下幸之助打出的口號，可以很明顯地呈現出這個時代的氛圍。日本基於戰後新憲法的制約，國家的主力放在經濟面；此時終身雇用、年功序列等，戰後日本式經營的成功，受到世界各國的讚揚。但是，經濟成長的反面，社會公害或是大企業異常的支配力等問題也在各地發生。尤其，企業勞動過量的狀況下，所產生「公害」等問題，或是環境迫害的問題也隨之浮上檯面，讓世人對真正的經濟成長，開始產生諸多的疑問。

　　高度經濟成長下，帶來「大眾社會」的樣態，也迫使思想層面起了很大的變化。之前，被稱為進步派的知識分子，包括批判性的理想主義和訴求社會變革的共產主義者，在極端現實中快速後退；視覺效果豐富的雜誌受到大眾的喜愛，甚至提供一般趣味性的實用性雜誌，也開始在市面上氾濫。即便人文或社會科學等領域，也在現實可以接受的範圍，大致以情報和情報分析的方法處理。換言之，社會的氛圍改變成為一種速成方式，大眾已經忽略、甚至不關心，嚴肅思考性的課題。

　　整體而言，雖然第二次大戰結束，但是東亞經過 1950 年代以來，韓戰所造成的影響；以至於發生於 1959 年（昭和 34）的安保鬥爭，雖然在隔年就結束。但是，其後續問題，接著在 1970 年（昭和 45）因為條約更新的爭議，又發生了一次安保鬥爭，這場示威最終發展成為日本現代最大的民眾抗議活動。雖然 70 年代的抗議活動也達到了相當大的規模，但持續時間較短；加上日本知識分子理念的不同，造成左翼的分裂，愈演愈烈的暴力鬥爭的結果，

最終失去大眾與知識分子的支持。部分理想幻滅的學生，最終走向激烈的方式，也促使日本新左派的興起。

　　緊接著，1960 年（昭和 40），發生了越戰，這是美國對北越開始的軍事爆擊。在國際的支持與論中，北越協同南邊的民族解放戰線徹底對美的戰爭。此場戰役是二戰以後，美國參戰人數最多，也影響極為深遠的戰爭；美國在越南戰爭中不堪軍備的消耗，導致逐步將軍隊撤出越南，最終結果是北越擊敗南越，一年後南北越統一。越戰中，造成日本最大的影響，就是提供沖繩基地使用的問題。沖繩充當美軍基地，不管是擊爆機的發送基地，或是補給的作用，都發揮了極大的效用。

　　但是，在日本國內，也因而引發了高度反對的聲浪；此時以「越南和平，市民聯合」口號的運動，所激發關於思想史的意義是不容忽視的。日本民眾對美國介入軍事，而且對日本賦予軍事的協助，所引發連帶的議題，是這場反對運動的主要思考。這場反對運動並非是強大組織所引發的運動，而是以個人的方式表達心中的不滿。一直以來的行動中，以生活的一部分的心情，去參加政治運動的模式，也是一直從未有過的經驗；而產生這種嶄新的模式，對之後的市民運動的理論和實踐，激發出前所未有的影響。

　　在日本歷史上，沖繩始終是一個有爭議的議題。早在 1951 年（昭和 26）所簽訂《舊金山和約》裡，日本同意沖繩交給聯合國託管，並在聯合國託管前，由美國暫時取得琉球治理權，包含行政權、立法權、司法權的重大權利。同年，日本復歸促進會成立，開始展開縣民連署陳情運動，之後持續一連串的復歸活動，都遭到美國的反對而被迫解散。接下來，池田內閣後繼者的佐藤榮作，也將「沖繩返還」列入重大課題。

　　1970 年（昭和 45）年底，在沖繩島中部發生反對美國統治的暴動。隔年，美、日簽訂《沖繩返還協定》，把沖繩移交給日本。同年年底，由天皇公佈《沖繩復歸相關的特別措置法》，主要為確保沖繩法制順利過渡、並整合至日本法制而訂立的。在屋良朝苗（1902-97）等復歸贊成派的努力下，美國在 1972 年（昭和 47）5月 15 日正式將沖繩的管理權移交日本，沖繩縣復縣。即便如此，基於亞太安全的考量，至今駐日美軍依然在沖繩縣擁有大量軍事基地。

　　1960 年代到 70 年代初，國內開始有極大的變化。因為反對大學學費高漲，所引起的反對抗爭在國內各地發生。學費高漲所引發的問題，比較接觸大眾的生活，同時觸及整個社會的層面；直接以民主主義 · 直接行動，稱為「全共鬥」的運動在各地展開，而且不斷與警察引發成尖銳化的反對運動。在如此背景中，雖然也因為法國和美國反戰運動的風潮，或是對中國文化大革命的共鳴所引發的契機，因而對既成學問和價值觀引發不信感。

　　主要原因還是在於，經濟成長所帶來強化社會組織之後，帶給人的不信感。換言之，戰後民主經濟社會的人群關係和作法，打破了傳統的價值觀。甚至，產生一種堅持徹底拒絕戰後民主作為既定權威的想法；以及從根本重新審視，支撐大學和社會傳統人際關係的取向，同時也萌生出欲摧毀一切已經建立起來的衝動。學者也認為，大學紛爭的要因之一，大眾化之後大學教育的現場，也存在著大學和大學組織，無法對應解決的問題。而此問題至今也尚未得到真正的解決，也就是至今大學中，認為教予學生解決問題的能力，就是大學教育所應當承擔最大責任之所在。

四、日本文化論的盛行

　　70 年代後半開始的特色，大概就是：新左翼運動的衰退，和國民保守化的動向中，戰後民主主義從根本性檢討的議題。

　　圍繞著象徵軍國主義的靖國神社的問題，1969 年（昭和 44）自由民主黨提出靖國神社法案提出之後，1975 年（昭和 50）三木武夫（1907-88）以現職首相身分，第一次參拜神社。靖國神社的問題，從 1978 年（昭和 53）甲級戰犯入奉靖國神社後，日本內閣總理大臣，與顯貴參拜靖國神社變得敏感。根本性問題在於，如以私人身分或者其他頭銜參拜，屬於信仰自由，基本上不會引起爭議；但若以官方身分參拜，則可能會引起紛爭，包括了其他參與戰爭的亞洲各國的抗議，其他還有日本國內政教分離的問題。緊接著，教科書問題也是備受爭議，譬如：在 1982 年（昭和 57），強制性的消除教科書上「侵略」的字眼。此番事情，當然引起亞洲各國的反對聲浪。

　　70 年代開始，嶄新的日本文化論興起，土居建郎（1920-2009）首先以精神病學的觀點，在 1971 年（昭和 46）出版了有名的《「曖昧」的構造》（日文中曖昧也包含撒嬌的意思），以一種介入新進國之間的想法，接下來連續不同的日本文化論也陸續登場。特別是 70 年代後半開始，為什麼只有日本可以達成，其他國家都比不是上急速的現代化？等的論述，陸續被提出來討論。其中，最顯著的就是，司馬遼太郎（1923-96）著作的《坂上風雲》等作品，一直抱持著希望的立場，來面對日本嶄新的未來。也有論者認為，如此亮麗的性格，呼應著日本人一個世紀以來，面對現代化與傳統時的心情，這也是司馬小說受到廣泛閱讀，歷久不衰的原因。戰後陸續也許多議題的聲音，譬如：江藤淳（1932-99）對戰

後民主主義的批判，及其他如大江健三郎（1935-2023），自認爲戰後民主主義者，圍繞著人權和核問題發言。

　　70 年代，充滿閉鎖感的社會中，另外一個顯著的現象，就是產生新型的新宗教。從日常生活艱苦中解放的人群，希望求取物質無法滿足的空虛心靈的救贖。相對於終戰時所產生的新宗教，還是以科學和宗教的調和爲主的性質，「新新宗教」呈現以神祕主義和標榜非合理性，比較常見的變成是過激的終末論。另外，70 年代之後的問題，包括女性的人權問題。在 1970 年（昭和 45）10 月 21 日的國際反戰日的「婦女解放集會」上，作爲反對傳統男性中心社會，在日本誕生了一人解放運動。女性權力的提升，展現在政治上的，就是 1946 年（昭和 21）最初的眾議員選舉中，誕生了三十九名女性議員，這是戰後日本女性進入社會最明顯的改變。

　　日本憲法第十四條，提倡所有的國民在法之下人人平等的概念，但是具體的呈現是在隔年的民法改徵之後。民法的改變，意味著戰前家督權的全面廢止，日本傳統的家制度，在此也全部崩壞。因此，家長制的承續形式，也改變成爲男女平均繼承的模式。改變最大的還是呈現在教育面，規定男女共學的原則。1960 年代開始，因爲教育的全面化，導致都會農村的生活方式也大大改變。尤其是都會型的生活方式，男性出外工作，女性以專業主婦的身分，家事和撫育小孩的責任成爲標準的模式。此時，所謂三種神器的電視、洗衣機和冰箱也應市的普遍化。雖然，戰前的家長制和意識有所改變，但是男性優位的意識卻沒多大的改變。

　　生活三神器的產生，引起最大改變的是，戰後日本放送協會（NHK）放送網的擴大，紅白合戰等節目的上場，美空雲雀般國民歌手；不只娛樂，還包括流行等陸續出現。其他，包含收音機在內，節目的普遍擴及大眾的生活，不管社教或是娛樂等內容，都充

實了大眾文化的內容。1963 年（昭和 38），日本衛星轉播開始，首先報導的就是美國甘迺迪總統被暗殺的事件；短時間內，諸多國際新聞開始進入大眾的生活領域，無疑是大大擴大了民眾的視野及生活的樂趣。隔年，東京奧林匹克在電視轉播，日本文化進入一個新境界。

日本文化史略年表

世紀	西元	日本年號	日本文化史史實（）內為世界史史實
前 100?			繩文時代開始
前 5			（雅典的全盛時期）
前 2?			彌生文化時代開始
4? 4	 395		（大和政權成為日本的統一政權） （羅馬帝國東西分裂）
6	538		相傳從百濟傳入佛教
7	607 618 622 645 667 672	推古 15 推古 26 推古 30 大化 元 天智 6 天武 元	創建法隆寺、小野妹子派遣遣隋使 （唐朝開始） 聖德太子離世 實施大化革新 近江大津京遷都 壬申之亂、遷都飛鳥京
8	701 710 712 720 752 794	大寶 元 和銅 3 和銅 5 養老 4 天平 勝寶 4 延曆 13	完成大寶律令 平城京成為首都 《古事記》完成 《日本書紀》完成 東大寺大佛建成 平安京成為首都
9	804 805 806 858 894	延曆 23 延曆 24 延曆 25 天安 2 寬平 6	最澄、空海至唐朝留學 最澄歸朝、建立天台宗 空海歸朝、建立真言宗 藤原氏的攝關政治開始 遣唐使中止
10	905 907 935	延喜 5 延喜 7 承平 5	《古今和歌集》完成 （唐朝滅亡） 《將門記》完成

世紀	西元	日本年號	日本文化史史實（）內為世界史史實
	960	天德 4	（宋朝開始）
	985	永觀 3	源信著有《往生要集》
	995	長德 元	藤原道長掌握政權
11	1004	寬弘 元	紫氏部開始執筆《源氏物語》
	1053	天喜 元	宇治平等院鳳凰堂建成
	1086	應德 3	院政開始
	1096	永長 元	（第一次十字軍東征）
12	1120	保安 元	約於此時《今昔物語集》開始編輯
	1124	天治 元	中尊寺金色堂建成
	1160	永曆 元	白水阿彌陀堂建成
	1167	仁安 2	平清聖成為太政大臣
	1175	承安 5	法然開創淨土宗
	1185	文治 元	平家滅亡、設置守護・地頭
	1192	建久 3	源賴朝成為征夷大將軍
	1200	正治 2	（朱子離世）
13	1203	建仁 3	運慶等人建造東大寺南大門金剛力士像
	1205	元久 2	《新古今和歌集》完成
	1212	建曆 2	鴨長明著作《方丈記》
	1220	承久 2	慈元著有《愚管抄》
	1221	承久 3	承久之亂
	1224	元仁 元	親鸞著有《教行信證》
	1227	安貞 元	道元傳遞曹洞宗
	1232	貞永 元	訂下貞永式目
	1253	建長 5	日蓮開創法華宗
	1260	文應 元	日蓮完成論著《立正安國論》
	1279	弘安 2	（宋朝被元朝所滅）
	1281	弘安 4	弘安之役

世紀	西元	日本年號	日本文化史史實（ ）內為世界史史實
14	1309	延慶 2	《春日權現驗記繪卷》完成
	1313	正和 2	（但丁《神曲》「天國篇」完成）
	1334	建武 元	建武中興
	1338	延元 3	足利尊式開創幕府
	1356	正平 11	二條良基編輯《菟玖波集》
	1384	元中 元	觀阿迷離世
	1397	應永 4	足利義滿創建鹿苑寺金閣
15	1401	應永 8	（足利義滿派遣遣明使）
	1453	享德 2	（東羅馬帝國滅亡）
	1467	應仁 元	應仁之亂開始
	1468	應仁 2	（活版印刷發明者谷騰堡離世）
	1469	文明 元	雪舟從明朝歸國
	1477	文明 9	戰國時代開始
	1481	文明 13	一休離世
	1483	文明 15	建立慈照寺銀閣
	1488	長享 2	在加賀國發起一向一揆
	1492	明應 元	（哥倫布發現美洲新大陸）
16	1517	永正 14	（馬丁路德在宗教改革崛起）
	1529	享祿 2	（王陽明離世）
	1543	天文 12	葡萄牙人來到種子島傳入鐵炮
	1549	天文 18	沙勿略傳入天主教
	1573	元龜 4	織田信長推翻足利幕府
	1575	天正 3	織田信長於「長篠之戰」勝利
	1582	天正 10	千利休「妙喜庵待庵」建立
	1585	天正 13	豐臣秀吉成為關白
	1587	天正 15	豐臣秀吉舉辦北野茶會
	1590	天正 18	九州三大名的使者從羅馬歸國

世紀	西元	日本年號	日本文化史史實（）內為世界史史實
	1591	天正 19	千利休離世
	1596	慶長 元	發生「二十六聖人殉教事件」
	1600	慶長 5	關原之戰
17	1603	慶長 8	德川家康開創江戶幕府
	1616	元和 2	（莎士比亞離世）
	1636	寬永 13	日光東照宮建成
	1639	寬永 16	日本鎖國開始
	1649	慶安 2	（英國革命，查理一世被處刑）
	1661	寬文 元	（清朝滅明朝）
	1669	寬文 9	山鹿素行完成《中朝事實》
	1670	寬文 10	《本朝通鑑》完成
	1680	延寶 8	德川綱吉成為將軍
	1681	天和 元	松尾芭蕉開始了新風格的俳諧。於此時菱川師宣開始了浮世繪
	1684	貞享 元	採用「貞享曆」
	1686	貞享 3	井原西鶴的《好色一代女》出版
	1689	元祿 2	松尾芭蕉完成《奧之細道》
	1691	元祿 4	林信篤成為大學頭
	1695	元祿 8	圓空離世
18	1705	寶永 2	伊藤仁齋離世
	1716	享保 元	德川吉宗成為將軍
	1720	享保 5	近松門左衛門作品《心中天網島》上演
	1748	寬永 元	《假名手本忠臣藏》上演
	1752	寶曆 2	安藤昌益著有《自然真營道》
	1754	寶曆 4	山脇東洋《藏志》完成
	1762	寶曆 12	（盧梭著有《民約論》）

世紀	西元	日本年號	日本文化史史實（）內為世界史史實
	1767	明和 4	田沼意次掌握權力（英國開始產業革命）
	1774	安永 3	杉田玄白《解體新書》翻譯完成
	1776	安永 5	（美利堅合眾國發表獨立宣言）
	1779	安永 8	平賀源內離世
	1781	天明 元	（康德著有《純粹理性批判》）
	1783	天明 3	本槻玄澤《蘭學階梯》完成
	1789	寬政 元	（法國大革命開始）
	1790	寬政 2	幕府頒布「異學之令」，朱子學成為官學
	1798	寬政 10	本居宣長的《古事記傳》完成
19	1804	文化 元	（拿破崙成為皇帝）
	1805	文化 2	喜多川哥麿離世
	1808	文化 5	（歌德的『浮士德』第一版出版）
	1809	文化 6	式亭三馬的《浮世風呂》開始出版
	1812	文化 9	伊能忠敬《大日本沿海輿地全圖》完成
	1813	文化 10	海保青陵著有《經濟論》
	1814	文化 11	伊能忠敬的日本地圖完成
	1814		瀧澤馬琴的《八犬傳》開始出版
	1823	文政 6	西博爾德來到日本
	1829	文政 12	菅江真澄離世
	1829		繪金的畫家修業開始
	1833	天保 4	安藤廣重的《東海道五十三次》刊載
	1837	天保 8	（大鹽平八郎叛亂）
	1839	天保 10	蠻社之獄
	1840	天保 11	（鴉片戰爭開始）
	1848	嘉永 元	（馬克思的《共產黨宣言》公開）

世紀	西元	日本年號	日本文化史史實（）內為世界史史實
	1850	嘉永 3	鍋島藩製造反射爐
	1853	嘉永 6	（培里來到浦賀）
	1857	安政 4	開創蕃書調所
	1858	安政 5	開國
	1859	安政 6	（達爾文著有《物種起源》）
	1860	萬延 元	橫井小楠《國是三論》完成
	1862	文久 2	在長崎成立第一家照相館
	1868	明治 元	頒布《五條誓文》
	1871	明治 4	岩倉使節團出使歐洲
	1872	明治 5	改用太陽曆、頒布《學制令》、《太政官有關學制之布告》「明六社」成立
	1873	明治 6	政府訂立「新聞紙條例」
	1875	明治 8	福澤諭吉《勸學篇》完成
	1876	明治 9	《國民之友》、《國民新聞》、《日本人》雜誌創刊
	1887	明治 20	公布大日本國憲法、頒布「教育敕語」、淺草凌雲閣建成、森鷗外發表《舞女》
	1890	明治 23	東京復活大教堂完成
	1891	明治 24	《文學界》雜誌創刊
	1893	明治 26	頒布「制安警察法」
	1900	明治 33	日本社會民主黨成立
	1903	明治 36	《平民新聞》創刊
	1904-5	明治 37-8	日俄戰爭日比谷暴動
	1905	明治 38	《早稻田文學》創刊
	1906	明治 39	「友愛會」創立

世紀	西元	日本年號	日本文化史史實（）內為世界史史實
	1912	大正 元	大正政變
	1913	大正 2	發生米騷動
	1918	大正 7	《我等》創刊、「友愛會」改名「日本
	1919	大正 8	勞動總同盟友愛會」
			「三一五事件」
	1928	昭和 3	滿州事變
	1931	昭和 6	成立《日本資本主義發達史講座》
	1932	昭和 7	佐野學與鍋山貞親發表「告共同被告
	1933	昭和 8	書」的轉向聲明、《文學界》創刊
			日中戰爭
	1937	昭和 12	荻原朔太郎出版《日本的回歸》
	1938	昭和 13	大川周明出版《日本二千六百年史》
	1939	昭和 14	珍珠港事件
	1941	昭和 16	福本和夫提出「轉向聲明」、在《文學
	1942	昭和 17	界》刊載「文化綜合座談會議—近代的
			超克」
	1949	昭和 24	（中華人民共和國成立）
	1951	昭和 26	簽署《對日和平宣言》
	1963	昭和 38	開始日本衛星轉播
	1964	昭和 39	林房雄出版《大東亞戰爭肯定論》
	1972	昭和 47	沖繩返還
	1975	昭和 56	三木武夫首次參拜靖國神社

後　語

世界各國的文化史中，日本文化有著獨特轉變的過程。《日本文化史概論》的書寫，首先要考慮日本獨特歷史，與自然風土之間的密切關係；及其所沿生出日本人纖細的人格特質，所創造出獨特的文化。

具體而言，平安時代之前，日本完全接受唐朝文化的影響，長達將近兩百年遣唐的文化交流，帶給日本許多文化的根基。歷史走入鎌倉時代之後，日本進入武士時期，煥然一新的社會，帶給日本更燦爛文化的開始。文化的改變明顯表現在佛教思想的面向，因爲新佛教的轉型，日本也進入一個嶄新的思想世界。隨著歷史的推演，武士社會日本人的作爲，不但塑造了日本纖細又自律的性格；以整體日本文化史來看，日本文化就是接受古代中國漢風文化，以及與西化不斷交流的過程中，轉變成今天我們所看到的特殊文化。

因爲是文化史，所以本書不採用斷代的方法呈現。因爲，本人相信許多文化的現象，無法完全用斷代的年分，可以完全說清楚。換言之，這一代文化所造成的影響，極有可能會延續到下一代；文化不同於政治史或是社會史，文化發展的過程，無不與人是有極大關係。文化體系的形成，攸關當下的政治與人文環境，彼此有深切的因果關係，以及文化現象所留下的延續性。因此，本書撰寫之際，本人認爲有必要，愼重考慮創造文化的人們的思維，因此本書多少也適度加入了，稍許思想史的內容。

幼少年開始，因爲父母的教育背景，我成長於深具日本文化與思想的家庭。其中又因爲父母的喜愛，年少時期就開始接觸日本電

影；電影是一種綜合藝術，所涵蓋的包括文學和其他面向，其中所表現的哲理及文學性，深深刻印在我的心裡。離開學校之後，有九年的時間，我走進業界從事與教育完全不相干的貿易工作。經過思考後，重回大學唸書、研讀拿學位；在京都十年的時間，讀書之餘所接觸的事物，就是日本傳統文化最精髓的部分。年過中年，親眼所見，所體驗的日本文化，比起年少的淺知，更加體會了日本文化的奧秘。

2002 年歸國之後，站在大學的殿堂，除了教授台、日關係史等科目之外，其他也包括日本文化及思想的科目。教與學是一個完整的延續，日本文化概論的內容，藉著每年課程上已經有所呈現；但是教學過程中，與年輕學子接觸後，年輕一代的興趣和問題，多少也觸發了我更多學習的視野。長年教學相長所感受到的不足，經過幾十年的溫潤，也充分於本書中補足。

本書的撰寫，要特別感謝我的恩師八塚春兒先生。在我撰寫本書的過程，不厭其煩的替我解惑；先生的勉勵與指導，讓我可以更加細心，用寬容的心情，秉著更大的格局，來撰寫此書。

最後，本書的完成，也要感謝五南文化企業公司的邀稿。前書《日本近現代史》的撰稿以來，文瓊和雨潔一直很有耐心地跟我討論，編輯部等待我的潤稿，在此獻上我的謝意。

國家圖書館出版品預行編目資料

日本文化史概論／張修慎編著. —— 初版.
—— 臺北市：五南圖書出版股份有限公司,
2023.10
面；　公分
ISBN 978-626-366-674-0（平裝）

1.CST：文化史　2.CST：日本

731.3　　　　　　　　112016518

1XN0

日本文化史概論

編 著 者 ― 張修慎（202.3）

發 行 人 ― 楊榮川

總 經 理 ― 楊士清

總 編 輯 ― 楊秀麗

副總編輯 ― 黃文瓊

責任編輯 ― 吳雨潔

封面設計 ― 陳亭瑋

出 版 者 ― 五南圖書出版股份有限公司

地　　址：106臺北市大安區和平東路二段339號4樓

電　　話：(02)2705-5066　　傳　　真：(02)2706-6100

網　　址：https://www.wunan.com.tw

電子郵件：wunan@wunan.com.tw

劃撥帳號：01068953

戶　　名：五南圖書出版股份有限公司

法律顧問　林勝安律師

出版日期　2023年10月初版一刷

定　　價　新臺幣390元

經典永恆‧名著常在

五十週年的獻禮──經典名著文庫

五南，五十年了，半個世紀，人生旅程的一大半，走過來了。
思索著，邁向百年的未來歷程，能為知識界、文化學術界作些什麼？
在速食文化的生態下，有什麼值得讓人雋永品味的？

歷代經典‧當今名著，經過時間的洗禮，千錘百鍊，流傳至今，光芒耀人；
不僅使我們能領悟前人的智慧，同時也增深加廣我們思考的深度與視野。
我們決心投入巨資，有計畫的系統梳選，成立「經典名著文庫」，
希望收入古今中外思想性的、充滿睿智與獨見的經典、名著。
這是一項理想性的、永續性的巨大出版工程。
不在意讀者的眾寡，只考慮它的學術價值，力求完整展現先哲思想的軌跡；
為知識界開啟一片智慧之窗，營造一座百花綻放的世界文明公園，
任君遨遊、取菁吸蜜、嘉惠學子！